Brunhild Staiger (Hrsg.)

Nationalismus und regionale Kooperation in Asien

D1720091

MITTEILUNGEN
DES INSTITUTS FÜR ASIENKUNDE
HAMBURG

-- Nummer 243 --

Brunhild Staiger (Hrsg.)

Nationalismus
und
regionale Kooperation in Asien

Hamburg 1995

Redaktion der Mitteilungsreihe des Instituts für Asienkunde:
Dr. Brunhild Staiger

Textgestaltung: Elisabeth Klank, Siegrid Woelk
Gesamtherstellung: Zeitgemäßer Druck CALLING P.O.D., Hamburg

ISBN 3-88910-144-5
Copyright Institut für Asienkunde
Hamburg 1995

**VERBUND STIFTUNG
DEUTSCHES ÜBERSEE-INSTITUT**

Das Institut für Asienkunde bildet mit anderen, überwiegend regional ausgerichteten Forschungsinstituten den Verbund der Stiftung Deutsches Übersee-Institut.

Dem Institut für Asienkunde ist die Aufgabe gestellt, die gegenwartsbezogene Asienforschung zu fördern. Es ist dabei bemüht, in seinen Publikationen verschiedene Meinungen zu Wort kommen zu lassen, die jedoch grundsätzlich die Auffassung des jeweiligen Autors und nicht unbedingt des Instituts für Asienkunde darstellen.

Inhaltsverzeichnis

Einleitung

In diesem Band sind Artikel zum Thema "Nationalismus und regionale Kooperation" zusammengestellt, das im Mai 1993 in Berlin Gegenstand einer Tagung der Deutschen Gesellschaft für Asienkunde war. Den Anstoß für die Wahl des Themas gab das Wiederaufleben des Nationalismus in vielen Teilen Europas. Es hat die Wissenschaft zu einer vermehrten Beschäftigung mit dem Nationalismus angeregt und verlangt auch im asiatischen Kontext nach einer erneuten Erklärung dieser aus Europa importierten Ideologie. Für die gegenwartsbezogene Asienforschung stellt der Nationalismus kein Novum dar, vielmehr bildet er seit der ersten Hälfte des 20.Jahrhunderts eine konstante Größe im politischen Leben der asiatischen Gesellschaften, und jeder Asienwissenschaftler, der sich mit der Realität in den heute bestehenden Nationalstaaten Asiens befaßt, ist mit ihm konfrontiert. Die westliche Asienforschung hat das Phänomen Nationalismus in einer Vielzahl von Studien behandelt. Dabei lag von den fünfziger bis Ende der siebziger Jahre der Schwerpunkt auf der Untersuchung der Unabhängigkeitskämpfe, der nationalen Bewegungen und vor allem des *nation building*. Danach ebbte das Interesse an dieser Thematik ab, weil inzwischen die Entwicklungsproblematik zum vorherrschenden Gegenstand der Forschung geworden war. Von der neuerlichen Beschäftigung mit dem Nationalismus, die seit Beginn der neunziger Jahre in den Gesellschaftswissenschaften allgemein zu beobachten ist, kann auch die Asienwissenschaft nicht unberührt bleiben. Allerdings muß sie das Phänomen heute unter anderen Gesichtspunkten als dem des *nation building* betrachten.

Die Überlagerung durch die Entwicklungsproblematik hat in den vergangenen Jahren den Blick für das wachsende Selbstbewußtsein der asiatischen Gesellschaften verstellt. Der Westen muß heute erkennen, daß diese keineswegs eine Modernisierung nach westlichem Vorbild anstreben, sondern mit zunehmender Selbstverständlichkeit an ihrem jeweils eigenen, überkommenen Wertesystem festhalten und ihren eigenen Entwicklungsweg gehen wollen. Allzusehr hatte sich der Westen an den Gedanken gewöhnt, daß die Modernisierung der materiellen Welt mit einer Erneuerung der Gesellschaft einherzugehen habe und diese selbstverständlich auf den als universal bezeichneten Werten des Westens zu fußen habe. In den Ländern Asiens jedoch werden westliche Werte mehr und mehr diskreditiert; statt dessen bestimmen die Suche nach eigener Identität und die Besinnung auf eigene Traditionen das öffentliche Leben. Die Triebkraft hinter diesem Trend ist ein neuer Nationalismus, der die asiatischen Gesellschaften zu immer größerer geistig-kultureller Eigenständigkeit (zurück)führen wird.

Neben diesem Aspekt des Nationalismus, der vor dem Hintergrund des wachsenden Selbstbewußtseins in bezug auf das eigene Wertesystem das Verhältnis zum Westen berührt, ist in letzter Zeit ein weiterer Aspekt wichtig geworden, nämlich die Betrachtung des Nationalismus im Hinblick auf regionale Kooperation. Ihm wird in diesem Band besondere Aufmerksamkeit gewidmet, denn seit dem Ende des Ost-West-Konflikts und einer damit auch in Asien notwendig gewordenen Neuorientierung in den internationalen Beziehungen gewinnen Konzepte regionaler Kooperation in Asien immer mehr Bedeutung.

Das am längsten existierende und, relativ gesehen, auch das erfolgreichste Bündnis ist die Association of South East Asian Nations (ASEAN). Sie wurde 1967 von Indonesien, Malaysia, den Philippinen, Thailand und Singapur gegründet und 1984 um Brunei erweitert. Für Südasien entstand 1985 die South Asian Association for Regional Cooperation (SAARC) mit den Mitgliedsstaaten Indien, Pakistan, Bangladesh, Sri Lanka, Nepal, Bhutan und den Malediven. Das umfangreichste Konzept bildete sich 1989 mit der unter dem Stichwort Asia-Pacific Economic Cooperation (APEC) zusammengefaßten Ländergruppe für den asiatisch-pazifischen Raum heraus. Zu ihr gehören Australien, Neuseeland, Kanada, die USA, Japan, Südkorea, die ASEAN, seit 1991 auch die VR China, Taiwan und Hongkong.

Daneben nimmt seit etwa 1990 eine ganze Reihe neuer Kooperationsprojekte Gestalt an; sie wirken grenzübergreifend, sind aber eher als subregional zu bezeichnen. Hier wäre die Region "Greater China" mit Südchina, Hongkong und Taiwan einzuordnen, die zwar nicht formal institutionalisiert ist, de facto aber einen zunehmend integrierten Wirtschaftsraum darstellt. Zwei weitere Beispiele sind der nordostasiatische Wirtschaftsraum, in dem China, Rußland, Japan, Nord- und Südkorea sowie die Mongolei bei der Entwicklung des Tumen-Fluß-deltas zusammenarbeiten wollen, und das Dreieck Singapur - Johor (Malaysia) - Batam (Indonesien), das als Subregion innerhalb der ASEAN entstanden ist, um dieser Region stabiles Wachstum und verstärkte Integration zu sichern.

Ganz gleich, ob es sich um institutionalisierte Bündnisse wie die ASEAN oder um lose und letztlich unverbindliche Zusammenschlüsse wie SAARC und APEC oder um die kleineren subregionalen Projekte handelt, allen diesen Kooperationskonzepten ist gemein, daß sie eine lockere Zusammenarbeit - hauptsächlich auf wirtschaftlichem Gebiet - bezwecken, ohne allerdings die Souveränität der jeweiligen Mitgliedsstaaten zu beschränken. Deshalb hat keines dieser Konzepte auch nur im entferntesten eine der Europäischen Union vergleichbare Kooperationsintensität erreicht. Der Grund liegt offensichtlich im Nationalismus der beteiligten Staaten, der diese daran hindert, irgendeine Art von Souveränitätsverzicht, ohne den konstruktive Kooperation nicht möglich ist, in Erwägung zu ziehen. So gesehen, steht regionale Kooperation in einem Spannungsverhältnis zum Nationalismus, und es wird von Intensität und Art des jeweiligen Nationalismus abhängen, wieweit das Spannungsverhältnis zwischen beiden zu überwinden ist. Auf diese Frage versucht der vorliegende Band eine Antwort zu geben.

Wie überall in der Welt ist im heutigen Asien der Nationalstaat die Norm politischer Organisation. Freilich hielt er hier erst relativ spät Einzug. Während sich der Nationalstaat in Europa in Jahrhunderten herausgebildet und auch die "verspäteten" Nationen Deutschland und Italien in der zweiten Hälfte des 19.Jahrhunderts zu einer solchen Form politischer Organisation gefunden hatten, etablierten sich die Nationalstaaten in Asien erst im 20.Jahrhundert - mit der Ausnahme Japans, das sich bereits Ende des 19.Jahrhunderts die Form des modernen Zentralstaats geschaffen hatte. Die Geburt des Nationalstaates fiel für die meisten asiatischen Staaten mit der Erlangung der Unabhängigkeit oder der Rückgewinnung der vollen Souveränität nach dem Zweiten Weltkrieg zusammen. Entsprechend ist auch der Nationalismus in Asien eine verhältnismäßig junge Erscheinung; durchweg trat er hier erst Ende des 19., Anfang des 20. Jahrhunderts auf, unter westlichem Einfluß zwar, aber in Entstehung und Ausprägung doch sehr unterschiedlich zum europäischen Vorbild. Als Ideologie war der Nationalismus zuerst Ende des 18.Jahrhunderts in Westeuropa entstanden. Er gründete sich auf Nationen, die über Jahrhunderte gleichsam auf natürliche Art gewachsen waren und bestimmte Kriterien aufwiesen, die für die Definition von Nationen und nationaler Identität maßgeblich wurden, wie z.B. gemeinsame Sprache und fest umrissenes Territorium. Betrachtet man die heutigen Nationalstaaten in Asien, so eignen sich gerade diese Merkmale nicht, um den Ursprung dieser Nationen zu erklären. Weder weisen sie in der Mehrzahl eine gemeinsame Sprache auf noch verfügten die meisten von ihnen vor ihrer Nationwerdung über feste Territorialgrenzen. Allein schon deshalb kannte das traditionelle Asien keine nationalen Identitäten. Familien- und Clanbeziehungen sowie lokale Loyalitäten waren von weitaus größerer identitätsstiftender Bedeutung als das Bewußtsein für ein übergeordnetes Ganzes.

Zur Erklärung des Nationalismus in Asien müssen also andere Kriterien herangezogen werden, die in Europa zwar nicht unbekannt sind, hier aber keine derart prägende Wirkung gezeitigt haben wie in Asien, insbesondere nicht in der in Asien gegebenen Kombination. Es gibt ein Merkmal, das für die Entstehung des Nationalismus in ganz Asien als konstitutiv anzusehen ist, und das ist die Erfahrung kolonialer Unterdrückung. Sie ließ das Ideal der Unabhängigkeit aufkommen, das seinerseits zum antikolonialen Unabhängigkeitskampf führte. Dies gilt namentlich für Indien und die südostasiatischen Länder, die als Kolonien gegen Briten bzw. Franzosen, Holländer und Amerikaner kämpften. Auch für China, das zwar insgesamt keine Kolonie wurde, jedoch bestimmte Gebiete an die westlichen Mächte verpachten mußte und durch eine ganze Reihe "ungleicher Verträge" in seinen Souveränitätsrechten beschnitten wurde, entwickelte sich der Kampf gegen die Vorrechte der ausländischen Kolonialherren zur wesentlichen Antriebskraft des Nationalismus in der ersten Hälfte des 20.Jahrhunderts. Selbst in Ländern wie Japan und Thailand, beide niemals Kolonien, speiste sich der

Nationalismus aus einem antikolonialen Geist, denn auch diese Länder hatten die Vorherrschaft der westlichen Imperialisten zu spüren bekommen und mußten in ständiger Sorge vor dem Verlust ihrer Unabhängigkeit leben.

Waren also Antikolonialismus und der Drang nach Unabhängigkeit oder Wahrung der Unabhängigkeit allen asiatischen Ländern gemeinsam, so reicht dieses Kriterium zur Erklärung des Nationalismus in Asien allein nicht aus. Der Kampf gegen fremde Unterdrückung, für sich genommen, bringt keinen Nationalismus hervor. Entscheidend dafür ist, daß den Unterdrückten im Kontakt mit den fremden Unterdrückern die eigene Rückständigkeit bewußt wird. Die Überlegenheit der durch die wissenschaftliche und technische Revolution geprägten westlichen Kolonialmächte weckte bei den asiatischen Völkern das Verlangen, sich westlicher Wissenschaft und Technik zu bemächtigen, sich also auf den Weg der Modernisierung nach westlichem Vorbild zu begeben, um einen gleichwertigen Status zu erlangen. Ein aus solchem Gefühl der Rückständigkeit und Unterlegenheit genährter Nationalismus strebt stets eine Modernisierung nach Art des Westens an, versucht aber zugleich, das Manko durch eine Überhöhung der eigenen Tradition und Kritik am westlichen Wertesystem zu kompensieren. Aus diesem Zwiespalt erklärt sich die ambivalente Haltung gegenüber dem Westen.

Ein drittes Kennzeichen tritt bei der Herausbildung des Nationalismus in Asien hinzu: ein ausgeprägter Ethnozentrismus. Dieser ist in den größeren asiatischen Gesellschaften durchaus in der Tradition begründet, erfährt aber als Reflex auf die in der Kolonialzeit erfahrenen Demütigungen neuen Auftrieb. Im ethnozentrischen Nationalismus wird die eigene Gruppe überbewertet, für die eigene Gruppe werden sowohl Macht als auch Werte in Anspruch genommen, der Glaube an vergangene Größe, Wiedergeburt und Erneuerung sind seine Begleiterscheinungen, auch religiös überformte Einzigartigkeitslehren und ein daraus resultierendes Überlegenheitsgefühl, wie es vor allem bei den Japanern spürbar ist, aber auch bei den Chinesen oder in Indien bei den Hindus. Im Gegensatz dazu steht der polyzentrische Nationalismus, der davon ausgeht, daß es grundsätzlich mehrere Machtzentren und Nationen mit gleichem Status gibt. Dieser erst im Gefolge der Französischen Revolution entstandene Nationalismus herrscht heute allgemein vor, und auch in Asien bekennen sich die Regierungen verbal zum Prinzip der Gleichheit unter den Mitgliedern der Völkerfamilie. In Wirklichkeit aber sind die asiatischen Völker den hergebrachten Vorstellungen der Über- und Unterordnung verhaftet, wie sie in den traditionellen Tributbeziehungen ihren Ausdruck fanden. Unter solchen Vorzeichen wird die Bereitschaft zu regionaler Kooperation, insbesondere wenn sie einen Souveränitätsverlust beinhaltet, sehr erschwert. Gerade die beiden größten regionalen Gruppierungen in Asien - die ASEAN und SAARC - stellen immer wieder unter Beweis, wie gering die Kompromißfähigkeit ihrer Mitglieder untereinander ist. Die im Ethnozentrismus einzelner Regionalmächte begründeten Kooperationsbarrieren, wie sie hier für Südostasien und Südasien angedeutet werden, dürften sich in Zukunft in Ostasien im Verhältnis zwischen China und Japan zu einem Problem ausweiten, wenn die Frage der Vormachtstellung - und eine solche streben beide Mächte im ostasiatischen Raum an - nicht geklärt werden kann. So wünschenswert ein Verhältnis von gleich zu gleich ist, so schwer ist es im ostasiatischen Kontext realisierbar.

Die hier angedeuteten Gemeinsamkeiten der Wurzeln des Nationalismus in Asien dürfen nicht darüber hinwegtäuschen, daß wir es in diesem Raum mit einer außerordentlich großen Bandbreite verschiedener "Nationalismen" zu tun haben. Das Spektrum reicht von einem sich nach dem Zerfall des Sowjetimperiums erst neu herausbildenden Nationalismus in Zentralasien bis zu einem hochentwickelten und bereits eine Geschichte von mehr als einem Jahrhundert aufweisenden Nationalismus in Japan. Angesichts dieser Heterogenität erschien es am sinnvollsten, die Beiträge in diesem Band nach geographischen Gesichtspunkten anzuordnen anstatt nach anderen Gliederungskriterien zu suchen. Nach einem einführenden Überblick über die Nationalismus-Problematik in Asien von Jürgen Rüland wird der Blick auf drei Regionen gelenkt, nämlich Mittelasien (Ingeborg Baldauf), Südasien, dem zum einen ein Beitrag über den Nationalismus in Indien, Pakistan und Sri Lanka gewidmet ist (Christian Wagner), zum anderen eine Betrachtung über die Möglichkeiten regionaler Kooperation (Dietmar Rothermund), und Südostasien (Susanne Feske). Bei der anschließenden Behandlung Ostasiens wendet sich der Blick den einzelnen Ländern zu. Dabei ist China mit drei Untersuchungen vertreten, einer über die innenpolitischen Aspekte des Nationalismus in der Volksrepublik China (Christoph Müller-Hofstede), einer über die außenpolitische Komponente (Kay Möller) und einer über Nationalismus auf Taiwan (Hermann Halbeisen). Den Abschluß bilden ein Beitrag über den koreanischen Nationalismus (Werner Sasse) und eine Abhandlung über Japans Neonationalismus (Manfred Pohl).

Der vorliegende Sammelband stellt einen ersten Schritt zur Erforschung des Nationalismus im gegenwärtigen asiatischen Kontext dar. Angesichts der vielschichtigen und nahezu unerschöpflichen Problematik konnten viele Aspekte nicht berücksichtigt oder nur angedeutet werden, so daß teilweise mehr Fragen aufgeworfen als Antworten gegeben wurden. Es bleibt zu hoffen, daß das Werk den Anstoß zu weiterer, vertiefter Beschäftigung mit dem Thema geben möge.

Hamburg, September 1994   Brunhild Staiger

Ethnozentrismus, Nationalismus und regionale Kooperation in Asien

Jürgen Rüland

Die Entspannung der ausklingenden achtziger Jahre, das Ende des Kalten Krieges und Fortschritte bei den Kooperations- und Integrationsbemühungen in Westeuropa und Nordamerika nährten Hoffnungen auf eine neue Weltordnung, die weniger durch Abschreckung, Konfrontation und Konflikt gekennzeichnet ist, sondern in der Zusammenarbeit, Partnerschaft und friedliche Streitschlichtung das Zusammenleben der Völker bestimmen. In der Wissenschaft der internationalen Politik gewannen folgerichtig Theorieansätze die Oberhand, die auf eine zunehmende grenzübergreifende Interdependenz vieler Politikfelder abhoben. Integrationstheoretische Überlegungen - seit dem Ausgang der sechziger Jahre in der Versenkung verschwunden - feierten, bereichert durch neuere vernetzungs- und kommunikationstheoretische Einsichten sowie Ergebnisse der Demokratisierungs- und Friedensforschung ihre Wiederauferstehung.[1] Richard Rosecrances "Handelsstaat"[2] und das aus ihm abgeleitete Zivilmachtkonzept von Hanns W. Maull[3] sind Manifestationen dieses theoretischen Paradigmenwechsels. Selbst der Golfkrieg fügte sich nahtlos in diese integrations- und interdependenztheoretischen Vorstellungen ein, gehört es doch zu den zentralen Aufgaben einer "großen Weltkoalition"[4] , aggressiv auftretende "Waffenstaaten" vom Schla-

---

1) Siehe etwa Dieter Senghaas, *Konfliktformationen im Internationalen System*, Frankfurt 1988; Joseph S.Nye, *Bound to Lead. The Changing Nature of American Power*, New York 1990; ders., "Soft Power", in: *Foreign Policy*, No.80, Fall 1990, S.153-171; Ernst-Otto Czempiel, *Weltpolitik im Umbruch. Das internationale System nach dem Ende des Ost-West-Konflikts*, München 1991.

2) Richard Rosecrance, *The Rise of the Trading State*, New York 1986.

3) Hanns W. Maull, "Germany and Japan. The New Civilian Power", in: *Foreign Affairs*, Vol.70, Winter 1990/91, S.91-106; ders., "Zivilmacht Bundesrepublik Deutschland. Vierzehn Thesen für eine neue deutsche Außenpolitik", in: *Europa Archiv*, 47. Jahr, Folge 10, 1992, S.269-278.

4) Richard Rosecrance, "A New Concert of Powers", in: *Foreign Affairs*, Vol. 70, No.1, 1992, S.64-82.

ge des Irak, die sich bewußt den Mechanismen friedlicher Streitschlichtung entziehen, notfalls auch mit Waffengewalt in die Schranken zu verweisen.[5]

Doch die Hoffnung, durch den Militäreinsatz der internationalen Gemeinschaft am Golf künftige Aggressoren abschrecken zu können, erwies sich als voreilig. Die Kriege in Kroatien und Bosnien, die Nationalitätenkonflikte an der Peripherie der ehemaligen Sowjetunion - allzumal in Zentralasien -, die andaucrnden Kampfhandlungen in Afghanistan und Kambodscha, die erhöhten Spannungen im Südchinesischen Meer und auf der koreanischen Halbinsel und schließlich die sich immer rascher drehende Rüstungsspirale in weiten Teilen Asiens - all dies verdeutlicht, daß das Gegenteil der Fall ist: Die Mechanismen kollektiver Sicherheit greifen außerhalb Westeuropas und Nordamerikas ganz offensichtlich nicht. Es scheint, als ob die althergebrachten Kategorien der "realistischen Schule" in weiten Teilen der Welt fröhliche Urstände feierten: daß in einem prinzipiell anarchischen internationalen System Macht, nationales Eigeninteresse und politische Selbsthilfe die Bewegungsgesetze der zwischenstaatlichen Beziehungen bestimmen und daß die Nationalstaaten unverändert die Hauptakteure der internationalen Politik sind. Insbesondere in Asien scheint dies der Fall zu sein, wo ethnozentrische und nationalistische Denkfiguren trotz graduell zunehmender Interdependenz eine intensivere Kooperation zwischen den Staaten blockieren. Das vergleichsweise niedrige Integrations- und Kooperationsniveau findet hier seine Ursachen.[6]

Der Ethnozentrismus als Kooperationsblockade

Ein Merkmal fast aller größeren asiatischen Gesellschaften ist ein ausgeprägter Ethnozentrismus. Am deutlichsten wird dies wohl in der chinesischen - und im übrigen auch japanischen - Metapher[7] vom "Reich der Mitte". Klassisch zum Ausdruck kommt dieser Ethnozentrismus aber auch im Konzept der "geometrischen Politik", wie es uns im indischen Staatslehrbuch *Arthasastra* bereits vor

---

5)   Zur Interventionsproblematik siehe u.a. Dieter Senghaas, "Weltinnenpolitik - Ansätze für ein Konzept", in: *Europa Archiv*, 47. Jahr, 22. Folge, S.649ff.

6)   Siehe hierzu Jürgen Rüland, "Europa - Ein Modell für Asien?, in: *Außenpolitik*, Vol. 43, Heft 4, 1992, S.392-401, und ders., "Asiens neue Ordnung. Von Entspannung zu neuem Konflikt?", in: *Europa Archiv*, 47. Jahr, 23. Folge, 1992, S.680-690.

7)   Karel van Wolferen, *The Enigma of Japanese Power. People and Politics in a Stateless Nation*, New York 1989, S.260.

über zweitausend Jahren begegnet. Danach hat der Herrscher sein Reich als Mittelpunkt konzentrisch angeordneter Staatenkreise (*mandalas*) zu verstehen. Die benachbarten Reiche sind seine natürlichen Feinde, die Nachbarn des Nachbarn seine Verbündeten.[8] Die Kohäsion eines Reiches nimmt jedoch ab, je weiter man sich vom Hofe, dem Zentrum der Herrschaft, entfernt. Angesichts widriger Reise- und Kommunikationsbedingungen in der vorkolonialen Zeit vermindern sich die Kontrollmöglichkeiten über loyalitätspflichtige Vasallen, je mehr man an die Peripherie des Herrschaftsbereiches gelangt. Damit aber wachsen zugleich die Optionen peripherer Vasallen, ihre Loyalitäten auf andere Oberherren zu verlagern, sollte politische Opportunität dies verlangen. Das heißt aber, daß der Herrscher an den Rändern seines Einflußbereiches in ständiger Konkurrenz mit seinen Nachbarn um die Loyalität dieser Vasallen steht. Damit wohnt dem *mandala*-Prinzip eine prinzipiell expansive oder genauer: hegemoniale Logik inne. Ziel des Herrschers muß es also sein, den von ihm beherrschten Staatenkreis immer weiter auszudehnen, um mächtige Gegenspieler zu schwächen oder erst gar nicht zur Entfaltung kommen zu lassen. Hinzu kommt, daß die Größe seines Einflußbereiches ein untrügliches Legitimitätskriterium ist; kriegerischer und diplomatischer Erfolg werden so zu Beweisen seiner göttlichen Abkunft und Macht.

Zum zweiten allerdings ist ein solches Staatensystem hochgradig instabil. Es gibt keine klar demarkierten Reichsgrenzen - an seinen Rändern ist der königliche Herrschaftsbereich stets fluide. Damit aber ist er ständig umkämpft und durch Herausforderer in Frage gestellt[9] - auf diese Weise werden Bedrohungsperzeptionen und Sicherheitsdilemmata erzeugt. Kein Wunder daher, daß dem *Arthasastra* ein in jeder Weise macchiavellistisches Politikverständnis innewohnt: Zur Erhaltung und Mehrung der staatlichen Macht ist alles erlaubt, was diesem Zwecke dient. Außenpolitik und Diplomatie sind demzufolge die Kunst, den Gegner durch List, Tücke, Täuschung, Intrige, Spionage, Bestechung, Erpressung, Allianzen und militärische Gewalt in Schach zu halten. Dieses Politikverständnis, das mithin auf ähnlich negativen anthropologischen Prämissen beruht wie der Realismus Morgenthauscher Prägung, steht damit in diametralem Gegensatz zum Konzept der Zivilmacht, das auf Interessenausgleich, Dialog, Kon-

---

8) Siehe Helmuth von Glasenapp, *Indische Geisteswelt. Glaube, Dichtung und Wissenschaft Indiens*, Band II, Wiesbaden 1958, S.294, und Heinrich Zimmer, *Philosophien und Religionen Indiens*, Frankfurt 1976, S.113. Für Anregungen danke ich auch meinem Freiburger Kollegen Clemens Jürgenmeyer.

9) I. W. Mabbett, "Kingship in Angkor", in: *Journal of the Siam Society*, Vol. 66, Part 2, July 1978, S.36-37.

zertation und Kooperation setzt. Auch Parallelen zu Rosecrances Konzept des "Waffenstaates" liegen auf der Hand.

Das *mandala*-Prinzip ist aber weder auf den indischen Subkontinent beschränkt, noch ist es heute obsolet. Mit der Indianisierung Südostasiens und der Überformung autochthoner Herrschaftssysteme durch brahmanisch-hinduistische Elemente fand das *mandala*-Prinzip auch Eingang nach Südostasien.[10]

Der amerikanische Historiker O. W. Wolters geht in einer allerdings umstrittenen These sogar noch einen Schritt weiter: Wolters sieht im *mandala*-Prinzip ein konstituierendes Strukturelement vorstaatlicher südostasiatischer Kulturen, indem er es aus seiner rein territorialen Konnotation löst und auf soziale Bezugssysteme wie das Patron-Klient-Verhältnis überträgt.[11] Akzeptiert man, daß südostasiatische Gesellschaftsformationen trotz unzweifelhafter Erosionsprozesse auch heute noch von klientelistischen Strukturen bestimmt werden, dann läßt sich mit einiger Sicherheit daraus folgern, daß das *mandala*-Prinzip nach wie vor als Denkfigur in der politischen Öffentlichkeit fortwirkt. Dann wird auch plausibel, was Wolters an anderer Stelle andeutet: daß das *mandala*-Prinzip auch heute noch als Erklärung für intraregionale Beziehungsmuster in Südostasien taugt.[12]

Im übrigen gibt es eine ganze Reihe weiterer Medien, die das *mandala*-Prinzip aus der vorkolonialen Zeit in die Gegenwart weitertradieren: etwa Legenden, Chroniken, Inschriften und die Literatur. Insbesondere der im späten 19. und frühen 20. Jahrhundert aufkommende Nationalismus hat mit seinen starken Impulsen für die Historiographie solch autochthone politische Denkmuster von neuem freigelegt. In Indien sind es heute vor allem hindu-nationalistische Bewegungen wie die Rashtriya Swayamsevak Sangh (RSS)[13], die sich gern auf die politischen Lehren des Kautilya berufen. Demgegenüber sind es in verschiedenen Staaten Südostasiens die Regierungschefs selbst, die aus legitimatorischen Grün-

---

10) Sunait Chutintaranond, "Mandala, Segmentary State and Politics of Centralization in Medieval Ayudhaya", in: *The Journal of the Siam Society*, Vol. 78, Part 1, 1990, S.89-100.
11) O.W. Wolters, *History, Culture and Region in Southeast Asian Perspectives*, Singapore 1982, S.25.
12) Siehe ebd., S.33.
13) Klaus Voll, "Fundamentalistische Tendenzen unter Hindus und Moslems in Indien", in: Thomas Meyer (Hrsg.), *Fundamentalismus in der modernen Welt*, Frankfurt 1989, S.172.

den ganz bewußt auf alte Staatslehren zurückgreifen. So sahen sich beispielsweise die birmanischen Premiers U Nu[14] und Ne Win in einer direkten Traditionslinie mit den vorkolonialen Königen, während der indonesische Präsident Suharto überkommene javanisch-hinduistische Herrschaftstraditionen kultiviert.[15] Das *mandala*-Prinzip, das integraler Bestandteil dieser Lehren ist, bleibt so im kollektiven Gedächtnis der Region erhalten. Daß dem so ist, läßt sich selbst in Alltagsdialogen nachweisen. So wird Lee Kuan Yew beispielsweise bei Heiner Hänggi mit den Worten zitiert: "Die unmittelbaren Nachbarn sind nie die besten Freunde",[16] und ein indonesischer Beobachter sagte von Präsident Suharto, daß er "niemanden in seine *mandala* eindringen lasse"[17]. Selbst für China verweist Jürgen Osterhammel auf Sichtweisen der Außenwelt, die dem *mandala*-Prinzip nicht unähnlich sind.[18]

Neben dieser politisch begründeten Form des Ethnozentrismus begegnet uns in vielen Teilen Asiens ein aus sakralen Quellen gespeister kultureller Ethnozentrismus. Autochthone Herrscher im hinduistisch-buddhistischen Kulturkreis beispielsweise beanspruchten den Status von Bodhisattvas, also kommenden Buddhas, und Cakravartins.[19] Obwohl der Cakravartin als Weltenherrscher nach buddhistischer Überlieferung ein benevolenter, gewaltloser Herrscher ist, muß dieser Anspruch, der ja der Legitimation der eigenen Herrschaft dient, zwangsläufig zum Konflikt führen, wenn alle benachbarten Herrscher ihre Abkunft ebenfalls sakral ableiten und gleichfalls den Status eines Cakravartin beanspruchen. Hinzu kommt, daß sich viele vorkoloniale Herrscher Süd- und Südostasiens nur allzu rasch des Gebots der Gewaltlosigkeit entledigten und ihre Weltenherrscherambitionen mittels militärischer Eroberungszüge zu realisieren suchten. Geradezu ein Lehrstück für den außenpolitischen Realitätsverlust, der mit derartigen Cakravartin-Vorstellungen einhergeht, ist das Beispiel Birma. Denn der aus

---

14) Heinz Bechert, *Buddhismus, Staat und Gesellschaft in den Ländern des Theravada-Buddhismus*, Frankfurt und Berlin 1966, Band 2, S.168.
15) Niels Mulder, *Inside Southeast Asia. Thai, Javanese and Filipino Interpretations of Everyday Life*, Bangkok 1992, S.161.
16) Heiner Hänggi, *Neutralität in Südostasien. Das Projekt einer Zone des Friedens, der Freiheit und der Neutralität*, Bern, Stuttgart, Wien 1992, S.284.
17) *Far Eastern Economic Review*, 17.März 1993.
18) Jürgen Osterhammel, "Die Grenzen der Befreiung. Handlungsspielräume der Außenpolitik seit 1949", in: Ulrich Menzel (Hrsg.), *Nachdenken über China*, Frankfurt 1990, S.93.
19) Emmanuel Sarkisyanz, *Buddhist Backgrounds of the Burmese Revolution*, The Hague 1965, S.90.

sakraler Legitimation hergeleitete ungezügelte Absolutismus birmanischer Köni-
ge machte nicht einmal vor völkerrechtlichen Verträgen halt, die immer wieder
willkürlich gebrochen wurden.[20] Bechert hat daher zweifellos recht, wenn er
meint, daß dadurch die "Möglichkeit einer völkerrechtlichen Partnerschaft Bir-
mas in der modernen Staatenwelt entscheidend beeinträchtigt wurde"[21]. Auch
ein sakral begründeter Ethnozentrismus steht damit seiner inneren Logik nach
im Widerspruch zu modernen Kooperationskonzepten.

Noch deutlicher wird dieser Zusammenhang dort, wo ein sakral begründeter
Ethnozentrismus der Stärkung der nationalen Identität im Abwehrkampf gegen
externe Bedrohungen oder im Unabhängigkeitskampf diente. In Japan beispiel-
weise griff man nach der Meiji-Restauration ganz bewußt auf einschlägige kul-
tur- und geschichtsphilosophische Lehren früherer Jahrhunderte zurück, um
damit die Einzigartigkeit des "nationalen Wesens" (*kokutai*) Japans zu belegen.
Dazu gehörte natürlich auch der Nachweis einer geheiligten, weil göttlichen
Abkunft der japanischen Kaiser. Nach dieser Herrschaftsmythologie ergibt sich
die Exklusivität des japanischen Kaisergeschlechts aus seiner unmittelbaren
Abkunft von der Sonnengöttin Amaterasu.[22] Daraus wiederum wurde konstru-
iert, daß Japan Ahne aller Staaten, gewissermaßen das Ursprungsland der Welt
ist.[23] Diese Ideologie hatte zum einen den Zweck einer internen Herrschaftssta-
bilisierung, diente aber auch der Abwehr des westlichen Imperialismus und
begründete zugleich den japanischen Anspruch auf eine eigenständige Rolle als
Großmacht. Das Militär und das Bildungswesen waren die Multiplikatoren und
Katalysatoren dieser Herrschaftsideologie, die bis 1945 prägenden Einfluß auf
das japanische Staatsverständnis ausübte. Van Wolferen zeigt, daß diese als
"Yamatoismus" bezeichnete Ideologie zwar mit der Niederlage 1945 fürs erste
diskreditiert war, daß sie aber auch in der Gegenwart - wenngleich in abge-
schwächter und modifizierter Form - noch immer eine Rolle spielt.[24] Auch wenn
Japan heute auf seine Friedensverfassung pocht, wurde hier noch viel weniger
radikal mit der Vergangenheit gebrochen als zum Beispiel in Deutschland. Daß

---

20) Bekannterweise war dies einer der Vorwände, unter dem die Briten das
    Land im 19. Jahrhundert sukzessive kolonialisierten.
21) Vgl. Heinz Bechert, a.a.O., S.9.
22) Karel van Wolferen, a.a.O., S.259. Siehe auch Hugh Seton-Watson, *Nations
    and States. An Enquiry into the Origins of Nations and the Politics of Na-
    tionalism*, London 1977, S.288 und Manfred Pohl, *Japan*, München 1992,
    S.51ff.
23) Karel van Wolferen, a.a.O., S.266.
24) Karel van Wolferen, a.a.O., S.263.

die ethnozentrisch-nationalistischen Traditionen unter der Oberfläche fortwir-
ken,[25] zeigt sich nicht zuletzt in wiederholten Äußerungen führender Repräsentanten des Landes, die die japanische Rolle während des Zweiten Weltkrieges
beschönigten, oder auch in einem von neuem auflebenden, vorwiegend von
ökonomischer und technologischer Stärke ausgehenden Neonationalismus, wie
er unter anderem in dem Buch Shintaro Ishiharas, *Wir sind die Weltmacht*, zutage
tritt.[26]

In der Frontstellung gegen den japanischen Imperialismus wurden auch in Korea
nationale Mythen entwickelt, die die koreanische Staatsgründung auf einen Ab-
kömmling des Himmelsgottes Hwanin zurückführen.[27] Zugleich wird Korea mit
Hilfe kunstvoller mythologischer und linguistischer Konstrukte zum Mittelpunkt
eines universalen Himmels- und Sonnenkultes erkoren, dessen Verbreitung von
Vorderasien über China bis nach Japan reicht. Der Tan'gun-Mythos wurde auch
nach 1945 von koreanischen Gelehrten bereitwillig aufgegriffen und findet über
die Schulbücher der Sekundarstufe Eingang in den politischen Sozialisationspro-
zeß der Bevölkerung.[28]

Einen zusätzlichen Verstärkereffekt erfahren die ostasiatischen Ethnozentrismen
durch die konfuzianische Staats- und Sozialethik. Der Staat wird dabei als erwei-
tertes Familiensystem betrachtet.[29] Dies freilich zieht für die Wahrnehmung der
Außenwelt weitreichende Konsequenzen nach sich. So erzeugt die auf konfuzianischen Werten beruhende Sozialisation bereits von frühester Jugend an ein auf
die Familie fixiertes Wir-Gruppen-Gefühl, das außerfamiliäre Angelegenheiten
nur soweit verarbeitet, als dies die Familieninteressen gebieten.[30] Außenstehen-

---

25) Siehe hierzu auch den Beitrag von Manfred Pohl in diesem Band sowie
Helmut Volger, "Japan - eine Weltmacht sucht ihre Rolle", in: *Blätter für
deutsche und internationale Politik*, Heft 4, 1993, S.452-453.

26) Shintaro Ishihara, *Wir sind die Weltmacht. Warum Japan die Zukunft gehört*,
Bergisch Gladbach 1992.

27) Chizuko T. Allen, "Northeast Asia Centered Around Korea: Ch'oe Nam-
son's View of History", in: *The Journal of Asian Studies*, Vol. 49, No.4,
November 1990, S.794.

28) Siehe ebd., S.796.

29) Lucian W. Pye, *Asian Power and Politics. The Cultural Dimensions of
Authority*, Cambridge, Mass. 1985, S.56.

30) Jau-Chaang Mon, Die politische Entwicklung Taiwans von 1949 bis Mitte
1990 unter besonderer Berücksichtigung der politischen Beteiligung, Phil.
Diss. Freiburg 1991, S.15ff.

den begegnet man daher mit Distanz und Skepsis. Dort jedoch, wo Außenkontakte nur sehr selektiv vorgenommen werden, stellen sich in einer fremden Umwelt fast zwangsläufig Unsicherheitsgefühle ein. Unsicherheit gegenüber der Außenwelt fördert überdies auf Harmonie und Konsens ausgerichtete Verhaltensmuster - mit dem Effekt freilich, daß Konflikte tabuisiert werden, ihre Regulierung behindert wird, eben weil sie nicht offen verhandelbar sind.[31] Außenbeziehungen sind so mit einem permanenten Vertrauensdefizit und mit Kommunikationssperren belastet und bestärken - übertragen auf die zwischenstaatliche Ebene - isolationistische Tendenzen. Angesichts langer Phasen des Isolationismus fehlen in Ländern wie Japan und Nordkorea - außerhalb des konfuzianischen Kulturkreises gilt dies auch für Birma - übergeordnete Normen zur Beurteilung internationaler Beziehungen. Dies wird kompensiert durch die Übertragung interner Ordnungsvorstellungen auf die Außenwelt. Sind diese jedoch autoritär und hierarchisch angelegt, wird Macht zum alles entscheidenden Mittel zwischenstaatlicher Beziehungen.[32]

Beispiele dieser Art ließen sich fortführen.[33] Aus ihrer Stoßrichtung gegen externe Bedrohung haben alle diese Ethnozentrismen mehr oder minder starke xenophobische Untertöne. Gepaart mit einem auf moralischen Kategorien gründenden kulturellen Überlegenheitsgefühl, zivilisatorischer Arroganz und Sendungsbewußtsein, die bis zu offenem Rassismus reichen können, geben ethnozentrische Denkmuster den kulturellen Nährboden für hegemoniale Ambitionen ab.[34] Als in die Gegenwart hinein wirkende Geistesströmungen stellen sie sich

---

31) Siehe ebd., S.15-18.
32) Benedict Anderson, *Die Erfindung der Nation. Zur Karriere eines folgenreichen Konzepts*, Frankfurt 1987, S.102.
33) Ein bedeutender pakistanischer Text aus der Zeit der Unabhängigkeitsbewegung liest sich so: "... The first (fact, J.R.) is that Pakistan was the birthplace of human culture and civilization. The second is that it was the earliest center of the communal aggregation of human society. And the third - the most dynamic of all - is that, ever since the dawn of recorded history, it is the first and the strongest citadel of Islam in the Continent of Dinia and its Dependencies." Siehe Choudhury Rahmat Ali, "The Ideal of Pakistan", in: Elie Kedourie (ed.), *Nationalism in Asia and Africa*, London 1977, S.245-246.
34) Offener Rassismus läßt sich für China, Japan und auch südost- und südasiatische Gesellschaften nachweisen. Van Wolferen beispielsweise illustriert diese Beobachtungen mit einem Nakasone-Zitat aus dem Jahre 1986, das seinerzeit große Irritationen in den USA ausgelöst hatte. Nakasone wird

dar als massive Hindernisse für Integrationskonzepte nach Art des Zivilmachtgedankens mit seinen Wertvorstellungen wie internationale Solidarität, Partnerschaft, Konfrontationsabbau, Kompromiß, Dialog, institutionelle Interessenverklammerung, Souveränitätsverzicht und Demokratie.

Nationalismus und Kooperationsblockaden

Versteht man Ethnozentrismus als eine sakral begründete, geopolitische Kategorie mit hegemonial-expansiver Ausrichtung, dann steht außer Zweifel, daß er den idealen Nährboden für einen zuweilen überdimensionierten Nationalismus[35] abgibt, der sich als Reaktion auf die zumeist demütigenden Erfahrungen teilweise jahrhundertelanger kolonialer und imperialistischer Unterdrückung darstellt. Damit unterscheidet er sich - wie Benedict Anderson zeigt - grundsätzlich vom europäischen Nationalismus.[36] Das dynastische Prinzip, der christliche Universalismus und häufige kulturelle Kontakte haben in Europa ein Bewußtsein für gleichberechtigt nebeneinander bestehende Nationalismen geschaffen. Trotz der namentlich in diesem Jahrhundert durch einen übersteigerten und pervertierten Nationalismus verursachten Menschheitskatastrophen bietet die grundsätzliche

---

Forts. von letzter Seite

hier mit der Aussage wiedergegeben, die USA seien wegen ihrer schwarzen und hispanischen Minderheiten eine weniger intelligente Gesellschaft als Japan. Karel van Wolferen, a.a.O., S.267.

35) Hier stellt sich natürlich die Frage nach einer definitorischen Trennung der beiden Begriffe "Ethnozentrismus" und "Nationalismus". An beiden Begriffen haben sich Legionen von Sozial- und Kulturwissenschaftlern die Zähne ausgebissen. Obwohl es an dieser Stelle nicht möglich ist, dieses begriffliche Dilemma zufriedenstellend zu lösen, so scheint doch so viel sicher: beide Begriffe überlappen sich, gehen ineinander über. Ethnozentrismus ist dabei im asiatischen Kontext das weitreichendere und für Integration und Kooperation hinderlichere Phänomen. Ethnozentrismus ist seiner inneren Logik nach eine prinzipiell expansive Kategorie ohne territoriale Grenzen und impliziert Unterwerfung, sei es auf friedliche oder sei es auf gewaltsame Weise. Nationalismus hingegen orientiert sich vielmehr an fest vorgegebenen Grenzen einer Volksgruppe, definiert durch sprachliche, religiöse, kulturelle oder ethnische Kriterien. Anders als der Ethnozentrismus ist der Nationalismus damit nicht notwendigerweise eine geopolitische Kategorie. Er überlappt sich jedoch zusehends mit dem Ethnozentrismus, wo er selbst eine aggressive, hegemoniale und missionarische Dimension gewinnt.

36) Benedict Anderson, a.a.O.

Anerkennung der Existenz anderer Nationalstaaten einen günstigeren Ausgangspunkt für modernere Formen zwischenstaatlicher Kooperation als der ethnozentrisch überformte Nationalismus Asiens mit seinen auf das internationale System
übertragenen Vorstellungen von Über- und Unterordnung.

Antikoloniale Emanzipationsbestrebungen, die angesichts vieler struktureller
Abhängigkeiten mit der Unabhängigkeit keineswegs abgeschlossen sind, rekur-
rieren fast immer auf eine in verklärtem Licht erscheinende "Great Tradition",
die dann in die Zukunft projiziert wird. Die "Great Future" aber stellt sich in
Form von Großmachtträumen dar, die notwendigerweise Rivalitäten und Konflikte mit regionalen und außerregionalen Gegenspielern auslösen müssen. Versuche der Zusammenarbeit in einer Bewegung des Antikolonialismus, repräsen-
tiert im Geiste von Bandung und später in der Blockfreienbewegung, sind so
über allgemeine Deklarationen nie hinausgekommen.[37] Nehrus globale (Frie-
dens-) Politik[38] etwa verkümmerte unter seinen Nachfolgern zu einer Politik der
globalen Mitspracheforderungen, die derzeit allerdings nur in der eigenen Region realisierbar sind. Selbst Kriege zwischen Mitgliedern der Blockfreienbewegung sind keine Seltenheit - der Dauerkonflikt zwischen Indien und Pakistan
oder der erste Golfkrieg zwischen dem Irak und dem Iran mögen als eingängige
Beispiele dienen.

Die breite Volksbewegung, in deren Gestalt der antikoloniale Nationalismus
ursprünglich auftrat, erwies sich in den Staaten Süd- und Südostasiens nach der
Unabhängigkeit zunehmend als Fiktion. Die ohne Rücksicht auf ethnische und
religiöse Strukturen vorgenommenen Grenzziehungen der Kolonialmächte, ihre
"Teile-und-Herrsche"-Politik produzierten in vielen Staaten schon bald nach der
Staatsgründung zahlreiche Subnationalismen und zunehmende Spannungen.[39]
Diese verhärteten sich zu gewaltsamem Widerstand, je mehr der Zentralstaat
diese Gegensätze durch Maßnahmen des *nation building* - also in der Regel
einen von oben verordneten, assimilierenden "offiziellen Nationalismus"[40] - zu

---

37) Spötter bezeichneten daher Bandung zuweilen auch als "Internationale der
    Nationalisten". Siehe Heinrich August Winkler (Hrsg.), *Nationalismus*,
    Frankfurt 1978, S.24.

38) Dietmar Rothermund, *Grundzüge der indischen Geschichte*, Darmstadt 1976,
    S.122.

39) Dietmar Rothermund, "Probleme der nationalen Integration in Südasien",
    in: Heinrich August Winkler (Hrsg.), *Nationalismus in der Welt von heute*,
    Göttingen 1980, S.144.

40) Benedict Anderson, a.a.O., S.88ff.

überwinden suchte und er Minoritäten wirtschaftlich, kulturell und politisch ausgrenzte. Was dabei herauskam, war ein deterministischer, objektiv-kultureller Nationalismus im Sinne Hans Kohns, der "dem Belieben des Individuums weitgehend entzogen ist und durch objektive Faktoren wie blutmäßige Abstammung, Sprache, Religion und kulturelle Überlieferung bedingt ist."[41] Diese Version des Nationalismus basiert somit auf letzten, nicht kompromißfähigen Werten, was wiederum die hohe Regulationsresistenz ethnischer Konflikte erklärt. Sezessionskriege und Rebellionen wurden so in weiten Teilen Süd- und Südostasiens zur Dauererscheinung und lösten eine Spirale der Gewalt aus. Konflikte dieser Art erhöhten zwischenstaatliche Spannungspegel vor allem dann, wenn den Minoritäten Hilfe aus Nachbarländern zuteil wurde. Die Beziehungen zwischen Birma und Thailand, Birma und Bangladesh, Thailand und Malaysia, den Philippinen und Malaysia, Indien und Pakistan, Indien und Sri Lanka oder Indien und Bangladesh waren durch derartige Minoritätenkonflikte immer wieder Belastungsproben ausgesetzt.

Nicht abgeschlossene Prozesse des *nation building* werden damit zu einem gravierenden Kooperationshindernis. Staaten, die gerade erst ihre Unabhängigkeit erkämpften und sich danach ständigen Herausforderungen durch Minoritäten gegenübersehen, sind kaum für Souveränitätsverzichte zugunsten supranationaler Einrichtungen zu gewinnen. Supranationalismus und multilaterale Kooperation stellen sich aus dieser Sicht dar als ein von außen auferlegter Zwang zu Kompromissen und Einschränkungen bei der Verfolgung des nationalen Eigeninteresses. Je stärker eine Regierung unter internen Legitimationszwängen steht - und die meisten asiatischen Staaten tun dies -, desto weniger dürfte sie zu Zugeständnissen im zwischenstaatlichen Bereich bereit sein. Daß Regionalorganisationen wie die ASEAN oder die SAARC keine Mehrheitsentscheidungen[42] kennen und nicht konsensfähige Probleme lieber vertagen, hängt mit dieser begrenzten Kompromißelastizität zusammen. Nationalismus und ethnozentrische Denkmuster begründen damit den Wert einer "unabhängigen" Außenpolitik, die wie im Falle Chinas und Indonesiens durchaus eigene Großmachtansprüche zum Ausdruck bringt. Ethnische Konflike perpetuierten in vielen Fällen rigide, autoritäre Regime. Birma ist hier vielleicht das eklatanteste Beispiel, aber auch in

---

41) Zitiert nach Heinrich August Winkler (Hrsg.), *Nationalismus*, Frankfurt 1978, S.7-8.
42) Allerdings kehrte auch die EG erst 1986 mit der "Einheitlichen Europäischen Akte" teilweise zum Mehrheitsprinzip zurück.

den Philippinen mußte der Moro-Konflikt[43] als eine unter mehreren Begründungen für die Ausrufung des Kriegsrechts durch Präsident Ferdinand E. Marcos im Jahre 1972 herhalten.

Ein hohes internes Gewaltniveau bietet jedoch keine günstigen Voraussetzungen für kooperative Politik nach außen. Derartige Regime - Birma, Nordkorea oder das Kambodscha der Khmer Rouges seien als Beispiele genannt - neigen dazu, sich hermetisch von der Außenwelt abzuschotten, um externe Kritik an den innenpolitischen Verhältnissen zu vereiteln. Im übrigen reagieren sie darauf mit nationalistischen Parolen, die von außen erhobene Forderungen nach mehr Demokratie, Menschenrechten und konstruktiver Konfliktregulierung mit dem Vorwurf neokolonialer Einmischung beantworten. Es liegt auf der Hand, daß die Mauern des Isolationismus die Entwicklung jener Kommunikation und institutionellen Bindung verhindern, die eine notwendige Voraussetzung für kooperative Beziehungen mit der Außenwelt darstellen. Die Kontaktarmut zwischen asiatischen Regierungen, die über lange Phasen der Nachkriegszeit aufrechterhalten wurde, fand in Europa selbst auf der Höhe des Kalten Krieges kein Pendant.

Eine Triebfeder des Nationalismus sind freilich auch die vielen Irredentismen in Asien. Fast alle größeren Staaten der Region erheben Gebietsforderungen gegenüber ihren Nachbarn. Solange man sich hier nicht verständigen kann, wird auch dies die künftige Zusammenarbeit empfindlich stören.

Schließlich hat der ökonomische Nationalismus die Zusammenarbeit der asiatischen Staaten ebenfalls lange Zeit behindert. Fast alle dem kapitalistischen Entwicklungsmodell folgenden asiatischen Staaten igelten sich - zum Teil bis in die siebziger Jahre hinein - hinter den protektionistischen Mauern einer Importsubstitutions-Industrialisierung ein, die sozialistischen Regime und Birma setzten auf Autarkie und autozentrierte Entwicklung. Auch heute, nachdem die Mehrzahl der Staaten auf Weltmarktintegration und auf eine exportorientierte Industrialisierung umgeschwenkt ist, wird angesichts mangelnder Komplementarität der Volkswirtschaften und potentieller Konkurrenz an protektionistischen Maßnahmen festgehalten. Selbst in den ASEAN-Staaten betragen die Außenzölle noch immer zwischen 20 und 30 Prozent. Doch sollte im Sinne neofunktionalisti-

---

43) Siehe hierzu Hans U. Luther, "Der Mindanao-Konflikt: 'Interner Kolonialismus und regionale Rebellion in den Südphilippinen'", in: Kushi M. Khan und Volker Matthies (Hrsg.), *Regionalkonflikte in der Dritten Welt. Ursachen, Verlauf/Internationalisierung, Lösungsansätze*, München, Köln, London 1981, S.183-282.

scher Theorieansätze gerade der ökonomische Bereich als Motor für die Integration und regionale Kooperation wirken. Ökonomische Verflechtung schaffe gemeinsame Interessen, fördere die institutionelle Vernetzung und schaffe positive Erfahrungen in der Zusammenarbeit. In einem auf Interdependenz angelegten Wirtschaftswachstum komme es so zu einer fast selbsttragenden Verdichtung der Informations- und Kommunikationsströme, würden "spill over"-Effekte in andere Kooperationsbereiche möglich. Die schleppenden Fortschritte etwa der Wirtschaftskooperation innerhalb der ASEAN zeigen aber, daß auch hier nationale Eigeninteressen ein nach wie vor stark hemmendes Element in der Verdichtung der regionalen Beziehungsmuster sind.

Wenngleich die exportorientierte Industrialisierung die regionale Kooperation nicht nachhaltig intensiviert hat, so hat sie doch vor allem durch die zunehmende Verflechtung mit den Märkten der Industrieländer zu teilweise dramatischem Wirtschaftswachstum und - in fast allen Fällen - raschem gesellschaftlichen Wandel geführt. Dieser Wandel ging jedoch nicht ohne schwerwiegende Wachstumspathologien, wie soziale und regionale Ungleichheiten, ökologischen und kulturellen Verfall, zum Teil auch erhebliche Außenverschuldung vonstatten. Diese Pathologien produzierten Widerstand gegen die herrschenden Entwicklungsstrategien. Drei Gruppen lassen sich dabei identifizieren, die ihren Dissens zumeist in nationalistische Argumente kleiden.

Da ist einmal die kritische Linke - geschwächt seit dem Niedergang des real existierenden Sozialismus -, die in Weltmarktintegration und wirtschaftlicher Verflechtung die Gefahr dauernder Abhängigkeit vom Ausland sieht. Das Diktat des Internationalen Währungsfonds (IWF), die Auflagen internationaler Geberkonsortien und eine an offene oder unausgesprochene Bedingungen geknüpfte Entwicklungshilfe führten geradewegs in das "Entwicklungsdebakel"[44] mit dem Resultat von Ressourcenraubbau, Austeritätspolitik sowie zerstörter heimischer Institutionen, sozialer Bindungen und kultureller Normen.

Etwas anders gelagert sind die Argumente der Traditionalisten. Sie sehen in wirtschaftlicher Verflechtung eine zunehmende Verwestlichung ihrer Gesellschaft, moralischen und kulturellen Verfall. Die kulturelle Exklusivität der Nation gehe dadurch verloren. Diese stark antiwestlich, antiliberalen und antikapitalistischen Reaktionen auf sozialen Wandel finden ihren Niederschlag in Teilen der NGO-Bewegung - so etwa in den thailändischen "community cul-

---

44) Walden Bello, *Development Debacle: The World Bank in the Philippines*, San Francisco 1982.

ture"-Konzepten - sowie den Wiederbelebungsversuchen für eine buddhistische Ökonomie und gandhianische Werte.

Beide verbünden sich zuweilen in einer unheiligen Allianz mit einer dritten Gruppe - jenen Kräften der Oligarchie oder "Business Bourgeoisie", die durch die Weltmarktintegration und Exportindustrialisierung ökonomisch ausgehebelt zu werden drohen. Die meisten asiatischen Staaten treffen also auf erhebliche innenpolitische Widerstände, die es ihnen nicht erlauben, die wirtschaftliche Kooperation mit Nachbarländern beliebig zu beschleunigen. Ein besonders eklatantes Beispiel für die Bremswirkung innenpolitischer, in nationalistischem Gewande auftretender Widerstände gegen mehr Kooperation sind die verwässerten Bemühungen um die ASEAN-Freihandelszone (AFTA).

Kooperation, Integration und Vernetzung in Asien

Angesichts dieser bis in die Gegenwart hinein wirkenden machtvollen ethnozentrischen, nationalistischen und isolationistischen Traditionen ist es kein Wunder, daß Prozesse der Kooperation, Integration und Vernetzung in Asien bislang ein eher bescheidenes Niveau erreicht haben. Noch am weitesten sind Prozesse der regionalen zwischenstaatlichen Kooperation in den ASEAN-Staaten fortgeschritten.[45] Doch ein Vergleich etwa mit der EG und anderen europäischen Institu-

---

45) Zur umfangreichen ASEAN-Literatur siehe unter anderem: Alfred Kraft, *ASEAN - Wirtschaftliche Kooperationsbestrebungen und ihre Realisierungschancen*, Bonn 1980; Franz R. Herres, *ASEAN. Ein Weg aus der Unterentwicklung?*, München 1981; Alfred Kraft, *Aspekte der regionalen wirtschaftlichen Integration zwischen Entwicklungsländern*, Wiesbaden 1982; Klaus Reiter, *Regionale wirtschaftliche Zusammenarbeit von Staaten der Dritten Welt. Eine theoretische und empirische Analyse der ASEAN*, Saarbrücken und Fort Lauderdale 1983; Werner Pfennig/Mark M.B. Suh (eds.), *Aspects of ASEAN*, München/Köln/London 1984; Walter Rust, *ASEAN - Regionale Zusammenarbeit im Schatten der Großmächte*, Frankfurt 1985; Bernhard Dahm/Wolfgang Harbrecht (Hrsg.), *ASEAN und die EG. Partner, Probleme, Perspektiven*, Hamburg 1988; Cesar Parreñas, *ASEAN im Kräftefeld der Großmächte. Großmachtpolitik und regionale Zusammenarbeit in Südostasien seit 1975*, Frankfurt, Bern, New York, Paris 1989; Susanne Feske, *ASEAN: Ein Modell für regionale Sicherheit. Ursprung, Entwicklung und Bilanz sicherheitspolitischer Zusammenarbeit in Südostasien*, Baden-Baden 1991.

tionen zeigt, daß die institutionelle Vernetzung gering und locker geblieben ist.[46] Supranationale Einrichtungen und Souveränitätsverzichte der Mitgliedstaaten zugunsten ersterer gibt es im Gegensatz zu Europa in Asien bislang nicht. Was fehlt und dies gilt in noch weit größerem Ausmaß für alle anderen asiatischen Kooperationsstrukturen -, ist ein verbreitetes Gemeinschaftsbewußtsein.[47] Slogans wie "Think ASEAN"[48] und zahlreiche der ASEAN angekoppelte private Vereinigungen können nicht darüber hinwegtäuschen, daß eine ASEAN-Gemeinschaftsideologie allenfalls in einer dünnen Eliteschicht gewachsen ist - in keiner Weise jedoch in breiten Bevölkerungsschichten Fuß gefaßt hat. Das zeigt sich nicht zuletzt auch darin, daß die englischsprachigen Medien der Region in der Regel dem Thema ASEAN breiten Raum widmen, dies allerdings für Medienprodukte in heimischer Sprache viel weniger gilt. Auch ein Gesellschaftssystem mit Ausstrahlungseffekten, das die regionale Integrationswirkung unterstützen könnte,[49] gibt es nicht. Die Nachahmung des japanisch-ostasiatischen Entwicklungsmodells beispielsweise beschränkt sich auf rein makroökonomische Elemente - die von oben verordnete malaysische "Look East"-Politik der frühen achtziger Jahre, die auch ethisch-kulturelle Elemente des japanischen Modells nachahmen wollte, darf getrost als gescheitert betrachtet werden. Zu Recht wird die ASEAN im Vergleich zu anderen Dritte-Welt-Regionen als ein Erfolg regionaler Kooperation gewertet. Dies gilt insbesondere für die sicherheitspolitische Zusammenarbeit, die nach den Umwälzungen in Indochina Mitte der siebziger Jahre und insbesondere während des Kambodscha-Konfliktes zum Motor des ASEAN-Regionalismus wurde. Hervorhebenswert ist dabei vor allem die Tatsache, daß es die ASEAN-Staaten schafften, gemeinschaftsinterne Konflikte zwar nicht zu lösen, aber doch immerhin gewaltsame Formen der Konfliktaustragung zu eliminieren. Allerdings zeichnen sich mit dem Ende des Ost-West- und des sino-sowjetischen Konfliktes sowie der daraus folgenden Deinternationalisierung des Kambodscha-Konfliktes erste Erlahmungserscheinungen der ASEAN-

---

46) Jürgen Rüland, "Europa - Ein Modell für Asien?", a.a.O., S.393ff.
47) Diese Forderung erhebt beispielsweise Daniel Frei für erfolgreiche Integrationsprozesse. Siehe Daniel Frei, "Integrationsprozesse. Theoretische Erkenntnisse und praktische Folgerungen", in: Werner Weidenfeld (Hrsg.), *Die Identität Europas*, Bonn 1985, S.114.
48) Klaus-A. Pretzell, "Sicherheitspolitische Züge der ASEAN", in: *Südostasien aktuell*, Januar 1985, S.56.
49) Zu kulturellen Integrationseffekten siehe Joseph S. Nye, a.a.O., S.193ff.

Kohäsion ab. Immer mehr wird deutlich, daß intraregionale Konfliktfelder nicht endgültig gelöst, sondern - wie Susanne Feske[50] und Heiner Hänggi[51] in neueren Publikationen zeigen - allenfalls tabuisiert wurden. Die eigenwillige thailändische Indochina-Politik unter Premierminister Chatichai Choonhavan, die Vereinnahmung der Philippinen durch ihre wirtschaftlichen Probleme, sich überschneidende Gebietsansprüche im maritimen Bereich, Irredentismen wie das Sabah-Problem, unterschiedliche Bedrohungsperzeptionen u.a.m. werfen Fragezeichen für künftige politische Gemeinsamkeiten auf. Latente, gewachsene Konfliktmuster zwischen Singapur und seinen Nachbarn Malaysia und Indonesien brechen neu auf und behindern die Zusammenarbeit.[52] Die alljährliche postministerielle Konferenz, die die ASEAN-Staaten mit ihren wichtigsten Partnern - USA, Japan, Kanada, Australien, Neuseeland, die EG und Südkorea - verbindet, läßt sich zwar unter der Rubrik Kooperation einordnen; im wesentlichen entspricht sie jedoch nicht einem multilateralen, sondern einem traditionellen bilateralen Diskurs. Allerdings verweist das 1993 vereinbarte ASEAN Regional Forum (ARF) auf neue Bemühungen um multilaterale Strukturen der Sicherheitspolitik.

Anders als man sich das ursprünglich gedacht hatte, blieb die wirtschaftliche Kooperation enttäuschend. Das ASEAN-interne Handelsaufkommen fluktuiert und ging selten über die 20-Prozent-Marke hinaus - verschiedene gemeinsame Industrieprojekte können als gescheitert zu den Akten gelegt werden. Nationale Egoismen ließen sich hier nicht überbrücken. Auch die ASEAN-Freihandelszone (AFTA) muß unter dem Strich als hinter den Erwartungen zurückbleibend gewertet werden - es ist ein wirtschaftlicher Integrationsprozeß im Schneckentempo und mit vielen Sicherheitsventilen.[53]

Angesichts langwieriger Konsensfindungsprozesse wendet man sich nunmehr stärker subregionalen Kooperationsformen zu. Das Wachstumsdreieck Singapur

---

50) Susanne Feske, *ASEAN: Ein Modell für regionale Sicherheit. Ursprung, Entwicklung und Bilanz sicherheitspolitischer Zusammenarbeit in Südostasien*, Baden-Baden 1991, S.55.

51) Heiner Hänggi, a.a.O.

52) Siehe hierzu A.R. Sutopo, "Relations among Indonesia, Malaysia and Singapore: From Confrontation to Collaboration and Re-alliance", in: *The Indonesian Quarterly*, Vol. XIX, No.4, 1991, S.326-343, und Faridah Abd. Samad, "Internal Variables of Regional Conflicts in ASEAN's International Relations", in: *The Indonesian Quarterly*, Vol. XVIII, No.2, 1990, S.171-181.

53) Jürgen Rüland, "AFTA - Ein gemeinsamer Markt in Südostasien. Zögerlicher Sprung ins kalte Wasser", in: *Das Parlament*, Nr.7, 12.Februar 1993, S.11.

- Johor - Batam[54] ist ein erstes Beispiel dafür. Doch ist strenggenommen auch dieses Modell bilateral - es bindet Singapur mit Johor und Batam, aber nicht Batam und Johor. Eine gemeinsame Planungs- und Kooperationsbehörde, die die grenzübergreifenden Problemfelder einer solchen Wachstumszone wie Umweltverschmutzung, Kriminalität, Wanderungsbewegungen, Verkehr und Kommunikation angehen könnte, gibt es bezeichnenderweise nicht und ist auch künftig nicht vorgesehen.[55] Die singapurianische Entscheidung, im Rahmen des Kooperationsmodelles keine zusätzlichen indonesischen und malaysischen Arbeitskräfte nach Singapur zuzulassen, verweist gleichfalls auf die bewußte Ausklammerung eines wesentlichen Integrationsbereichs - die Gewährung von Freizügigkeit für Arbeitskräfte. Auch hierin spiegeln sich nationalistische Tendenzen wider, die ein weitergehendes Integrationskonzept kaum realisierbar erscheinen lassen.[56]

Als noch viel weniger erfolgreich erwiesen sich die anderen Kooperationsmechanismen in Asien. Die südasiatische Regionalkooperation (SAARC) ist bislang kaum über einige Gipfelkonferenzen hinausgekommen. Ihre Organisationsstruktur ist äußerst schwach, ihre Aufgabenbereiche sind drittrangig für die Lösung regionaler sicherheitspolitischer, ökonomischer und ökologischer Probleme.[57] Indien hat sich bislang hartnäckig den Versuchen widersetzt, die SAARC zu einem multilateralen Diskussionsforum für die in der Region anstehenden Probleme zu machen. Neu-Delhi will die Internationalisierung der zahlreichen

---

54) Zur mittlerweile recht umfangreichen Literatur zum Wachstumsdreieck siehe u.a.: Manfred Pohl, "Hinterland für einen Stadtstaat. Wachstumsdreieck Singapur - Johor (Malaysia) - Batam (Indonesien)", in: *Südostasien aktuell*, März 1991, S.136-140; Pushpa Thambipillai, "The ASEAN Growth Triangle: The Convergence of National and Subnational Interests", in: *Contemporary Southeast Asia*, Vol. 13, No.2, December 1991, S.311.
55) James Parsonage, Southeast Asia's "Growth Triangle" - An Extended Metropolitan Region? Paper Presented at the International Conference on "Managing the Mega-Urban Regions of ASEAN Countries: Policy Challenges and Responses", Asian Institute of Technology, Bangkok, 30 November - 3 December 1992, S.18.
56) James Parsonage, "Southeast Asia's 'Growth Triangle': A Subregional Response to Global Transformation", in: *International Journal of Urban and Regional Research*, Vol.16, No.2, 1992, S.316.
57) Zur SAARC siehe neuerdings Christian Wagner, "Regionale Kooperation in Südasien: Vorgeschichte und Bestandsaufnahme der SAARC", in: *Außenpolitik*, 44. Jahrgang, Heft 2, 1993, S.183-190.

zwischenstaatlichen Konflikte in der Region unter allen Umständen vermeiden und bevorzugt bilaterale Lösungen.[58] Bilaterale Verhandlungsmuster haben sich jedoch immer wieder als nützliches Instrument regionaler Hegemonen erwiesen[59] - sie ermöglichen dem machtpolitisch überlegenen Akteur ein weitgehend ungehemmtes Ausspielen seiner Handlungsoptionen.

Die wirtschaftliche Vernetzung in Südasien ist, verglichen mit der ASEAN, fast vernachlässigenswert gering und - betrachtet man die Austauschrelationen zwischen Indien und seinen kleineren Anrainern - hochgradig asymmetrisch. Asymmetrische Beziehungsmuster allerdings eignen sich nicht für eine vertrauensbildende und gegenseitige Vorteile erbringende Kooperation.

Große Hoffnungen wurden zuletzt in die APEC gesetzt.[60] Sie greift frühere Ideen einer transpazifischen Zusammenarbeit auf, vermochte bislang aber auch nur wenig zur Beschleunigung der Kooperationsprozesse beizutragen. Einzig als Koordinationsorgan für die wirtschaftliche Zusammenarbeit hat sie sich gewisse Meriten erworben. An diesem unter dem Strich mageren Ergebnis wird auch die im September 1992 in Bangkok beschlossene Institutionalisierung der Organisation - durch die Errichtung eines gemeinsamen Sekretariats in Singapur - wenig ändern. Zu heterogen ist die Mitgliedschaft der APEC, was die gesellschaftliche Verfaßtheit, die wirtschaftliche Interessenstruktur, den Entwicklungsstand und die politischen Ziele angeht. So gelang der APEC nicht einmal die Realisierung ihres Minimalzieles, bei den GATT-Verhandlungen mit einer Stimme zu sprechen. Insbesondere die Rolle der USA in der APEC bleibt undurchsichtig: Ist dies ein erster Versuch Washingtons, von den traditionell bilateralen Beziehungen mit seinen asiatischen Partnern abzurücken und zu einer multilateralen Politik überzugehen,[61] oder ist es lediglich eine Vorsorgemaßnahme, die Entstehung eines ostasiatischen Handelsblocks unter japanischer Führung, so wie ihn der malaysische Premierminister Mahathir mit seinem East Asia Economic Caucus (EAEC)-Konzept zu propagieren scheint, zu verhindern?

---

58) Angelika Pathak, "Asien: Frieden in Südasien - nur zu Indiens Bedingungen", in: Deutsches Übersee-Institut Hamburg (Hrsg.), *Jahrbuch Dritte Welt 1990, Daten, Übersichten, Analysen*, München 1990, S.287-297.

59) Auch die VR China hat in der Vergangenheit mit aller Macht versucht, die Streitigkeiten im Südchinesischen Meer aus internationalen Gremien fernzuhalten.

60) Zur APEC siehe *Australian Journal of International Affairs*, Vol.46, No.2, November 1992.

61) So andeutungsweise Ernst-Otto Czempiel, "Die USA und Asien", in: *Aus Politik und Zeitgeschichte*, B 27/92, 26. Juni 1992, S.11.

Auch die zunehmende wirtschaftliche Interdependenz der Region, aus der das *raison d'être* der APEC häufig hergeleitet wird, ist ambivalent. Empirische Studien zeigen, daß die wirtschaftliche Verflechtung als Vorstufe einer stärkeren institutionellen Vernetzung und politischen Kooperation in den Jahren 1980 bis 1987 vergleichsweise gering blieb, danach allerdings an Tempo zulegte.[62]

Schließlich reagieren die meisten Experten auch eher skeptisch, wenn von der Übertragung europäischer kollektiver Sicherheitsmodelle wie der KSZE auf Asien die Rede ist. Hat schon die KSZE im Jugoslawien-Konflikt und in den Nationalitätenkonflikten am Rande der Sowjetunion ihre Feuerprobe nicht bestanden, so verweisen die meisten Beobachter auf die in Asien ungleich ungünstigeren Voraussetzungen:[63]

- das Fortbestehen zahlreicher Irredentismen; nur ein territorial stabiles Umfeld lasse vertrauensbildende Maßnahmen und Sicherheitsabkommen zu;
- das Fehlen eines militärischen Gleichgewichts;
- das Vorliegen unterschiedlicher Bedrohungsperzeptionen;
- die in noch viel stärkerem Maße vorliegenden ethnischen und innerstaatlichen Verwerfungen, denen Diplomatie und Absprachen der kollektiven Sicherheit bisher nicht zugänglich waren;
- das Fehlen einer entsprechenden nachrichtentechnischen Logistik, um vertrauensbildende Maßnahmen verifizieren zu können.

Hinzu kommt, daß das Konzept von der Sowjetunion in den sechziger und siebziger Jahren zur Eindämmung Chinas instrumentalisiert wurde und durch seine Assoziierung mit geostrategischen Überlegungen viel an Glaubwürdigkeit eingebüßt hat. Auch internationale Sicherheitsregime wie der Nichtweiterverbreitungsvertrag für Atomwaffen oder das Missile Technology Control Regime (MTCR) erfreuen sich in Asien geringer Popularität. Indien und Pakistan - de facto Atommächte - sind bis heute dem Sperrvertrag nicht beigetreten, China erst im März 1992, während Nordkorea im Frühjahr 1993 seine Unterschrift zunächst aufkündigte, dann aber - unter massivem internationalen Druck - diesen Schritt vorerst wieder zurücknahm. Peking, mittlerweile einer der führenden

---

62) Kate Grasser and Brian Bridges, "Economic Interdependence in East Asia: The Global Context", in: *The Pacific Review*, Vol.3, No.1, 1990, S.1-14.
63) Siehe etwa Mir A. Ferdowsi, "Die KSZE als Modell? Möglichkeiten und Grenzen der Anwendung in der Dritten Welt", in: *Europa Archiv*, 47. Jahr, Folge 3, 1992, S.76-84. Ähnlich aus russischer Sicht: Alexei V. Zagorsky, "Confidence-Building Measures: An Alternative for Asian-Pacific Security?", in: *The Pacific Affairs*, Vol.4, No.4, 1991, S.345-357.

Waffenexporteure in der Welt, zeigte bislang kaum Interesse, die Vereinten
Nationen bei ihrem Bemühen zu unterstützen, eine zentrale Registrierungsstelle
für Waffenverkäufe einzurichten.[64] Binnen weniger Jahre ist Asien zum Waffen-
basar Nummer eins in der Dritten Welt aufgestiegen - seine Importe von Mili-
tärgerät übertreffen bereits heute jene des Nahen Ostens. Und zuguterletzt wird
auch das sich abzeichnende Scheitern der UNTAC in Kambodscha den Gedanken multilateraler Sicherheitspolitik in Asien erheblich beschädigen. Von dem
einen oder anderen japanischen Vorschlag[65] abgesehen, verwundert daher wenig,
daß die meisten Vorschläge zu einem kollektiven Sicherheitssystem für Asien
von außerhalb der Region kamen: zu Gorbatschows Zeiten aus Moskau, später
aus Kanada und Australien.[66]

All dies soll natürlich nicht ausschließen, daß Wertewandel in Asien nicht möglich ist. Sicherlich entfaltet das rapide wirtschaftliche Wachstum langfristig eine
gewisse Eigendynamik in Richtung zu mehr regionaler Kooperation. Dennoch
muß man sich aber vor allzu großem Optimismus hüten. Kooperation wird in
Asien vorwiegend im Sinne von 'collective self-reliance' verstanden und hat damit
in erster Linie instrumentellen Charakter zur Stärkung des Nationalstaats. Anders als die eurozentrischen Zivilmachtvorstellungen ist diese Art der Kooperation normativer Begründungen weitgehend entkleidet. Nationale und ethnozentrische Traditionen werden hier noch auf lange Sicht wirksam bleiben - ja es ist
nicht einmal auszuschließen, daß sie sich sogar noch verstärken, dann nämlich,
wenn ökonomische Gegensätze wie jene zwischen den USA und Japan oder den
USA und der Volksrepublik China zunehmen und wenn die neue multipolare
Weltordnung mit ihren erweiterten Handlungsspielräumen für aufstrebende
regionale Vormächte neue Rivalitäten und Rüstungswettläufe produziert.

---

64) Siehe Francois Heisbourg, "The New Strategic Environment: Traditional
    Players and Emerging Regional Powers", in: *Contemporary Southeast Asia*,
    Vol. 14, No.1, June 1992, S.10.
65) So etwa der im Juli 1991 von Außenminister Taro Nakoyama unterbreitete
    Vorschlag, das postministerielle Treffen der ASEAN-Staaten mit ihren
    Dialogpartnern für sicherheitstechnische Beratungen zu nutzen. Im Septem-
    ber 1992 wurde japanischerseits auch der Gedanke lanciert, die APEC für
    sicherheitspolitische Beratungen zu nutzen. Vgl. William T. Tow, "Northeast
    Asia and International Security: Transforming Competition to Collabora-
    tion", in: *Australian Journal of International Affairs*, Vol. 46, No.1, May 1992,
    S.15.
66) Im Juli 1990 bereits hatten die Außenminister von Australien und Kanada
    die Einrichtung einer "Konferenz für Sicherheit und Zusammenarbeit in
    Asien" bzw. einen "North Pacific Cooperative Security Dialogue" vorgeschla-
    gen. Siehe William T. Tow, S.14.

Identitätsmodelle, Nationenbildung und regionale Kooperation in Mittelasien

Ingeborg Baldauf

Die Definition der Nationen in Mittelasien und die Herausbildung moderner Nationalstaaten in der Form, wie sie heute als Nachfolgestaaten vom Südrand der Sowjetunion gegeben sind, datiert in die zwanziger Jahre unseres Jahrhunderts und konnte damals auf eine Vorgeschichte von etwa dreißig Jahren zurückblicken.

Nationalität und die Administration des Russischen Reiches

Schon seit dem Ende des 19. Jahrhunderts hatten Repräsentanten der imperialen russischen Macht Anstrengungen unternommen, die mittelasiatische Bevölkerung nach dem Muster des in Europa entwickelten und von Rußland rezipierten und akzeptierten Nationalgedankens zu kategorisieren. Zwar stießen die zaristischen Administratoren allenthalben schnell an die Grenzen der Gültigkeit des romantischen Nationenbegriffs bzw. mußten hinnehmen, daß die einheimische Bevölkerung diesem Begriff weitgehend verständnislos, gleichgültig und damit duldsam bis zur absichtslosen Entstellung gegenüberstand. Da die Beamten der Volkszählung von 1897 — und für ihre Tätigkeit allein war die Kategorisierung nach "nationalen" Kriterien vorerst von Bedeutung — aber nicht einen ideologischen oder aufklärerischen, sondern den praktischen Auftrag der Erfassung und einheitlichen Registrierung der Bevölkerung zu erledigen hatten, wurde in Kauf genommen, daß der aufgeprägte Raster nur bedingt passen wollte und daß es, auch mit Wissen der Autoritäten, vielerorten zu Fehlkategorisierungen im Sinne der eigentlich zugrunde liegenden Prinzipien der Zählung kommen mußte.[1] 1897 wurden die mittelasiatischen Menschen nach dem allein gültigen Merkmal Muttersprache einer "Nationalität" zugewiesen. Weder waren die Grenzen um das, was als Sprache — zum Unterschied von Ober- und Unterkate-

---

[1] Über die Prinzipien der Volkszählung allgemein vgl. HENNING BAUER, ANDREAS KAPPELER, BRIGITTE ROTH (Hrsg.): *Die Nationalitäten des Russischen Reiches in der Volkszählung von 1897*, Bd. 1, Stuttgart 1991, bes. Kritik der Kategorien (Brigitte Roth), S.137 sqq. und speziell Mittelasien betreffend im Abschnitt "Türksprachen" (Guido Hausmann), S.236 sqq.; aufgeschlüsselte Daten auch zu Mittelasien in vol. 2 (1991).

gorien wie Sprachfamilie oder Dialekt usw. — zusammengefaßt werden sollte, zu dieser Zeit bereits gezogen, noch hätte sich der größere Teil der Mittelasiaten überhaupt auf diese Weise eindeutig für die eine oder andere Muttersprache entscheiden können: war doch Mittelasien seit jeher durch eine Vielfalt von Mehrsprachigkeitsphänomenen charakterisiert.

In dem Maße, in dem die einheimische und vor allem die eingewanderte tatarische Intelligenz die ideologischen und politischen Dimensionen des Nationalitätsgedankens auszuloten begann, wurde die bereits erwähnte Inkompatibilität dieses in Europa entwickelten Konzepts mit autochthonen identitätsschaffenden Kriterien als solche perzipiert. In Mittelasien fand infolge der Machtübernahme Rußlands eine fortschreitende Vereinnahmung des Landes durch russische, aber auch durch den russischen Vorbildern kaum nachstehende tatarische selbsternannte Zivilisationsbringer statt. Es kann nicht verwundern, daß unter diesen Bedingungen wirtschaftlicher und kultureller Kolonisierung die Tatsache, daß der europäische Nationengedanke in Mittelasien nicht passen wollte, als Defizienz auf einheimischer Seite (und nicht vielleicht als Resultat unangemessener Übertragungsversuche durch die anderen) interpretiert wurde und allerlei intellektuelle Akrobatik angestellt werden mußte mit dem Ziel, den "Mangel" zu beheben.

Nationalität und die Intellektuellen: die Bedeutsamkeit von Religion und Territorium

In der Diskussion darum, wie Nationalität definiert sein solle, orientierten sich die mittelasiatischen einheimischen Intellektuellen getreu an dem, was bei den Tataren — dem fortschrittlichen Vorbild und durch Religion und Sprache nahe stehenden Brudervolk — zu Anfang der 1910er Jahre vorgedacht wurde. Die tatarische Intelligenz war uneins in dieser Frage, je nachdem ob sie sich auf modernistische Konzeptionen einlassen oder lieber an vormodernen festhalten wollte. Ein herkömmliches autochthones Identifikationsmuster, das durch die Anhänger der neuen Mode der romantischen muttersprachenzentrierten Nationalitätsfindung besonders heftig als obsolet gebrandmarkt wurde, stützte sich auf die Religionszugehörigkeit als Kriterium. Daß das gemeinsame Bekenntnis zum Islam die Menschen verschiedenster ethnisch-rassischer, regionaler und sprachlicher Zugehörigkeit nicht zu einer "Nation" modernen Verständnisses verschweißt, diese Meinung setzte sich in den frühen 1910er Jahren zuerst bei einigen Vordenkern an der Wolga und dann dank der Ausstrahlung der tatarischen Presse nach Mittelasien auch dort in bestimmten Kreisen allmählich durch.[2] Für die Mehrheit der Tataren, die sich in der Presse äußerten, und für die allermeisten mittelasiatischen Intellektuellen ebenso, blieb die Zugehörigkeit zur Gruppe der "Muslime Rußlands" — der Begriff war geprägt worden, als auch die primären Träger der imperialen Macht noch vormodernen Identitätskriterien anhingen — der bedeutendste identitäts- und solidaridaritätsschaffende Faktor.[3]

Allerdings war Religion für die mittelasiatische Intelligenz nicht das einzige weithin akzeptierte identitätsstiftende Moment. Ein zweites vormodernes Identifikationsmuster wurde in den frühen 1910er Jahren in seiner Bedeutung für den politischen Diskurs "entdeckt" und sollte im Laufe dieses Jahrzehnts und zu Anfang des nächsten besondere Bedeutung gewinnen: das regionale. Bereits in der "nationalen" Kategorisierung der Volkszählung von 1897 schlug sich dieses Muster nieder, man denke nur an die "Nation" der *Kašgarlyki*, der "Leute aus Kašyar" in Ostturkestan. Ganz analog bezeichneten sich viele Bewohner besonders der großen mittelasiatischen Städte einfach als "Samarkander", "Bucharer" und so weiter, wobei etwa die Bedeutung der Zugehörigkeit zu einer oder einer anderen sprachlich differenzierten Gruppe völlig zweitrangig war und sogar das Moment der religiösen Zugehörigkeit in den Hintergrund trat: Man war primär Bucharer und sekundär bucharischer Muslim oder Jude.[4] Sogar wenn die Opposition Muslime-Juden beschworen werden sollte, war klar, daß die beiden Gruppen als komplementäre Elemente einer als Einheit begriffenen regional definierten Gemeinschaft verstanden wurden.[5]

---

[2] Die wichtigsten tatarischen Diskussionsbeiträge "modernistischer" Intention von ГABDÖL ГAZIZ in *Aŋ* 23.1913, S.407-410, XÄSÄN GÄLI in *Mäktäb* 7.1913, S.169-173, und besonders ГABDÖLBARI BATTAL: "Millijätne bilgeläv" ["Wie man Nationalität definiert"], *Mäktäb* 6.1913, S.149-153. — Unter den Einheimischen Mittelasiens fand diese Meinung dort Anhänger, wo der tatarische Einfluß am unmittelbarsten war, also in Taškent und Buchara.

[3] Dezidiert in diesem Sinne die Tataren ГABDÖLḤÄMID ÄL-MÖSLIMI (!) in *Aŋ* 23.1913, S.410 und besonders SABIR VILDANOV in *Aŋ* 22.1913, S.398-400. In Mittelasien dominiert diese Auffassung implizit in der gesamten von Einheimischen herausgegebenen Presse. Explizite Stellungnahmen wiederholt in den Zeitschriften *Ojna* und *al-Isloḥ* (ab Ende 1913).

[4] Zur Bedeutsamkeit des regionalen Konzepts s. auch W. BARTHOLDs Artikel "Türken" in *Enzyklopädie des Islam* IV (1934), S.969-978, hier S.978.

[5] Siehe etwa MAḤMUD SATTORI: "Xŭqand va musulmonlar" ("Kokand und [seine] Muslime"), *Ojna* 8.1913, S.186-187. — Die Muslime werden hier, wie auch sonst häufig, zwar als *millat* bezeichnet, ein Terminus, der gelegentlich ohne Begriffswer-

Auf der Basis dieses vormodern-unreflektierten, gleichsam präexistenten regionalen Identifikationsmodells entwickelten einheimische Intellektuelle ab den 1910er Jahren die Idee von einer städteübergreifenden, in einem breiteren Sinne regional-territorialen turkestanischen Identität. War das ursprüngliche regionale Modell ein typisches Produkt urbanen Bewußtseins der Oasenbewohner in Opposition zu den Bauern und Viehzüchtern des flachen Landes und der Steppe, so bemühten sich die "Turkestanisten" zusehends um die diskursive Integration aller Bevölkerungselemente. Besonders der Samarkander Aufklärer Maḥmūd Xŭğa Behbūdī (1874-1919) war bemüht, Angehörige der verschiedenen Ethnien, Sprecher der verschiedenen Sprachen, ja sogar Bürger verschiedener Staaten (das Chanat Chiva und das Emirat Buchara waren nominell noch selbständig)[6] auf eine übergreifende turkestanische Identität einzuschwören:

> Unter den Turkestanern ist kein Unterschied bezüglich Habitus, Religion und Sprache. Was die Terminologie betrifft, so nennt man die Stadtbewohner *Sart*, die ländliche Bevölkerung *Üzbek* oder *Türkmen* und die Steppennomaden *Qyrɣyz* oder *Qazaq*. Dennoch, hinsichtlich Religion, Glaube, Sitten und Gebräuchen unterscheiden sie sich nicht voneinander.[7]

Dieser "Turkestanismus" durfte sich nach 1917, speziell durch die Gründung der Turkestan ASSR im Mai 1918, bestätigt sehen: In der Tat integrierte diese

---

tung als "Nation" schlechthin übersetzt wird; was in diesem Zusammenhang stets zu wenig beachtet wird, ist der Umstand, daß für die vorsowjetische Zeit im staatspolitischen Bereich nicht die "Nation", sondern das Volk (*aholi*, wie russ. *narod*) der gültige übergeordnete Identitätsträger war.

[6] Ausgeschlossen blieb allerdings die Bevölkerung der Teile des geographischen Turkestan, der politisch zu Afghanistan bzw. China gehörte, cf. MAḤMUD XŬĞA: "Turkiston", *Ojna* 1.1913, S.2-5.

[7] "Turkiston idorasi", *Šura* 23.1908, S.720, zit. nach HISAO KOMATSU: "The Evolution of Group Identity among Bukharan Intellectuals in 1911-1928: An Overview", *Memoirs of the Research Department of the Toyo Bunko* 47.1989, S.115-144, hier S.120. Unter der Wendung "es ist kein Unterschied bezüglich ..." hat man zu verstehen "sollte dem Unterschied bezüglich ... keine Bedeutung beigemessen werden". — Gegen Hisao Komatsus an gleicher Stelle geäußerte Meinung, Behudi habe ein dezidiert türkistisches Selbstverständnis (in Gegensatz etwa zu einem iranischen) gehabt, stehen Behbudis vehemente Stellungnahmen gegen die von den Tataren importierte Mode des Türkismus und zugunsten eines Bekenntnisses zur eigenen türkisch-persischen Zweisprachigkeit (und damit wohl turko-iranischen Identität), cf. Leitartikel in *Ojna* 1.1913, S.12-14; *Ojna* 12.1915, S.310.

Verwaltungseinheit diverse ethnische Gruppen mit türkischen Sprachen, eine große und viele kleine iranischsprachige Ethnien und allerlei weitere zahlenarme Gruppen, die durch ethnische Zugehörigkeit und/oder Sprache und/oder Religion unterscheidbar waren. In der Turkestan ASSR wurde keine Ethnie, keine sprachliche Gruppe als primäres Staatsvolk über die anderen herausgehoben, sondern man bekannte sich zur multiethnisch-vielsprachigen Struktur der Bevölkerung; theoretisch hätte sogar jeder Staatsbürger das Recht gehabt, mit den Behörden in seiner eigenen Sprache zu verkehren[8] — wenn dieser Anspruch auch in der Praxis nicht eingelöst werden konnte. Als *lingua franca* anerkannt war die Sprache *Turki*, ein türkisches Idiom in anarchischem Zustand, das sich bei der Bevölkerung der turkestanischen Städte auf der Basis der alten mittelasiatischen Literatursprache Čaγatajisch herausgebildet hatte und zu einem gewissen Grad unter Einfluß des Tatarischen und Osmanisch-Türkischen modernisiert worden war.[9]

Was die Intellektuellen im Laufe der 10er Jahre entworfen und die Staatspolitiker der frühen sowjetischen Zeit bestätigt hatten, war also ein im wesentlichen territorial definiertes, wenig scharf konturiertes Nationenverständnis — oder man könnte vielleicht noch zutreffender sagen, die Frage, ob man einfach einem Staatsvolk oder aber einer "Nation", und wenn ja, welcher, angehören sollte, stand bis in die frühen zwanziger Jahre in Mittelasien nicht im Zentrum des Interesses. In der Situation des Bürgerkriegs verliefen die Solidaritätsgrenzen sowieso quer durch alle überkommenen Abgrenzungslinien.

Staatspolitik und Nationenbildung

Als sich die Sowjetmacht konsolidierte und machterhaltendes Taktieren durch staatspolitisches Planen abgelöst zu werden begann, reifte im Zentrum Moskau offenbar das Bewußtsein darüber, wie groß das in einer einzigen Republik zusammengefaßte Territorium Turkestan eigentlich war und welches Potential in ihm steckte. Autonomistische Bestrebungen hatte es gegeben — die "Autonomie von Kokand" hatte zwar nur wenige Monate an der Wende von 1917 zu 1918 Bestand gehabt, ihr Andenken gab aber noch Jahre später dem schwelenden Bürgerkrieg Nahrung. Wäre Turkestan wirklich autonom geworden, so wären dem sowjetischen Gesamtstaat wertvolle Ressourcen verlorengegangen. Der neue Staat konnte sich nicht leisten, in

---

[8] So in der *položenie* über die Staatssprache, veröffentlicht in *Uluγ Turkiston* vom 31. August 1918, Punkt 2.

[9] Dazu ausführlich K. Ju. Jusupov: *Ėkstralingvističeskie faktory razvitija uzbekskogo literaturnogo jazyka pervoj poloviny XX veka*, MS, Taškent-Moskau 1979, S.40 sqq.

dieser wichtigen Region wirtschaftlich Boden zu verlieren; daß er von Anfang an auch
für die Zukunft auf die Zugehörigkeit der Region Turkestan zählte, dafür spricht die
Tatsache, daß noch 1917 eine Bestandsaufnahme unter anderem zur Landwirtschaft
stattgefunden hatte und 1920 eine umfangreiche statistische Erhebung (*perepis'*)
durchgeführt worden war.[10] Auf der Basis der statistischen Daten, welche die
Erhebungen erbracht hatten, arbeitete bis 1924 die Turkestanische Kommission
(*Turkestanskaja Komissija*) die Grundzüge einer Verwaltungsreform (*rajonirovanie*)
unter administrativ-wirtschaftlichen Gesichtspunkten aus. Da dieses Projekt auch
veröffentlicht wurde,[11] darf man wohl annehmen, daß die damit zu schaffende
verwaltungstechnische Neugestaltung der Region im Lauf der Zeit recht konkrete
Gestalt annahm. Daß es zur Verwirklichung einer Neuordnung dieser Art, die
bestimmt weitreichende wirtschaftlich-soziale Konsequenzen gehabt hätte, nicht kam,
sollte einen Grund fernab von administrationstechnischen oder wirtschaftsplanerischen
Überlegungen haben — einen macht- und staatspolitischen.

Nicht nur wegen wirtschaftlicher Aspekte konnte der mögliche Verlust einer so
wichtigen Region nicht akzeptiert werden. Mindestens gleich bedeutsam war der
weltpolitische Aspekt. Das sowjetische Moskau hielt immer noch die Sensibilität für
eine empfundene "Bedrohung der Grenze" wach, die in zaristischer Zeit das
Argument für Eroberungen weiter und weiter nach Süden, gegen den bis Afghanistan
vorgedrungenen Rivalen Großbritannien, abgegeben hatte. Für den Gesamtstaat war
die "Sicherung der Südgrenze" von größter Wichtigkeit; Turkestan als Autonome
Sozialistische Sowjetrepublik aber war an dieser Stelle ein zu großer strategischer
Unsicherheitsfaktor, zu groß im ganz wörtlichen Sinne. Es kann nicht verwundern,
daß der Gedanke an eine politische Neuordnung der Region lanciert wurde, sobald die
Machtverhältnisse zwischen Zentrum und Peripherie dies erlaubten. Zwar entspricht
die nun folgende rohe Zusammenfassung der Geschichte Mittelasiens in den zwanziger
Jahren nicht der Lesart der früheren mittelasiatischen oder insgesamt der sowjetischen
Historiographie; andererseits ist die Neuaufarbeitung dieser Epoche von den
Historikern noch nicht geleistet. Darum möchte ich hier eine grob verkürzende
Interpretation der Ereignisse von 1921-1924 riskieren in vollem Bewußtsein, daß erst

---

[10] *Materialy vserossijskix perepisej 1920 goda. Perepis' naselenija v Turkestanskoj Respublike*, Taškent 1923 sq.; zum 1917er Zensus cf. *Trudy komissii po izučeniju plemennogo sostava Rossii i sopredel'nyx stran*, Leningrad 1925 sq.

[11] Unter dem Titel *Materialy po rajonirovaniju Turkestanskoj Respubliki*, ohne Autopsie (zit. nach *Materialy po rajonirovaniju Srednej Azii. Kn. I. Territorija i naselenie Buxary i Xorezma. Č. 1, Buxara*, ed. Komissija po rajonirovaniju Srednej Azii, Taškent 1926, 1).

eine seriöse Bearbeitung des reichlich vorhandenen, aber bisher kaum gesichteten
Archivmaterials zum Thema wirklich Licht in das politische Geschehen vor der Mitte
der zwanziger Jahre bringen wird.

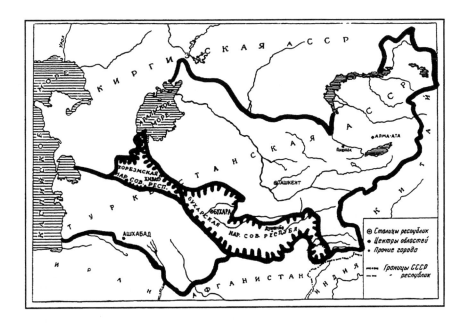

Abb. 1: Die politische Gliederung Mittelasiens vor Herbst 1924[12]

Daß die 1918er "Autonomie von Kokand" und einige andere Unabhängigkeitsbe-
wegungen in Mittelasien für Rußland nicht in dem Desaster der Sezession geendet
hatten, war für das Zentrum mit viel Glück so eingetroffen.[13] Wer weiß aber, was

---

[12] Nach *Istorija Uzbekskoj SSR*, vol. 3, Taškent 1967, S.411.

[13] Eine Darstellung der verschiedenen Bewegungen bei HÉLÈNE CARRÈRE
D'ENCAUSSE: "Civil War and New Governments", in: EDWARD ALLWORTH (ed.),
Central Asia. 120 Years of Russian Rule, Durham/London 1989, S.224-253.

geschehen wäre, hätten sich alle Sezessionisten auf turkestanischem Boden zusammen-
getan. Es muß opportun erschienen sein, Turkestan, sobald es machtpolitisch
durchsetzbar war, neu zu organisieren, d.h. in kleinere Einheiten aufzulösen, die
untereinander nicht überregional organisiert sein sollten, sondern nominell völlig
selbständig waren und jede einzeln direkt auf das Zentrum Moskau hin orientiert
waren. — Auf turkestanischem Boden und, sieht man von einem Stück Südgrenze mit
Afghanistan ab, von der Turkestan ASSR umschlossen, existierten Anfang der
zwanziger Jahre auch noch zwei de iure selbständige, wenn auch de facto schon
weitgehend von Moskau abhängige Volksrepubliken: Buchara und Chorezm.[14] Wenn
man im Zusammenhang der politischen Umordnung Turkestans diese beiden
Republiken integrieren konnte, war die seit jeher angestrebte Konsolidierung der
Südgrenze einen guten Schritt weitergekommen.

Der neue Nationenbegriff

Die ideologische Abrundung für das staatspolitische Unternehmen "Neuordnung
Mittelasiens" lieferte ein Prinzip, das unter der Bezeichnung "Leninsche Nationalitätenpolitik" bekannt ist, wenn es auch seine Blüte erst nach Lenins Tod, nämlich
unter Stalin erleben sollte. Die "Leninsche Nationalitätenpolitik" postuliert, daß eine
gedeihliche Entwicklung der Nationen nur in einem eigennationalen politischen Gebilde (das aber nicht ein selbständiger, unabhängiger Staat sein soll) möglich sei. Sie
definiert "Nation", beachtet man einmal das verifizierbare Geschehen mehr als die
proklamierten Grundsätze, primär aufgrund der Muttersprache, entfernt sich also wenig von dem, was schon im Rußland der 1897er Volkszählung gegolten hatte. Andere
nationenbildende Faktoren treten demgegenüber deutlich in den Hintergrund. 1913
hatte Stalin als Kriterien, durch welche eine "Nation" konstituiert und abgegrenzt
wird, gemeinsame Sprache, gemeinsames wirtschaftliches Leben, gemeinsames Territorium und gemeinsame "psychische Wesensart" (Kultur und Nationalcharakter) vor-
geschlagen;[15] nominell behielt diese Auffassung von Nation in den zwanziger Jahren
ihre Gültigkeit, für die politische Praxis erwies sie sich allerdings als wenig hilfreich,
denn eine eindeutige Koinzidenz all dieser Faktoren war zumindest unter den Ver-

---

[14] Im Februar 1919 wurde nach dem Sturz Ǧunajd Chans die VR Chorezm
ausgerufen; im September 1923 wurde aus ihr die Chorezm SSR. Im September 1920
wurde nach der Flucht des Emirs ᶜĀlim Chan die VR Buchara proklamiert; 1924 (also
ganz kurz vor der Selbstauflösung) wandelte sie sich analog in die Buchara SSR um.

[15] GERHARD SIMON: *Nationalismus und Nationalitätenpolitik in der Sowjetunion*,
Baden-Baden 1986, bes. S.28 sq. und S.39.

hältnissen in Mittelasien kaum gegeben bzw. war es dem Belieben anheimgestellt, wie weit oder eng man das eine oder andere Kriterium fassen wollte. Dazu kommt, daß nicht einmal die neue politische Elite Mittelasiens den Begriff Nation noch "richtig" verstand — von den Intellektuellen alten Zuschnitts, und von den "nur Betroffenen" sowieso, einmal ganz zu schweigen. In seinem *Kleinen russisch-uzbekischen Wörterbuch für Politik und Wirtschaft* erklärte Nazir Tŭraqul aus Kokand, ein aus der einheimischen aufklärerischen Intelligenz hervorgegangener beispielhafter Bolschewik der ersten Stunde, in dem gleichen Jahr 1922, in dem er zum 11. Kongreß der Russischen KP delegiert wurde,[16] seinen Landsleuten *nacija* als "Gemeinschaft hinsichtlich Sprache, Sitte, Brauch und Rasse". Somit ersetzte er Stalins Forderung nach Einheit von territorialer Zugehörigkeit und Wirtschaftsleben durch die Forderung nach ethnisch-rassischer Einheit.[17]

Problematische Definitionen, Mißverständnisse auf ideologischer Ebene, und vor allem die Tatsache, daß bei der zwanghaften Zerlegung in "Nationen" hier einer europafernen Weltregion eine Begrifflichkeit aufgedrückt werden sollte, die schon in Europa selber nur cum kilo salis auf die gegebene Wirklichkeit paßt — diese Voraussetzungen waren dazu angetan, daß die politische Neuordnung Mittelasiens durch die "Leninsche Nationalitätenpolitik" zwar ideologisiert, aber keinesfalls erleichtert wurde. In der Tat war es keine leichte Aufgabe, Turkestan, wenn es denn schon aus politischen Gründen sein mußte, auf eine plausible Weise in kleinere Einheiten aufzuteilen.

Mittelasien war traditionell und ist auch heute ein multiethnischer Lebensraum. Von einem Schmelztiegel zu sprechen, hieße ein falsches Bild zu beschwören; viel besser paßt das von einer Ethnographin formulierte Wort vom "Konglomerat".[18] Selbstverständlich hat das Zusammenleben von Menschen verschiedener ethnisch-rassischer und regionaler Abkunft und verschiedener sprachlicher Zugehörigkeit zu allerlei Mischungs-, Assimilations- und Absorptionsphänomenen geführt. Studien zur physischen Anthropologie bestätigen das ebenso wie die Ethnographie und die Sprach-

---

[16] Cf. I. ZENUSHKINA: *Soviet Nationalities Policy and Bourgeois Historians. The Formation of the Soviet Multinational State (1917-1922) in Contemporary American Historiography*, Moskau 1976, S.103 sq.

[17] NAZIR TŬRAQUL: *Rus-ŭzbek tilining sijosij va iqtisodij luγatčasi*, Taškent 1922, s.v. *nacija*.

[18] B. X. KARMYŠEVA: *Očerki ètničeskoj istorii južnyx rajonov Tadžikistana i Uzbekistana (po ètnografičeskim dannym)*, Moskva 1976, S.127, bezogen auf Dörfer an den nördlichen Zuflüssen des Amu-Darja-Oberlaufs.

wissenschaft. Dennoch ist das trennende Element mindestens gleich wichtig wie das einende, und so wäre es angebrachter, vom historischen Mittelasien als einem Raum der Koexistenz und Symbiose distinkter Gruppen zu sprechen. Wohlbekannt und besonders in der westlichen Literatur häufig beschworen ist die Symbiose des iranischen und des türkischen Bevölkerungselements. Mit so groben Mustern wie der Opposition iranisch = urban und türkisch = steppennomadisch oder iranisch = Administration und Bürokratie und türkisch = Herrschaft und Militär läßt sich die Symbiose allerdings nicht adäquat beschreiben. Die Realität war in der Geschichte differenzierter[19] und ist es auch heute.

Ethnographische Untersuchungen aus unserem Jahrhundert entwerfen ein sehr komplexes Bild der Bevölkerungsstruktur Mittelasiens. Nehmen wir das Beispiel etwa des südlichen Taǧikistan und Uzbekistan, also der Region an den nördlichen Zuflüssen zum Oberlauf des Amu Darja: An einem Flußläufchen siedeln von oben nach unten im Wechsel verschiedene türkische und iranische Gruppen, die in verschiedenen Epochen in die Region eingewandert sind.[20] Gelegentlich sind die sprachlichen Oppositionen aufgehoben und sprechen alle eine einzige Mischsprache, oder aber die Bevölkerung ist zwei- oder mehrsprachig; ethnographische Grenzen, die sich an Kriterien wie Tracht, Speise, Wirtschaftsform, Brauchtum usw. manifestieren würden, sind verwischt. Bei aller Durchmischtheit hinsichtlich sämtlicher stalinscher Kriterien für "Nationalität" halten die Menschen jedenfalls an genealogischen Traditionen fest und konstruieren sich so eine klare, nach wie vor als "ethnisch" (im Sinne von Ethnos als rassisch-sprachlich-historischer Einheit) verstandene Zugehörigkeit.[21] Das Bewußtsein um diese "ethnische" Identität des Individuums spielte also nach Auskunft

---

[19] Eine subtile Darstellung gibt BEATRICE FORBES MANZ in *The rise and rule of Tamerlane*, Cambridge 1989, besonders in Kapitel 5 und 6.

[20] B. X. KARMYŠEVA: *Očerki ètničeskoj istorii južnyx rajonov Tadžikistana i Uzbekistana (po ètnografičeskim dannym)*, Moskva 1976, arbeitet umfangreiche Sekundärliteratur und primäres Material auf und führt zu Erkenntnissen, die weit über den im Titel genannten Raum hinaus Gültigkeit haben dürften; S. S. GUBAEVA: *"Ètničeskij sostav naselenija Fergany v konce XIX - načale XX v (po dannym toponimii)*, Taškent 1983.

[21] T. A. ŽDANKO: "Specifika ètničeskix obščnostej v Srednej Azii i Kazaxstane (XIX - načalo XX v.)", *Rasy i narody. Sovremennye ètničeskie i rasovye problemy*, 4, Moskva 1974, S.19.

ethnographischer Studien bis in die jüngste Vergangenheit eine eminente Rolle,[22] und das läßt besser verstehen, wie es zu der oben beschriebenen Entstellung der stalinschen Nationendefinition in ethnizistischer Weise, und das durch einen bestgeschulten einheimischen Politiker, kommen konnte.

Bei der "nationalen Delimitation", welche Ende 1924 stattfand, wurde eine Staatsgrenze durch die genannte Region gelegt, die Grenze zwischen Uzbekistan und Taǧikistan.[23] Die neuen sozialistischen Nationen wurden mit etwas problematischen Namen benannt: für das Staatsvolk Taǧikistans wurde der Terminus "Taǧiken", für das von Uzbekistan die Bezeichnung "Uzbeken" gewählt; beide Termini hatten in der Geschichte allerdings bereits eine andere Funktion gehabt, die weder hinsichtlich der ethnisch-rassischen noch der sprachlichen noch der sozialen Kriterien mit den neuen kongruierten. "*Üzbek*" hatte eine ganz bestimmte ethnisch-tribale Zuordnung festgelegt.[24] Für wen die ethnische Zuordnung im oben genannten Sinne — angenommen, als *Türk* oder als Angehöriger einer iranischen ethnischen Einheit — eine primäre Rolle in der Selbstdefinition spielte, der mochte es als unpassend empfinden, sich als *Üzbek* zu bezeichnen, auch wenn sein Wohnort auf dem Territorium Uzbekistans lag. So kam es zu Mißverständnissen zwischen dem traditionellen "ethnischen" Bewußtsein, das für das Individuum von Bedeutung war, und dem modernen nationalen, das implantiert werden sollte zur ideologischen Verbrämung einer politischen Handlung, der Abgrenzung von "nationalen Republiken". Hätte man darauf verzichtet, das romantische Kriterium "Muttersprache konstituiert Nationalität"[25] durchsetzen zu wollen, und statt des Nationenbegriffs den rein territorial definierenden Begriff, den des Staatsvolks, im Diskurs zugestanden (so

---

[22] Möglicherweise gilt dies noch in der aktuellen Gegenwart; die jüngsten politisch-kriegerischen Ereignisse gerade in diesem Raum könnten aber eine neue Dynamik hervorgebracht haben.

[23] Auf der ersten Stufe der Delimitation, Ende 1924, wurde dem taǧikischen Gebiet nur der Status einer autonomen sozialistischen Republik innerhalb der Uzbekistan SSR zugesprochen; 1929 wurde das (etwas vergrößerte) Taǧikistan in den Rang einer Unionsrepublik gehoben.

[24] Zur Problematik der Namensgebung für die moderne uzbekischen Nation cf. INGEBORG BALDAUF: "Some thoughts on the making of the Uzbek nation", *Cahiers du Monde russe et soviétique* 32(1).1991, S.79-96.

[25] Die übrigen Stalinschen Kriterien wurden, was ihrer Natur entspricht, völlig arbiträr gehandhabt und entzogen/entziehen sich der Diskussion.

wie dies etwa im benachbarten Afghanistan der Fall war[26]) — viel Verwirrung und viele Probleme wären erst gar nicht erwachsen. Allerdings hätte die Zerlegung und Neuzusammenfassung der politischen Gebilde vom Sommer 1924, also Turkestan ASSR, Buchara SSR und Chiva SSR, dann ohne die Rechtfertigung vorgenommen werden müssen, sie sei notwendig, damit endlich zwischen den Nationen (!) Ruhe einkehre.

Die "nationale Delimitation" von 1924

Das am häufigsten genannte Argument für die Notwendigkeit der "nationalen Delimitation" war, daß die Situation des Zusammenlebens verschiedener Nationen in einem gemeinsamen politischen Gebilde fortdauernd zur Unterdrückung der schwächeren Nation(en) führe. Als besonders trauriges Belegbeispiel für diese Annahme wurde bis in höchste sowjetische Gremien hinauf der Fall Chorezm angeführt: In der (zu dieser Zeit nominell souveränen) Republik Chorezm, so halten die Resolutionen des 12. Parteikongresses vom April 1923 fest, komme es ständig zu "chauvinistischen" Übergriffen der Uzbeken gegen die Turkmenen und Kazaken. Wenngleich sie für den Bercich, für den Moskau mitverantwortlich war, die Turkestan SSR, nicht so deutlich zugestanden wurden, so wurden "national" bedingte Unruhen wohl auch hier unterstellt. Daraus und aus der Hoffnung, die Entmischung der Nationen würde dem Abhilfe schaffen, zogen die Uzbeken der Turkestan ASSR, der Buchara SSR und der Chorezm SSR die Konsequenz, wie es formuliert wurde, ihre bisherigen Republiken zu "verlassen und sich der Uzbekistan SSR anzuschließen"; die Turkmenen, Kazaken, Tağiken und Karakalpaken handelten analog, und als Resultat des "nationalen Zusammengehens" etablierten sich die Turkmenistan und Uzbekistan SSR, die Kazakische und die Tağikische ASSR und die Kirgizische und die Karakalpakische Autonome Region.

Hier ist nicht der Ort, darüber zu befinden, ob und in welchem Ausmaß bei dieser hastig durchgeführten politischen Neuordnung Grenzen inadäquat auch im Sinne der geltenden Kriterien gezogen wurden. Die Tatsache, daß die Kriterien selbst "falsch" waren, da nämlich nicht die am Ort existierenden Gegebenheiten zum Ausgangspunkt genommen wurden, sondern grob nach dem allochthonen Nationenbegriff Trennlinien gelegt wurden, durfte in sowjetischer Zeit nicht klar angesprochen werden, weil jedes kritische Hinterfragen der politischen Ereignisse in den zwanziger Jahren als

---

[26] Eine diesbezügliche Bemerkung fiel seitens eines nicht am politischen Prozeß beteiligten Regionsspezialisten unmittelbar nach der Delimitation: *Materialy po rajonirovaniju...*, S.171.

revisionistisches Ansinnen verstanden worden wäre. Heute, da der Nationenbegriff Stalinscher Prägung längst akzeptiert und vielfach verinnerlicht ist und die "National-staaten" jüngst auch die Souveränität erlangt haben, ist es mindestens eben so schwierig, eine akademische Diskussion über die Thematik der Nationenbildung führen zu wollen.[27]

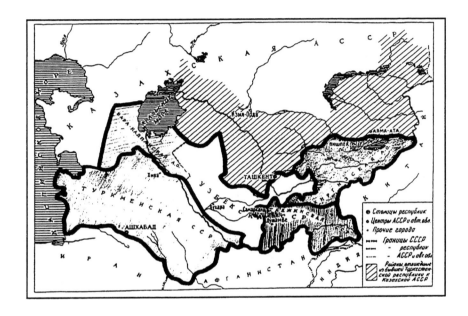

Abb. 2: Mittelasien nach der nationalen Delimitation (Ende 1924)[28]

Gerade die Ethnographie hat in der Vergangenheit große Anstrengungen unternehmen müssen, Gegebenheiten, die sich mit dem Anspruch der "nationalen Delimitation" nicht vereinbaren lassen, so zu erklären, daß Berechtigung und Richtigkeit der "Delimitation" nicht in Zweifel gezogen wurden. Ich möchte nur ein Beispiel nennen. Der Umstand, daß die Bevölkerung des mittleren und südlichen Chorezm keineswegs

---

[27] Das durfte ich aus den fast durchweg negativen Reaktionen erfahren, die mein oben zitierter Aufsatz bei KollegInnen in Taškent hervorgerufen hat.

[28] Nach *Istorija Uzbekskoj SSR*, S.414.

klar in "Turkmenen" und "Uzbeken" geschieden werden kann, sondern die meisten
ethnographischen und sprachlichen Merkmale sich entlang eines Kontinuums von
einem turkmenischen bis zu einem uzbekischen Pol verändern und folglich eine
Grenzziehung zwischen zwei "Nationen" an dieser Stelle notwendigerweise arbiträr
sein mußte, führte dazu, daß die politische Grenze niemals zu einer für das Leben von
Individuen und Gemeinschaften relevanten Trennlinie geworden ist. Die in einer
ethnographischen Arbeit gegebene Darstellung der Lage und Erklärung für die
synchron wahrnehmbaren Gegebenheiten lesen sich freilich anders: Die (vermeintlich
früher klar geschiedenen) Nationen würden an ihren Nahtstellen nach den
Gesetzmäßigkeiten der gedeihlichen freundschaftlichen Entwicklung der Sowjetvölker
"im Prozeß der Annäherung der Kulturen" immer häufiger "nicht eigene" Elemente
in ihre nationalen Kulturen aufnehmen und einander deshalb so ähnlich sein.[29]

Wenn ab den 1960er Jahren, aus denen das eben angeführte Zitat stammt, die
Annäherung, das bevorstehende "Verschmelzen" der Nationen unterstrichen wurde,
so waren in Vorbereitung der "nationalen Delimitation" von 1924 gerade die
adversativen Momente in den Beziehungen der Bevölkerungsgruppen zueinander
herausgestrichen worden. Die jüngere Geschichte Mittelasiens ist gewiß reich an
Fällen von Unterdrückung und von mit Waffen ausgetragener Feindseligkeit. Wenn
man allerdings vor der Delimitation die Lage so darstellte, als seien sie primär
"nationalistisch" — besser wohl gesagt, ethnizistisch — motiviert und die Konfliktpar-
teien klar "national" oder auch nur ethnisch-rassisch definierbar gewesen, dann war
dies eine zumindest sehr grob vereinfachte, wenn nicht überhaupt weitgehend falsche
Darstellung der Realität. In der Auseinandersetzung um wirtschaftliche und politische
Macht zählten zum Teil ganz andere Solidaritäten als die der "nationalen Delimitation"
zugrunde liegende ethnisch-sprachliche Grobgliederung.

Vor den 1920er Jahren galten in Mittelasien verschiedene Muster der Identitäts-
abgrenzung, von denen ich hier einige kurz charakterisieren möchte. Eingangs ist
bereits von Religion und von regionaler Zugehörigkeit als Grundlage der Selbstattribution die Rede gewesen; gerade auf diesen beiden Mustern baute die einheimische
Intelligenz ihre frühmoderne quasi-nationale Begrifflichkeit auf. Im weiteren soll es
nicht mehr um die Gedankenspiele von Intellektuellen gehen, sondern um vor-
moderne, in der Gesellschaft gleichsam unter der Oberfläche weiterwirkende, jedoch
nicht in einen themabezogenen gesellschaftlichen Diskurs eingebrachte Muster. Eines
davon wurde schon erwähnt: daß sich in Teilen der Region (hier war von Südtağikistan die Rede) unter den Bedingungen starker anthropologisch-ethnographisch-

---

[29] G. P. VASIL'EVA: *Preobrazovanie byta i ètničeskie processy v severnom Turkmenistane*, Moskva 1969, S.383 und S.388.

sprachlicher Durchmischtheit Individuen ihre persönliche Genealogie als eine quasi-ethnische Zuordnung konstruieren. — Hier sei, ehe andere Konzepte vorgestellt werden, noch ausdrücklich darauf hingewiesen, daß man sich vor zu weittragenden Verallgemeinerungen hüten muß: So bunt die Bevölkerungsstruktur Mittelasiens, so vielfältig sind auch die Kriterien für Identität und die Bedingungen für Solidarität.

Muster der Identitätsfindung: Tribale Attribution

Der Teil der Bevölkerung, der tribale Traditionen bewahrt hatte, definierte sich auf mindestens zwei Ebenen, so beispielsweise primär als *Jomut* oder *Karadašly* und auf übergeordneter Ebene als Turkmene. Man darf nicht aus den Augen verlieren, daß die höhere, abstraktere Definitionsebene im täglichen Leben recht wenig bedeutend war: Das verbindende Moment, doch alles Turkmenen zu sein, trat in Auseinandersetzungen mit der staatlichen Obrigkeit[30], aber auch etwa im Streit um Wasser- oder andere Rechte ganz ausdrücklich zurück hinter dem trennenden Moment auf der Mikroebene, eben daß man *Jomut*, nicht *Čoudor* wie die unmittelbaren Nachbarn war. Solidarität wurde im Bedarfsfalle auf die kleinste gemeinsame Basis, auf Familie oder Clan, reduziert; eine übergeordnete "all-turkmenische" Solidarität spielte sogar in der Auseinandersetzung mit Nicht-Turkmenen keine Rolle von vergleichbarer Bedeutung — ja zum Teil erkannten die Angehörigen zweier verschiedener Untergruppen der Turkmenen die jeweils andere Gruppe nicht einmal als Turkmenen an.[31] Wie streng ein enges Gruppenverständnis in tribal organisierten Gesellschaften sein konnte, wenn es um handfeste materielle Interessen ging, mag man einem Aspekt des kazakischen Erbrechts entnehmen, wie es im späten 19. Jahrhundert Gültigkeit hatte: Töchter, die

---

[30] Cf. dazu S. METGEL'DYEV: *Social'no-ėkonomičeskij stroj Turkmen srednej Amudar'i v XIX v.*, Ašxabad 1980, S.80 sqq.; auch JU. Ė. BREGEL': *Xorezmskie Turkmeny v XIX veke*, Moskva 1961, S.227.

[31] Cf. G. P. VASIL'EVA: *Preobrazovanie byta i ėtničeskie processy v severnom Turkmenistane*, Moskva 1969, S.370; im gleichen Werk (S.371) findet sich auch eine Andeutung, daß in der Geschichte Chorezms durchaus nicht immer — wie um 1924 behauptet — der Gegensatz zwischen (herrschenden) Uzbeken und (abhängigen, unterdrückten) Turkmenen zu kriegerischen Auseinandersetzungen führte, sondern daß die Allianzen entlang wirtschaftlich-politischer Interessengrenzen verliefen.

in einen anderen Clan ausgeheiratet worden waren, blieben vom Erbe auch dann ausgeschlossen, wenn sie die einzigen Hinterbliebenen waren.[32]

Tribale Traditionen hatten auch die Kirgizen, die Kypčak-Uzbeken, ferner eine türksprachige seminomadische Bevölkerungsgruppe, die sich selbst als *Türk* bezeichnete, ein Teil der Tağiken Badaxšans und viele zahlenärmere Gruppen, auf die hier nicht eingegangen werden kann.

Regionale Attribution

Ein guter Teil der Bevölkerung aber, insbesondere Bewohner der großen Oasenstädte, hatte keine derartigen tribalen Traditionen. Das gilt in gleicher Weise für, sprachlich gesehen, iranische wie auch für türksprachige wie auch für zwei- und mehrsprachige Stadt- und Dorfbewohner. Das ausschlaggebende Moment für die Selbstattribution war hier die regionale Zugehörigkeit auf Mikro- und Makroebene: primär also die Anbindung an einen Stadtteil (*maḥalla, elat*) oder ein Dorf und sekundär die Anbindung an eine Stadt mit Großraum oder überhaupt an eine Provinz. Die regionale Attribution als identitätsschaffendes Kriterium wurde "mitgenommen", wenn eine Bevölkerungsgruppe umsiedelte oder sich, wie das gebräuchlich war, um einen Siedlungskern von Abkömmlingen aus einer bestimmten Region weitere Zuzügler von dort ansiedelten, und wurde am neuen Wohnort beibehalten. Ein bekanntes Beispiel für diese regionale Attribution sind die bereits oben erwähnten *Kašgary* oder *Kašgarlyki*, ursprünglich eine türksprachige Bevölkerungsgruppe aus dem Umland von Kašγar (Xinjiang), deren größter Teil von Mitte des 18. Jahrhunderts bis in die 1860er Jahre in die Region Fergana (Chanat Kokand) umsiedelte. Ihre neuen Siedlungen benannten sie nach der alten Heimat — 1909 wurden in der *oblast'* Fergana allein 20 Orte des Namens *Kašgar* registriert.[33] — Eine 1875 geborene Frau aus Puxari-Kišlak im Umland von Samarkand beschrieb einen analogen Vorgang, den sie nach der Umsiedlung ihrer Familie aus Romitan (unweit nördlich der Stadt Buchara) selbst erlebt hatte: "Rund um uns siedelten sich einige Familien von Bucharern an und bildeten ein Dorf. Man

---

[32] L. F. BALLJUZEK: "Narodnye obyčai, imevšie, a otčasti i nyne imejuščie v maloj kirgizskoj orde silu zakona", *Zapiski Orenburgskogo otdelenija Russkogo geografičeskogo obščestva* 2.1871 (zit. nach N. A. Kisljakov: *Nasledovanie i razdel imuščestva u narodov Srednej Azii i Kazaxstana (XIX - načalo XX v.)*, Leningrad 1977, S.37.

[33] *Spisok naselennyx mest Ferganskoj oblasti*, Skobelev 1909, nach GUBAEVA, *op. cit.*, S.86; analog entstandene Toponyme: *Košγarliq, Košγarmahalla*.

nannte es *Puxari-Kišlak* ['Bucharerdorf']."[34] Jede mittelasiatische Stadt hat Viertel und Vorstädte, welche — wahrscheinlich genau in der hier beschriebenen Weise — nach Zuwanderern aus anderen Regionen benannt sind, und die Nachkommen von Zuwanderern bezeichnen sich noch nach Generationen als "Bucharer" und dergleichen.

Diese sozusagen historisch-regionale Identitätsgrundlage hat offensichtlich zwei Gesichter. Zum einen dient sie den Betroffenen selbst als Grundlage ihres Selbstverständnisses, schafft Solidarität und so weiter. Zum anderen aber wird durch Berufung auf sie ein Bedürfnis eingelöst, welches in den anderen, den nicht zur Gruppe Gehörigen vorhanden ist — ein Bedürfnis nach Ausgrenzung. So verwendet, ist die Begrifflichkeit offen für Vergröberungen: Es lassen sich dann auch Menschen einer Kategorie zuzählen, der sie korrekterweise gar nicht angehören; was zählt, ist eine minimale Opposition, die um so unschärfer sein kann, je entfernter der Herkunftsort der Neuankömmlinge. So galt bei der alteingesessenen Bevölkerung Ostbucharas (des heutigen Südtağikistan) die Benennung *Qaršiliq* nicht nur für Zuzügler, die tatsächlich aus der Stadt Qarši oder wenigstens deren Oasenumland stammten, sondern für Leute aus Westbuchara, also "Fremde", schlechthin.[35]

Regional definierte Identitäten bleiben also auch dann wirksam, wenn sie längst historisch geworden sind. Zuwanderer aus fremden Gegenden wahren ihre Identität als "andere" auch dann noch, wenn sie hinsichtlich sprachlicher und ethnographischer, ja sogar anthropologischer Merkmale längst in ihrer Umgebung aufgegangen sind. Wer dächte in diesem Zusammenhang nicht als erstes an die mittelasiatischen Araber. Aus verschiedenen Regionen und zu verschiedenen Zeiten in Mittelasien eingewandert, leben sie jetzt besonders in den südlichen Teilen der Region. Die arabische Sprache dürfte zu Anfang des 20. Jahrhunderts außer Gebrauch gekommen sein; Tağikisch ist heute die mehrheitlich verwendete Sprache (kleinere Gruppen sprechen je nach umgebender Mehrheitsbevölkerung auch Uzbekisch, Pašto oder Turkmenisch). Auch hinsichtlich Wirtschaftsform, ethnographischer Merkmale und sogar Religion unterscheiden sich die Araber nicht von den umgebenden ethnischen Gruppen — und dennoch sind sie bis heute eine distinkte Ethnie mit tribaler Untergliederung geblieben.[36] — Wie die Araber, so sind auch die "Iraner" (*Eroni* u.ä.) nicht in der Mehrheitsbevölkerung aufgegangen, wenn ihrer auch nur vergleichsweise wenig sind. Vielerorts Nachfahren von Händlern aus Persien, sind sie in Chorezm die Nach-

---

[34] B. X. KARMYŠEVA: "Istorija formirovanija naselenija", *Ėtnografičeskie očerki uzbekskogo sel'skogo naselenija*, Moskva 1969, S.17-39, hier S.33.

[35] KARMYŠEVA, *Očerki ėtničeskoj istorii*, S.69 sq.

[36] KARMYŠEVA, *Očerki ėtničeskoj istorii*, bes. S.111 sq. und S.248 sq.

kommen von Geiseln, die der Chan von Chiva zur Garantie für politische Abkommen mit dem Schah in der Hand behielt. Offenbar sind gerade unter den letztgenannten nicht nur Schiiten, sondern auch Sunniten, und sie können hohe geistliche Ränge bekleiden.[37]

Sprache als Kriterium

Die Auskünfte der oben zitierten "Bucharerin" aus Samarkand sind in mehrfacher Hinsicht lehrreich. Sie zeigen nicht nur, daß die regionale Attribution bedeutsam war, sondern auch, welche Kriterien die Acker- und Gartenbau treibende Dorfbevölkerung sonst noch kannte und welchen Stellenwert sie ihnen beimaß:

> Welchem Stamm (*rod*) wir angehören, weiß ich nicht. Der Vater meiner Mutter war *Xoğa*[38]. Im Dorf Šurči, in Romitan,[39] da konnten alle Leute zwei Sprachen, Uzbekisch und Tağikisch. In unserer Familie redete man uzbekisch. Allerdings erinnere ich mich, daß mein Urgroßvater mit uns, den Kindern, tağikisch sprach.[40]

Man darf wohl annehmen, daß diesen Aussagen ein Fragenkatalog der Feld-forscher zugrunde lag; ob die Gewährsfrau ansonsten die Muttersprachenfrage so unmittelbar mit der Frage nach der ethnisch-tribalen Zugehörigkeit verbunden hätte, ist doch zweifelhaft. Jedenfalls aber läßt die Art der Beantwortung — und unmittelbar auf diese Sätze folgte die oben zitierte Erzählung — ahnen, daß der Muttersprache (oder besser wohl: den Muttersprachen) keine Bedeutung für die persönliche oder Familienidentität beigemessen wird.

Noch beredter zeugt ein anderes Fallbeispiel aus der Samarkander Region davon, wie wenig Relevanz der Muttersprache noch in den 1960er Jahren beigelegt wurde; wir können daraus erahnen, wie es um die Akzeptanz dieses wichtigsten oder vielleicht de facto alleine wichtigen Stalinschen Kriteriums für Nationalität stand — aber auch, daß sich ein "nationales" Bewußtsein ungeachtet dessen im Laufe des 20. Jahrhunderts doch entwickelt hat:

---

[37] So etwa ist der langjährige *imom-xatib* an der Wallfahrtsstätte des Jusuf Hamadoni (Šovot/Chorezm) ein *Eroni* (Feldaufzeichnung April 1993); s. auch KARMYŠEVA, *op. cit.*, S.113 sq.

[38] Dazu unten mehr.

[39] D. i. das Dorf, aus dem die Familie stammte.

[40] KARMYŠEVA, "Istorija...", S.33.

Bei den Tağiken [der Dörfer um Samarkand/Uzbekistan] sind nationales Selbstbewußtsein und Selbstbezeichnung ziemlich klar ausgeprägt[41], ungeachtet ihrer völligen Zweisprachigkeit (sie beherrschen alle das Uzbekische perfekt). [...] Beispielsweise ist die Muttersprache (*rodnoj jazyk*) von Türaqul Ğuraboev, geboren in Samarkand [...], Tağikisch. Zwei seiner Schwestern, bejahrte Frauen, leben in Samarkand in einem Haus zusammen. Mit einer von ihnen redet er tağikisch, mit der anderen uzbekisch (sie war mit einem Uzbeken verheiratet). Ğuraboev selbst ist mit einer Uzbekin verheiratet, darum sprechen sie in der Familie uzbekisch, aber mit der Schwiegertochter, einer Tağikin aus Samarkand, redet er tağikisch.

Des weiteren wird von einem Samarkander Uzbeken (!) berichtet, dessen Mutter Tağikin und dessen Vater Turkmene war, welcher mit den Söhnen aus seiner Ehe mit einer Tağikin sowohl uzbekisch als auch tağikisch sprach.[42]

Es ist anzunehmen, daß in derlei komplizierten Fällen, in denen keine der von der Politik angebotenen Nationalitäten spontan und unzweifelhaft auf das Individuum zutrifft — da sie nun einmal aufs engste mit einer Muttersprachenbezeichnung verknüpft sind, und die "Muttersprache" kann in vielen Fällen nicht klar festgelegt werden —, in jüngerer Zeit dann doch die Entscheidung zugunsten einer Selbstattribution an die Titularnation der jeweiligen Republik gefallen ist.

Historizistisches Regionalbewußtsein

Regionale Zugehörigkeit bzw. historisch gewordene regionale Abkunft als Kriterium der Identitätsfindung ist auch heute noch von Wichtigkeit auf der Mikroebene der sozialen Beziehungen, ganz analog zur fortdauernden Bedeutsamkeit tribaler Abgrenzungen. Wie aktuell das Problem ist, mag man daran ermessen, daß in kaum vergangener Zeit die Nomenklatura der UzSSR maßgeblich durch die regionale Zugehörigkeit der führenden Politiker vorbestimmt war und, um ein ganz rezentes Beispiel zu nennen, man auch heute von politischen Gegnern des uzbekischen Präsidenten wieder hören kann, die Vereinnahmung höchster und hoher Ämter in Regierung und Verwaltung durch eine "Samarkander Lobby" habe ihren Ursprung in der Herkunft

---

[41] Man vergesse nicht, daß diese Bewertung in einem gesellschaftlichen Rahmen getroffen wurde, in dem ein *sehr* klar ausgeprägtes nationales Bewußtsein gewünscht gewesen wäre; die vorsichtige Formulierung läßt darauf schließen, daß der einfachen Bevölkerung doch in der nationalen Selbstdefinition — für Tağiken in Uzbekistan gewiß keine unknifflige Frage — so mancher "Fehler" unterlief. Es wäre interessant zu wissen, was letztlich das Individuum zur Selbstzuschreibung an die eine oder die andere Nationalität veranlaßt hat.

[42] Alle Beispiele nach KARMYŠEVA, *ibid.*, S.44.

des Präsidenten selbst. Oder denken wir an die kriegerischen Auseinandersetzungen in Tağikistan, in denen regional (und natürlich auch: ethnisch-rassisch) definierte Gruppen um die Macht im Staat kämpfen...

Ich möchte nun noch einmal auf die Verhältnisse in einer Region zurückkommen, von der oben bereits die Rede war: Chorezm. Dort scheinen heute zumindest drei Ebenen der Selbstattribution Geltung zu haben.[43] Einmal besteht — geschärft bestimmt durch die 1991 gewonnene Unabhängigkeit der Staaten — natürlich ein klares Bewußtsein darüber, Staatsbürger Uzbekistans bzw. Turkmenistans zu sein.[44] Zum zweiten haben weite Teile der Bevölkerung eine Form von ethnischem Bewußtsein (tribal, ethno-sozial, regional — von alledem war bereits die Rede). Darüber hinaus gibt es drittens ein Regionalbewußtsein besonderer Art, das unsere Aufmerksamkeit verdient, zumal es analog auch in anderen Regionen Mittelasiens beobachtet werden kann. Immer wieder kann man von Menschen aus allen Bildungsschichten hören, sie fühlten sich in erster Linie als *Xorazmlik*, "Chorezmier". Nun spielt ja im gesellschaftlichen Alltag, sagen wir Uzbekistans, um auf die eben zuvor genannten Beispiele zurückzuverweisen, die regionale Zugehörigkeit eine große Rolle für den Aufbau von Beziehungsnetzen (die "Samarkander Lobby" usw.). Regional definierte Beziehungsnetze sind je nach Kontext klein- oder großräumig angelegt: Ist in Taškent bereits jeder aus der Provinz (*vilojat*) Samarkand Stammende der potentielle Klient/Protektor aller anderen Bürger dieser Provinz, so zählen innerhalb der Provinz kleinerteilige Solidaritäten bis hinunter auf die Ebene von Abkunft aus dem gleichen Dorf oder Stadtviertel oder gleich zur persönlichen Biographie, etwa frühere Zugehörigkeit zur gleichen Schulklasse.

Nun, die Identität eines "Chorezmiers" ist diesem allgemeinen Muster gegenüber von besonderer Art, koinzidiert doch die ihr zugrunde liegende Abgrenzung mit einer historischen politisch-staatlichen Einheit, die seit vielen Jahrhunderten im wesentlichen in gleicher Form à part Bestand hatte und erst 1924, eben im Zuge des "Auszugs der

---

[43] Die nun folgenden Beobachtungen wurden anläßlich eines sechswöchigen Feldforschungsaufenthaltes im März/April 1993 gemacht; sie sind, das sei nicht verschwiegen, recht unsystematisch, da der Aufenthalt eigentlich einem völlig anderen Thema gewidmet war.

[44] Ob bei den Karakalpaken des nördlichen Chorezm, die besonders unter der Aralseeproblematik zu leiden haben und denen von seiten Kazakstans das Angebot gemacht wurde, aus ihrer autonomen Republik im Verbund Uzbekistans nach Kazakstan in weniger verseuchte Gebiete überzusiedeln, die Loyalität zu Uzbekistan in jüngster Zeit erschüttert worden ist, entzieht sich meiner Kenntnis.

nationalen Gruppen aus der Chorezm SSR", aufgelöst wurde. Nichts wäre falscher, als hier gleich sezessionistische Bestrebungen ausmachen zu wollen. Zwar erleben viele "Chorezmier" die Hauptstadtferne ihrer Provinz als Grund für wirtschaftliche, gesellschaftliche und kulturelle Benachteiligung; die Orientierung nach geographisch näheren Regionen wie dem westlich angrenzenden Nordturkmenistan, aber auch nach der nordkaspischen Region (Astrachan), ist in der heutigen Situation des Überganges auf privates Unternehmertum vielfach wichtiger als die Ausrichtung nach dem ferner (und damit teurer) gewordenen Taškent. Die schwierige Lage nach Ausdünnung oder Kollaps der sowjetischen Transportnetze wirft die Region zurück auf ihre geographische Ausgangslage. Worüber sich ein wohlorganisiertes Staatswesen siebzig Jahre hinwegsetzen konnte, holt die Chorezmier jetzt wieder ein: "Nowhere in the world is the influence of geography on people more dramatic than in Inner Asia"[45] — nur Mittelasien kommt dem gleich. Konsequenterweise besinnen sich die Chorezmier auf ihre "natürlicheren" Bezugsregionen; nicht von ungefähr war die Region seit alter Zeit primär auf sich selbst orientiert, und wenn schon nach außen, dann jedenfalls eher nach Nordwesten als nach Südosten. Bei allem spontanen Zurückgreifen auf ein Bezugssystem von vor dem Zusammenschluß mit dem übrigen Uzbekistan: von Eigenstaatlichkeit als wünschenswerter Alternative zur heutigen politischen Bindung ist m. W. nicht die Rede.[46] — Jedenfalls aber ist das Bewußtsein, "Chorezmier" und Nachfahren eines politischen Gemeinwesens mit großer Geschichte zu sein, stark ausgeprägt, und das nicht nur bei Intellektuellen.

Der neue alte Regionenbezug ist offenbar nicht allein ein Kind der nach-sowjetischen Wirtschaftslage. Hinweise darauf, daß die historizistisch-regionale Selbstidentifikation die moderne "nationale" in den Hintergrund drängen kann, gibt es auch aus sowjetischer Zeit, z.B. in einer ethnographisch-soziologischen Studie, die den "Turkmenen des nördlichen Turkmenistan" gewidmet ist. Zwar wird dort nicht nur jeder Hinweis auf die Existenz einer "chorezmischen" Identität vermieden, sondern die Region Chorezm (deren westlicher Teil zugleich der Norden Turkmenistans ist) wird erst gar nicht bei ihrem Namen genannt. Dennoch wird festgehalten, daß die Vertreter ver-

---

[45] OWEN LATTIMORE: *The Pivot of Asia*, Boston 1950, S.152.

[46] Ein analoges "Wieder-Zerfallen" von relativ neuen politischen Einheiten entlang historisch gewachsenen Linien konstatiert JUSTIN JON RUDELSON in "Uighur Historiography and Uighur Ethnic Nationalism" (INGVAR SVANBERG (ed.), *Ethnicity, Minorities and Cultural Encounters*, Uppsala 1991, S.63-82, hier S.63). Rudelson geht allerdings wesentlich weiter, als ich für Uzbekistan und Chorezm gehen wollte, wenn er ein "breakdown of the modern Uighur identity as it was defined in 1935, along historical ethno-geographical fault lines" rekognosziert.

schiedener Nationalitäten in dieser Region untereinander mehr verbände als etwa einen Turkmenen aus dieser Region mit einem Turkmenen aus einer anderen Provinz der Republik, deren Titularnation er zugeschrieben ist.[47]

Wahrscheinlich wird aber an keinem anderen Beispiel deutlicher, wie das historizistisch-regionalistische Denken die Menschen einholt, als in Taǧikistan. Ein politisches Gebilde, das dem heutigen Taǧikistan entspräche, hatte es vor der "nationalen Delimitation" in der Geschichte nicht gegeben. 1924 wurden die östlichen Teile des vormaligen Emirats Buchara bzw. zuletzt der Buchara SSR abgelöst und als Autonome Republik im Verbund der Uzbekistan SSR verselbständigt. 1929 schloß man, wohl weniger, um bevölkerungsbezogene Fehler der nationalen Entmischung auszugleichen, als um dem jungen Staat eine etwas breitere wirtschaftliche Basis zu geben, im Norden einen Teil der reichen Region Fergana (mit der Stadt Xüǧand, interimistisch Leninobod) an und erhob den neuen Staat in den Rang einer Unionsrepublik.[48] Historisch war diese Region nicht Teil des gleichen Staatsgebildes gewesen wie das Ur-Taǧikistan von 1924: Bis zur Einverleibung ins Russische Reich (1876) gehörte Fergana zum Chanat Kokand und stand als Teil eben dieses Chanats immer wieder in ausdrücklicher politischer Gegnerschaft zum Emirat Buchara und dessen Ostprovinzen. — Wenn heute Parteienbildung und militärische Solidarisierung entlang der Trennlinie zwischen dem nordwestlichen Teil Taǧikistans und dem übrigen Land verlaufen, so mögen ethnische und wirtschaftliche Rivalitäten mit eine Rolle spielen; unübersehbar aber zerfällt das Land in zwei Teile, die durch eine relativ junge politische Maßnahme aus nicht organisch zusammengehörigen historischen Entitäten herausgelöst worden waren und mit Hilfe des modernen Nationalgedankens verschweißt werden sollten.

Das ethnisch-soziale Definitionsmuster

Ein Muster, nach dem im vormodernen Mittelasien Identität definiert werden konnte, ist bis jetzt noch überhaupt nicht zur Sprache gekommen, obwohl es unter der Oberfläche geänderter gesellschaftlicher Verhältnisse bis heute weiterwirkt: das ethnisch-soziale. Der Komplex teilt sich in zwei prinzipiell gleiche, im Konkreten aber genau gegensätzliche Phänomene. Einmal gibt es in Mittelasien Gruppen, die durch eine besondere, an ihre ethnische (tribale, rassische) Zugehörigkeit gebundene soziale

---

[47] Cf. VASIL'EVA, *op. cit.*, S.374.

[48] Vgl. auch MURIEL ATKIN: "Religious, National, and Other Identities in Central Asia", in: JO-ANN GROSS (ed.), *Muslims in Central Asia. Expressions of Identity*, Durham-London 1992, S.46-72, hier S.48.

Funktion auf eine als negativ bewertete Weise aus der Gesellschaft herausgehoben sind, in deren Rahmen sie leben, und zum anderen gibt es Gruppen, bei denen genau das Gegenteil der Fall ist, die nämlich durch ihre Herkunft als zu besonders prestigeträchtigen Tätigkeiten qualifiziert gelten bzw. dieses Prestige auch ungeachtet ihrer tatsächlichen Beschäftigung genießen oder für sich in Anspruch nehmen.

Die Charakterisierung als "non-food-producing communities" trifft nur beschränkt auf die Gruppen zu, welche der erstgenannten Kategorie zuzurechnen sind. Peripatetische und halbsedentäre Untergruppen der mittelasiatischen Zigeuner (Lŭli, Tavoqtaroš) erfüllen durch ihre Tätigkeit als Holzbearbeiter, Heiler und Wahrsager und nicht weniger durch die professionelle Tätigkeit als Empfänger von Almosen, die im mittelasiatischen Volksislam eine so wichtige Rolle spielen, zwar unentbehrliche soziale Funktionen; dennoch sind sie am unteren Ende der sozialen Skala eingeordnet. Auf die seßhafte Untergruppe *Mazang* trifft das gleiche zu, obwohl sie Kleinhandel oder überhaupt Ackerbau betreiben und sich also hinsichtlich ihrer Berufe nicht von der umgebenden Bevölkerung abheben.[49]

Während bei den Zigeunern offensichtlich ethnisch-rassische Besonderheit und soziale Funktion für ihren von allen anderen negativ bewerteten Sonderstatus gleichermaßen ausschlaggebend sind (oder sogar das ethnisch-rassische Moment überwiegt), zählte im Falle der isoethnischen Klientengruppen offensichtlich nur die soziale Funktion. Aus der Geschichte sind Gruppen mit dem Quasi-Ethnonym *Qul* oder *Ġulom* ("Sklave") in mehreren Regionen Mittelasiens bekannt.[50] Für das historische Chorezm hat man ihren sozialen Status als "eine eigentümliche Form von Klienten-verhältnis" bezeichnet[51] und die Tatsache, daß innerhalb eines Stammes ein Clan von "Sklaven" abgesondert ist, als Hinweis auf die frühere Existenz eines kollektiven Sklaventums zu erklären versucht.[52] Davon ist freilich heute, da die chorezmischen *Qul* in den gleichen Kolchosen arbeiten wie andere Čoudor- und Jomut-Turkmenen,

---

[49] KARMYŠEVA, *Očerki étničeskoj istorii*, S.253.

[50] Bei KARMYŠEVA, *op. cit.*, S.114, wird nicht völlig klar, in welchem Verhältnis diese Gruppen für den Raum Süduzbekistan/Südtağikistan zu den umgebenden Ethnien, vor allem auch zu den Zigeunern, stehen.

[51] BREGEL', *op. cit.*, S.163.

[52] S. P. TOLSTOV: "Genezis feodalizma v kočevyx skotovodčeskix obščestvax", *Osnovnye problemy genezisa i razvitija feodal'nogo obščestva*, Moskva-Leningrad 1934, S.165-199; nach BREGEL', *loc. cit.*

denen sie angehören sollen,[53] nicht mehr die Rede. Nichtsdestoweniger leben die *Qul* nach wie vor in eigenen Dörfern, und die umgebenden Nicht-*Qul* gehen mit ihnen keine Heiratsbeziehungen ein.[54] Welche Dienstleistung die "Sklaven" in historischer Zeit für ihre Stammesgenossen erbrachten, ist nicht völlig geklärt; möglicherweise handelte es sich um Militärdienst.[55]

Sehr gut beschrieben ist ein analoges isoethnisches Klientenverhältnis aus rezenter Vergangenheit für qypčaq-uzbekische tribal organisierte Dorfgemeinschaften in Nordwestafghanistan und "ihre" *Hajdari*.[56] Darüber, ob die *Hajdari* tatsächlich der gleichen Ethnie angehören wie ihre qypčaqischen Patrone, bestehen geteilte Meinungen: Während sie selbst darauf bestehen, verarmte Stammesgenossen zu sein, behaupten die Qypčaq, die *Hajdari* stammten aus dem benachbarten Iran und seien mit den dort lebenden Belutschen verwandt. — Wie dem auch sei, die *Hajdari* arbeiten jedenfalls für ihre qypčaq-uzbekischen Patrone, in deren Gehöften sie ihren Arbeitsplatz einrichten, nach Modalitäten, die nicht den ansonsten üblichen Dienstleistung-Entlohnung-Verhältnissen (für die Region: Bezahlung in bar oder in Naturalien) entspricht: Der *Hajdari* wird für seine Dienstleistungen als Schmied nicht nach dem Wert seiner Arbeit, sondern nach der finanziellen Leistungsfähigkeit des Patrons entlohnt; andererseits steht ihm, wenn er im Winter keine Lebensmittel mehr

---

[53] Bei Befragungen im Frühjahr 1993 konnte diese Zugehörigkeit nicht verifiziert werden; vielmehr wurde nicht einmal zugestanden, daß die *Qul* Turkmenen seien — das aber mag daran liegen, daß die Befragten, selber Angehörige von höher eingestuften Clans, die *Qul* ausgrenzen wollen (vgl. unten das Verhältnis der Qypčaq-Uzbeken zu den *Hajdari*).

[54] Information aus dem Bezirk Qŭškŭpir, März 1993. Für das 19. Jahrhundert analog bei BREGEL', *op. cit.*, S.166.

[55] BREGEL', *ibid.*

[56] ZBIGNIEW JASIEWICZ: "The Haydarihā—an Afghanistan Community of Blacksmiths. An Attempt to Change the Ethnic Situation and Social Position", in: J. BURSZTA (ed.), *Poland at the 10th International Congress of Anthropological and Ethnological Sciences*, Wroclaw 1978, S.35-42. — Die weniger ausführliche Darstellung einer in mancher Hinsicht vergleichbaren Randgruppe, der *Dalāk*, gibt MAREK GAWĘCKI in *Wieś środkowego i północnego Afganistanu. Tradycja i próby modernizacji*, Wrocław 1983, S.88 sq.

hat, Unterstützung durch den Patron zu.[57] Zu den sozialen Funktionen, die die *Hajdari* traditionell erfüllen und die sie als ihre religiöse Pflicht begreifen, gehört die Durchführung der Beschneidung. Auf dieser verachteten Tätigkeit beruhen denn auch der niedrige soziale Status und die gesellschaftliche Isolation — die *Hajdari* leben fast ausschließlich in ihrem Dorf Hajdarixona und sind endogam.

Endogamie ist das Charakteristikum, das die bisher genannten ethnisch-sozialen Gruppen mit negativem Sonderstatus verbindet mit den jetzt zu nennenden Gruppen, die sich eines in positiver Hinsicht herausgehobenen Status erfreuen: Ich möchte noch kurz, stellvertretend für eine ganze Reihe ähnlicher Gruppen, auf die *Šix* und die *Xŭǧa* eingehen. Sowohl die *Xŭǧa* als auch die *Šix* (letztere sind auch als Untergruppe der ersteren bezeichnet worden,[58] doch scheint dies nur regional beschränkt zuzutreffen) leiten ihre Herkunft von der Familie des Propheten Mohammed und damit also von den arabischen Einwanderern in Mittelasien ab. Dessenungeachtet attribuieren sie sich nicht etwa an die mittelasiatischen "Araber" (s.o.), sondern, wenn es um tribale Traditionen geht, an uzbekische, turkmenische usw. Stämme bzw. ordnen sich eben einer Ethnie zu ("die taǧikischen *Xŭǧa*" usw.).[59] Sie sind also ebenso isoethnische Sondergruppen wie die oben genannten unterprivilegierten *Qul* und *Hajdari*.[60] — Der wesentliche Unterschied zu den letztgenannten besteht nun in der sozialen

---

[57] JASIEWICZ beschreibt, daß viele *Hajdari* sich mit neuen wirtschaftlichen Strategien aus dem traditionellen Klientenverhältnis zu lösen und dadurch die soziale Diskriminierung zu durchbrechen suchen.

[58] KARMYŠEVA, *op. cit.*, S.118, not. 51 — bezogen auf *Šix* der Region Termez am oberen Mittellauf des Amu-Darja.

[59] KARMYŠEVA über uzbekische und taǧikische Xŭǧa-Clans: *op. cit.*, S.148 sqq.; BREGEL' (*Xorezmskie Turkmeny*, S.292) zitiert ein Dokument, in dem "Göklen-*Xŭǧa*" und "Göklen-*Šix*" genannt werden, also die Gruppen als dem turkmenischen Stamm Göklen angehörig bezeichnet sind.

[60] KARMYŠEVA hat über die *Xŭǧa* und *Sajjid* geschrieben, sie seien weniger als eine ethnische Gruppe zu bezeichnen denn als eine ständische (*soslovnye gruppy*, S.148); dem kann man durchaus zustimmen, wenn man "Stand" als (im konkreten Fall: in positiver Hinsicht) "distinkte Bevölkerungsgruppe" schlechthin verstehen möchte und nicht etwa an berufsständische Gliederung denkt, wie sie gerade in Mittelasien in historischer Zeit ja von großer Bedeutung war und in der ethnographischen Literatur gut bearbeitet worden ist. — Über die *aktuelle* Bedeutsamkeit oder Bedeutungslosigkeit der Zugehörigkeit zu einem Berufsstand als identitätsschaffendes Moment habe ich leider keine Informationen.

Einstufung: auch diejenigen *Xŭǧa* und *Šix*, die keineswegs reich oder in herausgehobenen Berufen tätig waren/sind, reklamieren für sich einen höheren sozialen Status — und bekommen ihn auch zugestanden — und verheiraten ihre Töchter nur an andere *Šix*, *Xŭǧa* oder allenfalls Angehörige weiterer ähnlich definierter Gruppen. Daran hat auch das heute geschärfte Bewußtsein um die Gefahr des Auftretens genetischer Schäden durch die Beachtung strenger Endogamie (bevorzugt sind Heiratsbeziehungen unter Cousins ersten Grades) nichts geändert.[61] Die Endogamie der zuvor genannten unterprivilegierten Gruppen ist wohl weitgehend durch die Umgebung erzwungen; die der Abkömmlinge des Propheten ist selbst gewählt.

Wofür die Angehörigen der "heiligen Stämme"[62] qua Abkunft prädestiniert sind, ist, eine Funktion im religiösen — vor allem volksreligiösen — Bereich wahrzunehmen. Die Betreuer der zahllosen Heiligtümer, die im mittelasiatischen Volksislam eine so herausragende Bedeutung haben, sind vorwiegend Angehörige einer dieser Gruppen.[63] Wenn Gruppen wie den *Hajdari* verachtete, gleichwohl pflichtgemäß zu verrichtende religiöse Handlungen wie die Beschneidung obliegen, so fallen umgekehrt den *Xŭǧa* geachtete Tätigkeiten wie die Verwaltung frommer Stiftungen, Verrichtungen im Rahmen des Heiligenkults, religiöse Unterweisung usw. zu. Und schließlich spielen Angehörige dieser Gruppen eine wichtige Rolle im Zusammenhang eines Attributions- und Identitätsfindungsphänomens, welches noch heute große Bedeutung hat: individuelle und kollektive Anbindung an einen spirituellen Führer.

Attribution an einen spirituellen Führer

Im Volksislam Mittelasiens spielt die Verehrung von heiligmäßigen historischen Persönlichkeiten und die Anbindung an lebende spirituelle Führer (*ešon*, *pir*) eine herausragende Rolle. Der im engeren Sinne spirituelle Gehalt dieser Anbindung ist

---

[61] Aussage einer hochgebildeten, in der Medienarbeit tätigen *Xŭǧa*-Frau aus Urgenč, Frühjahr 1993.

[62] *Evlād*, wörtl. "Kindeskinder (des Propheten)"; so die Sammelbezeichnung für *Šix*, *Xŭǧa* usw. unter den Turkmenen Chorezms (BREGEL', *op. cit.*, S.172); über rezente Einstellungen der Bevölkerung zur "Heiligkeit" der *evlād* cf. ALEXANDRE BENNIGSEN, CHANTAL LEMERCIER-QUELQUEJAY: *Le soufi et le commissaire. Les confréries musulmanes en URSS*, Paris 1986, S.195 sq., nach turkmenischen soziologischen Arbeiten.

[63] Das Verhältnis des uzbekischen Appelativums *šix* "(niedriger) Geistlicher an einem Heiligengrab" zum Ethnonym *Šix* ist m. W. noch nicht geklärt.

über die Jahrzehnte nicht ernsthaft erforscht worden.[64] Materielle und soziologisch relevante Aspekte der Volksreligiosität dagegen wurden recht sorgfältig studiert. Solchen Studien verdankt man etwa Einsichten in die Gründe der Menschen dafür, sich einem bestimmten *pir* anzuschließen: Es stellt sich heraus, daß gegenüber der individuellen Entscheidung — wie wichtig diese im Einzelfall auch sein mag[65] — die kollektive Attribution die zahlenmäßig bedeutendere Form ist. In einem großen Teil Mittelasiens gehörten Angehörige einer jeden tribal oder regional definierten Gruppe gleichsam qua Geburt der Anhängerschaft eines *pir/ešon* an.[66] Ja, die Attribution zu einem gegebenen *pir* konnte sogar konstitutiv sein für die Untersegmentierung eines Stammes: Clans, die dem gleichen *pir* bzw. dessen Vorfahren verbunden (*pirdaš*) waren, standen einander näher als solche mit verschiedenen spirituellen Führern.[67]

Attribution zu einem *pir*, Bezug auf ein Heiligtum, zu dem man Wallfahrten und Bittgänge unternimmt, und oftmals die Bindung an einen ganz bestimmten Friedhof, auf dem die Ahnen bestattet sind und auf dem man dereinst selbst bestattet werden wird,[68] sind deshalb als identitätskonstituierende Faktoren so wichtig, weil sie

---

[64] Sowjetische ethnologische Arbeiten wiederum, die sich spirituellen Aspekten widmeten — man denke z.B. an die Bücher und Aufsätze von Vladimir Basilov und allgemeiner der Schule, der er entstammt —, bemühten sich vor allem um die "vor- und nichtislamischen Elemente". — Daß nicht jeder *pir* einer mystischen Bruderschaft angehören, geschweige denn in ihr einen führenden Rang einnehmen und die dazu erforderliche Ausbildung genossen haben muß (was in der o. g. Arbeit von BENNIGSON/LEMERCIER-QUELQUEJAY eine implizite Grundannahme ist), ist für die Turkmenen Chorezms aus älterer Zeit ausdrücklich belegt (BREGEL', op. cit., 171, mit weiteren Verweisen); unter den Uzbeken Nordafghanistans konnte ich 1978 dasselbe feststellen (INGEBORG BALDAUF: "Zur religiösen Praxis özbekischer Frauen in Nordafghanistan", in: KLAUS SAGASTER (ed.), *Religious and Lay Symbolism in the Altaic World and Other Papers*, Wiesbaden 1989, S.45-54, hier S.51).

[65] Physische oder psychische Krankheit läßt Menschen den Bezug zu spirituellen Führern suchen; über Berufungserlebnisse in Traum und Tagtraum berichteten mehrere im Frühjahr 1993 in Urgenč und Umland befragte Frauen.

[66] Für Turkmenen des westlichen Mittelasien: cf. BREGEL', *op. cit.*, S.171.

[67] KARMYŠEVA, *Očerki ètničeskoj istorii*, S.152.

[68] Auf welchem Friedhof man bestattet wird, dürfte sich bevorzugt nach dem Vater richten. — Von individueller Wahl eines anderen als des Familienfriedhofs wurde mir 1978 in Saripul/Nordafghanistan berichtet: Das Individuum läßt sich möglichst nah

existentielle, ja eschatologische Belange betreffen. Wie groß die Bedeutsamkeit solcher Faktoren noch heute für das Leben der Menschen ist, mag eine Bemerkung illustrieren, die im Frühjahr 1993 in Chorezm gefallen ist. Wir stellten die Frage, was sich alles dadurch geändert habe, daß jetzt nicht mehr "nur" die Grenze zwischen zwei Sowjetrepubliken, sondern zwischen den souveränen Staaten Turkmenistan und Uzbekistan durch ein historisch, wirtschaftlich und aufgrund seiner Bevölkerung organisch zusammengehöriges Territorium verläuft, und wollten wissen, ob diese neuartige politische Grenze etwas im Leben der Betroffenen (Stadtbewohner von Urgenč) geändert habe. Die Antwort war unmißverständlich: Die Grenze könne ja gar keine wirklich trennende Wirkung haben, da zum einen der eigene Friedhof "drüben" liege und zum anderen die eigenen Verwandten "drüben" wohnten. — Der zweite angegebene Grund leitet über zu ein paar abschließenden Bemerkungen zu dem identitäts- und solidaritätsstiftenden Faktor, der an Bedeutung für das Denken und Handeln der Menschen in Mittelasien heute gegenüber allen bis jetzt aufgezählten Mustern im Vordergrund steht: Familienzugehörigkeit.

Die Familie

Daß die primäre Solidarität der Menschen Mittelasiens der Familie gilt, ist spätestens seit den Jahren geradezu ein Gemeinplatz geworden, in denen unter den Devisen *glasnost'* und *perestrojka* die südlichen Republiken der Sowjetunion als Hort von Nepotismus und Machtmißbrauch an den Pranger gestellt wurden. In der Tat: weder die sowjetische Gesellschaftspolitik, die mit egalitärem und emanzipatorischem Anspruch angetreten war, noch das sich jetzt in Mittelasien aufdrängende neue Denken, das seine Vorbilder in den sozial differenzierten, individualistischen Gesellschaftsmodellen Nordwesteuropas und Nordamerikas sucht, ist mit dem zu vereinbaren, was die Zugehörigkeit zu einer Familie für die meisten Menschen in Mittelasien impliziert — eingebunden sein in ein deutlich hierarchisiertes System von wechselseitigen Verpflichtungen und Ansprüchen. Eine Beschreibung oder Analyse solcher Systeme kann hier natürlich nicht geboten werden; da die vorliegenden ethnologischen Arbeiten aus sowjetischer Zeit viele Aspekte des realen Gesellschaftslebens ausblenden mußten und andere unter präskriptiven eher denn unter deskriptiven Gesichtspunkten zu Papier gebracht haben, ist dafür vorläufig nicht einmal noch eine hinreichende Materialbasis verfügbar. Hier sei nur auf eine exemplarische Kleinstudie verwiesen, die vor zwei Jahren veröffentlicht wurde und die einer vergleichsweise kleinen ethnischen Gruppe gewidmet ist, nämlich den Belutschen der Oase Murgab

---

an einer verehrten Persönlichkeit, sei sie historischer Heiliger oder selbst erlebter *pir*, bestatten, um "in dessen Karawane" (*qatorida*) ins Paradies einzugehen.

im südöstlichen Turkmenistan.[69] Der Frage, wieso Menschen in Mittelasien die "Zugehörigkeit in einem [...] auf Verwandtschaft [...] beruhenden Verband [...] auch heute noch als einen geheiligten Wert betrachten, der nicht nur jedem einzelnen seinen Platz in der Gesellschaft zuweist und zusichert, sondern auch ihre ethnische Eigenart und Identität ausmacht"[70], nähert der Verfasser der Studie sich an, indem er überlieferte Formen der sozialen Organisation auszumachen versucht, wie sie sich im Reden über Verwandtschaft, in Wertungen und in Handlungsstrategien manifestieren. Ich greife hier nur einige wenige Phänomene auf, die weit über den Bereich der Studie hinaus Geltung haben dürften.

Die unmittelbarste gesellschaftliche Bezugseinheit des Individuums ist die Gruppe von Menschen, die eine gemeinsame Hauswirtschaft führen.[71] Im weiteren Sinne "zu Hause" und durch vielfältige Verpflichtungen und Rechte eingebunden ist der Belutsche im Bereich einer durch patrilineare Abstammung definierten Lineage (*rand*, wörtlich "Fußstapfe, Spur"); als weniger zwingend, wenngleich existent, werden Verpflichtungen gegenüber der analogen matrilateralen Verwandtschaftsgruppe empfunden. Der Clan (*tāipa*), zu dem mehrere derartige Lineages zusammengefaßt sind, ist die nächst übergeordnete Bezugseinheit. Obwohl ein klares Bewußtsein um die Attribution zu einem Clan besteht, spielt im sozialen Alltag die Zugehörigkeit zu der kleineren, konkreten Einheit *rand* die wichtigere Rolle.[72] — Die patrilineare Lineage, *rand*, ist auch der bevorzugte Personenkreis, innerhalb dessen Heiratsverbindungen eingegangen werden. Eine bevorzugte Form der Heiratsbeziehung ist ohnehin in Mittelasien ganz allgemein die Cousinenheirat, sei es die Heirat mit der Tochter des Vater-Bruders oder, im Falle von Gesellschaften, in denen die Exogamie beachtet wird, die Heirat mit der Tochter der Vater-Schwester.[73] Zugunsten der Heiratsbeziehungen unter nahen Blutsverwandten wird vor allem ins Treffen geführt,

---

[69] LUTZ RZEHAK: "Verwandtschaftsgruppen im sozialen Leben Mittelasiens: Beobachtungen bei den Murgab-Belutschen", *Ethnographisch-Archäologische Zeitschrift* 32.1991, S.293-315.

[70] S. 293.

[71] RZEHAK, *op. cit.*, S.199 sqq.; analoge Begrifflichkeiten beschreibt G. P. VASIL'EVA in *Preobrazovanie byta i ètničeskie processy v severnom Turkmenistane*, Moskva 1969, S.241 sq., für Turkmenen und Uzbeken.

[72] RZEHAK, "Verwandtschaftsgruppen ...", S.308.

[73] T. A. ŽDANKO: "Karakalpaki Xorezmskogo oazisa", *Trudy xorezmskoj arxeologoètnografičeskoj ékspedicii I: Arxeologičeskie i ètnografičeskie raboty xorezmskoj ékspedicii 1945-1948*, Moskva 1952, S.461-566, hier S.514 sq.

daß man die Töchter dann keinem "Fremden" geben müsse und daß der Besitz in der Familie gehalten werden könne. Bezogen auf die Belutschen, konstatiert der Autor der Studie, daß, wenn denn schon faute de mieux außerhalb der eigenen Lineage geheiratet werden muß, man sich jedenfalls bemühe, bereits bestehende familiale Bande zu verdichten eher als neue Beziehungen mit bis dahin nicht verschwägerten Lineages bzw. Clans einzugehen.[74] — Für andere ethnische Gruppen und andere Regionen ist festgehalten worden, daß beide Strategien, also die Verdichtung bereits bestehender Netze von Heiratsbeziehungen einerseits und die Erweiterung des Netzes nach außen andererseits, gleichzeitig angewendet werden mit dem gemeinsamen Ziel, die Macht einer Familie bzw. ihres Oberhauptes zu stärken.[75] — Die Verwandtschaft, Familie (in einem auch noch vorzugsweise engen Verständnis) soll durch vielfältige Beziehungen vergrößert und zusammengeknüpft und durch wechselseitige Verpflichtungen zur Solidarität gestärkt werden. Verwandtschaftliche Beziehung ist, das darf wohl übergreifend für alle Bevölkerungsgruppen Mittelasiens festgehalten werden, die stärkste soziale Triebfeder überhaupt.

Zusammenfassung

Hier sind nun in Kürze — und ohne jeden Anspruch auf Vollständigkeit — Muster vorgestellt worden, nach denen Individuen und gesellschaftliche Gruppen in Mittelasien ihre Identität definieren. Soll man hinter all den diversen Möglichkeiten übergreifende gemeinsame Züge aufspüren, dann sind es meines Erachtens vor allem zwei: der Hang zur Kleinteiligkeit und die Einbettung des Individuums in ein (überschaubares) Kollektiv.

Ein jedes von den traditionellen Definitionsmustern hat Mikro- und Makroebenen; für das Alltagsleben der Menschen zählt durchweg die Mikroebene viel mehr als die abstraktere Makroebene. Wenn es um Identitätskriterien aus dem religiösen Bereich geht, so ist man beispielsweise Muslim, präziser hanefitischer Sunnit. Was die Menschen aber persönlich betrifft und was letztlich dann auch Identität und Solidarität schafft, ist die Attribution zu einem ganz bestimmten spirituellen Führer, und sie wiederum entspringt eher einer ererbten Tradition als einer individuellen Entscheidung. — Die aktuelle und die historische bzw. historizistische regionale

---

[74] RZEHAK, *op. cit.*, S.309.

[75] Cf. GABRIELE RASULY-PALECZEK: "Kinship and Politics Among the Uzbeks of Northeastern Afghanistan" (im Druck als Beitrag zum 4th European Seminar on Central Asian Studies, Bamberg 1991).

Attribution kennt ebenfalls Makro- und Mikroebenen; in erster Linie wichtig ist eher das Viertel als die Stadt, eher die Nachbarschaft als das Dorf. — Im Bereich des ethnisch-tribalen Definitionsmusters liegen die Dinge analog: Hier ist es die kleine Einheit der Lineage oder allenfalls noch des Clans, von denen man Hilfe zu erwarten hat und denen man verpflichtet ist, während die abstrakten übergeordneten Einheiten kaum noch von praktischer Relevanz sind.

Wie hat sich nun die Implantierung des modernen Nationalgedankens in den 1920er Jahren in dieses komplexe Gefüge von älteren Identitätsmodellen ausgewirkt? Hat die "Leninsche Nationalitätenpolitik" die Gesellschaft Mittelasiens signifikant und dauerhaft verändert? — Nun, diese Fragen sind nicht in einem Satz zu beantworten. Liest man die präskriptiven Nationalgeschichten, so wird man keine Antworten finden, weil schon die Frage, ob der Nationenbildungsprozeß erfolgreich war, üblicherweise nicht gestellt wird. Die modernen sozialistischen Nationen existieren[76] — und daran kann ja auch kein Zweifel bestehen. Allerdings muß man festhalten, daß bis heute nicht geklärt worden ist, ob der jetzt gültige (völkische) Nationenbegriff, der mit sich bringt, daß es viele Nationalitäten sind, die da in einem "Nationalstaat" koexistieren, welcher mit dem Ethnonym einer einzigen herausgehobenen Titular- nation benannt ist, wirklich das ist, was man 1924 im Kopf hatte, als man die "nationale Delimitation" initiierte. Es liegt auf der Hand, daß die "Entmischung" einer nach so vielen, zum Teil sich überschneidenden Mustern gegliederten Bevölkerung in den zwanziger Jahren genausowenig möglich gewesen ist wie heute. Daß die "Ent- mischung" noch dazu nach dem Kriterium Nationalität vorgenommen wurde, welches interpretierbar definiert und vor allem in der gegebenen allochthonen, Stalinschen Definition in Mittelasien nicht anwendbar war, hat zu vielen "Fehlern" bei der Grenzziehung geführt — Fehlern nicht aus der Sicht eines Außenstehenden, sondern im Sinne der selbst gesetzten Kriterien. Ein jedes Offenlegen der Fehler aber hätte evident gemacht, daß die Kriterien in sich ungeeignet waren: Man hätte die Grenzen dann nicht nur quer durch Städte und Dörfer, sondern vielmals überhaupt quer durch Individuen legen müssen, beispielsweise wenn sie zweisprachig waren. Darum hat man stillschweigend hingenommen, daß Mittelasien de facto in Territorialstaaten zerlegt worden ist, und hat sich den Nationenbegriff, ohne je explizit Abschied vom Stalinschen der zwanziger Jahre zu nehmen, neu zurechtgelegt: politisch-territorial. Und es kann kein Zweifel daran bestehen, daß sich ein Identitätsempfinden auf dieser Basis herausgebildet und gefestigt hat. Das Nebeneinanderherlaufen von zwei rezenten

---

[76] Über eine Neudefinition der "Nation" nach den politischen Umformungen von 1991 und insbesondere über die allfällige Ablösung des Begriffs "sozialistische Nation" durch einen anderen habe ich in den spärlichen wissenschaftlichen Quellen, die mir vorliegen, noch keine Stellungnahmen finden können.

Begriffen von Nationalität und das fortgesetzte Wirken von vormodernen Identifikationsmustern ist es aber, was immer wieder zu Mißverständnissen und Problemen geführt hat. Die ethnographische Fachliteratur, in der — anders als in der historiographischen — solche Fälle genannt werden konnten, liefert eine Fülle von Beispielen dafür.[77]

Bedenklicher als etwa die kuriosen Fälle von Individuen, die nicht sicher sind, ob sie sich als "*Üzbek*" bezeichnen sollen/müßten, wenn sie in Uzbekistan leben und gleichwohl eben gerade *nicht* einem (ethnisch definierten) Uzbekenclan angehören, wird es dort, wo der Stalinsche Nationenbegriff sich mit dem einheimischen ethnizistischen Identitätskriterium paart: Dann plötzlich werden Staatsbürger Taǧikistans, die für sich zum Beispiel auf der Basis ihrer Muttersprache oder ihrer ethnisch-rassischen Herkunft eine uzbekische Nationalität reklamiert haben, zu Fremden im eigenen Land und umgekehrt. Der Nationenbegriff, der sich mit Mühe etabliert hatte, verkehrt sich plötzlich gegen seine Träger und Anwender. Was in der seit den späten achtziger Jahren eingetretenen wirtschaftlichen und politischen Verunsicherung bleibt, sind die Identitäten der Mikroebene und minimale Solidaritäten: Region in einem eng begrenzten Sinn und vor allem Verwandtschaft. Wer sich auf darauf begründete Beziehungsnetze stützen kann, der findet auch die Basis für einen Einstieg in die neue Wirtschaftsform.

Ausblick

Die Nationenbildung, welche im frühen 20. Jahrhundert nach russischem und auch tatarischem Vorbild in Mittelasien begann, durch die "nationale Delimitation" von 1924 zum Politikum erhoben wurde, in den zwanziger und dreißiger Jahren eine Blütezeit durchlief und in den darauffolgenden Jahrzehnten zusehends konsolidiert wurde, erreichte gewiß, zählt man die papierenen Fakten, mit der Umwandlung der südlichen Sowjetrepubliken in souveräne Nationalstaaten einen bisherigen Höhepunkt. Seit die integrative Kraft des Sowjetpatriotismus fehlt und die diskursive "Annäherung und Verschmelzung der Nationen" nicht mehr das gültige Ideologicum ist, wandelt sich der Nationalismus der Titularnationen zusehends zu dem, was man früher warnend mit dem Stempel Chauvinismus belegte. Zugleich nehmen auch die Nationalismen von Nicht-Titularnationen Aufschwung. Im Alltag mögen die vielen

---

[77] Für Belegbeispiele bezüglich "Uzbek" und "Taǧik" cf. BALDAUF, "Some thoughts on the making of the Uzbek nation", *Cahiers du Monde russe et soviétique* 32(1). 1991, S.79-96.

oben genannten Solidaritäten auf Mikroebene ungleich größere Bedeutung haben als der abstrakte Nationalismus; daß aber offensichtlich gerade ein Nationalgedanke, der ethnisch-rassische und sprachliche Kriterien in den Vordergrund stellt, eine starke mobilisierende Wirkung ausüben kann und zur Rechtfertigung für das gewaltsame Austragen von sozialen Konflikten einsetzbar ist, beweist, mit welch nachhaltiger Wirkung sich diese Form europäischen Denkens in Mittelasien festgesetzt hat.

Im Inneren der neuen Staaten reißt der Nationalismus Trennlinien zwischen Volksgruppen auf; im zwischenstaatlichen Bereich liefert er unter den schwierigen Bedingungen der wirtschaftlichen Umgestaltung, der Verknappung aller Mittel die Argumentationsgrundlage für Abschottung und restriktive Maßnahmen: StudentInnen aus Uzbekistan werden von der für bestimmte Fächer weithin einzig angesehenen Universität in Biškek (Qyryyzstan) aufgrund ihrer fremden Nationalität verwiesen und vice versa.

Kommen wir schließlich, nachdem die Nationenbildung in Mittelasien vor dem Hintergrund einer Vielfalt von autochthonen Identitätsfindungsmodellen nachgezeichnet wurde und ein paar Konsequenzen des rezenten Nationalismus und Chauvinismus angedeutet wurden, mit ein paar Worten auf das Thema "regionale Kooperation" zu sprechen. Nach den letzten Zeilen wäre ja plausiblerweise zu erwarten, daß ich jetzt Spekulationen darüber anstellen möchte, wie sich gerade die Probleme, die die Nationenbildung über Mittelasien gebracht hat, durch einen übernationalen, überstaatlichen Regionalismus entschärfen ließen. Dies liegt nicht zuletzt auch deshalb nahe, weil oben immerhin verschiedene Ausformungen des "Regionalismus" als authochthone Muster der Identitätsfindung vorgestellt worden sind.[78]

Das neue "Zentralasien"

In der Tat wird im neuen politischen Diskurs das alte Konzept "Turkestan" offensichtlich wieder hervorgeholt, und zwar unter verschiedenen Vorzeichen.

---

[78] Die "enge" Ausformung des Regionalismus erfährt im öffentlichen Diskurs, ungeachtet (oder gerade wegen) ihrer ungemeinen Wirksamkeit im alltäglichen gesellschaftlichen Leben, heute Zurückweisung. Erst jüngst erteilte der Vorsitzende der uzbekischen Partei *Vatan Taraqqijoti* und Präsidentenberater Usmon Azimov namentlich dem "engen Regionalismus" (*mahallijčilik*) eine Absage (*Üzbekiston Adabijoti va San'ati* 14 = 2. April 1993, S.2).

Hier soll kurz die Rede sein von den plakativen Äußerungen einiger Intellektueller in Uzbekistan, die in jüngster Zeit an die Öffentlichkeit getreten sind. Eine Gruppe von Historikern, Literaturwissenschaftlern und Publizisten, die sich um das "Institut *Maxpirat* für die Geschichte der Völker Mittelasiens" schart, versteht Turkestanismus, interpretiert man etwa ihre Beiträge zu einem Sammelbändchen *Turon tarixi* (Taškent 1992), nicht als rein regionales Konzept, sondern betont die ethnizistisch-rassistischen Aspekte. Die publizistische Tätigkeit erschöpft sich dabei nicht in einem Rückgriff auf türkistische und pantürkistische Programmatik des frühen 20. Jahrhunderts[79], sondern man richtet den Blick durchaus auch nach vorn, etwa wenn es um Sprachpolitik geht: Die längst obsolet geglaubte Überlegung, ob eine künstlich zu schaffende türkische Gemeinsprache der Sache einer überregionalen Zusammenarbeit dienlich sein könnte, wird unter aktuellen Gesichtspunkten neu aufgegriffen.[80] Im Blickfeld dieser Gruppe befinden sich ausschließlich die türksprachigen Ethnien der größeren Region Turkestan. — Die Diskussion, die mit Beiträgen wie den in *Turon Tarixi* gebotenen in Schwung gebracht werden soll, erinnert in geradezu beklemmender Weise an die frühe Phase der Nationenwerdung, an die 1910er Jahre. Einige Koordinaten des Gesellschaftslebens sind in der Tat auch durchaus vergleichbar: wirtschaftliche Schwäche der Region bei gleichzeitig spürbarem Versuch regionenfremder Mächte, den Wirtschaftsraum Mittelasien zu kolonisieren; größere Freiräume für politische Äußerungen nach einer staatspolitischen Umwälzung, die gleichwohl keine grundlegende gesellschaftspolitische Neuordnung gebracht hat[81]. Es ist gut vorstellbar, daß bestimmte intellektuelle Kreise in Mittelasien heute, da ein Wertesystem in sich zusammengesunken ist, auf der Suche nach Neuorientierung offen sind für einen türkistisch, also ethnizistisch-rassistisch ausgerichteten Überregionalismus. Vorläufig orientiert sich dieser am Turkestanismus der 1910er und frühen 1920er Jahre; eine Ausdehnung des Solidaritätshorizonts auf eine größere "türkische Welt" könnte der nächste Schritt sein.

---

[79] Die Hilflosigkeit der Publizisten angesichts der seit Jahrzehnten in hohem Maße ideologisiert gewesenen Geschichtsinterpretation wird an der Auswahl der Themen deutlich. Ob Ziya Gökalp, Zeki Velidi Togan, Fitrat, Munavvar Qori oder Abdulla Avlonij — aus dem Opera der höchst heterogenen und in sich selbst vielschichtigen Persönlichkeiten werden (zum Teil für das Gesamtwerk ganz untypische) Aussagen herausgenommen und auf eine Weise "montiert", die nicht Information, sondern billige Agitation für eine diffuse "türkistische" Sache zum Ziel hat.

[80] BAXTIJOR KARIMOV, ŠOAHMAD MUTALOV: "Ŭrta turk tilini jaratiš mumkinmi?", *Turon tarixi*, S.24-25.

[81] Im Rußland nach 1906 existierte, wie in Uzbekistan nach der Perestroika, eine relative Pressefreiheit.

"Turkestan" wird aber auch in Kreisen als Parole benutzt, die qua ideologischer Abkunft nicht eines politischen Türkismus verdächtig sind: bei der "Union der Jugend Uzbekistans", die den *Komsomol* ersetzt hat. Das Organ, welches diese Vereinigung in Zusammenarbeit mit der Gesellschaft *"Turkiston"*[82] herausgibt, heißt *Turkiston* und steht unter der Devise "Turkestan ist eins, die Heimat ist eins". An Inhalten ist allerdings mit dieser verbalen Beschwörung offensichtlich nichts Spezifisches verbunden — die Zeitung hält eine affirmative Linie zur derzeitigen Regierung und damit wohl auch zu deren Mittelasienpolitik; was Nachrichtenauswahl und Kommentare betrifft, ist das Blatt völlig auf Uzbekistan zentriert. Es scheint, als würde "Turkestan" hier lediglich als Worthülse benutzt, um sich von einem Trend, und sei es auch ausschließlich verbal, nicht auszuschließen.[83]

"Turkestan" mag im Diskurs einiger Intellektueller und Publizisten eine wichtige Rolle spielen — die von den an der Macht befindlichen Regierungen getragene Parole heißt anders, wenn sie auch, geographisch besehen, ungefähr das gleiche meint: "Zentralasien". Dieser neu definierte Begriff entspricht dem, was in sowjetischer Zeit "Mittelasien und Kazakstan" genannt wurde, umfaßt also die Republiken Kazakstan, Turkmenistan, Uzbekistan, Taǧikistan und Kyrgyzstan. Die Präsidenten dieser fünf Republiken haben Anfang 1993 bei einem Treffen in Taškent einen Beschluß bezüglich einer "Zone der Zentralasiatischen Staaten"[84] gefaßt.

Die Entscheidung für eine engere Zusammenarbeit in der Region war primär von wirtschaftlichen Erwägungen getragen. Die Problematik des Wasserhaushaltes und der Rohstoffversorgung insgesamt hat die Regierungen zu diesem Schritt gezwungen, da sich die Republiken nicht in der Lage sehen, solche Fragen nur auf regionaler Basis zu lösen.[85]

Das zweite Hauptanliegen, das durch den Zusammenschluß gefördert werden sollte, ist die Verbesserung der Kommunikation. Ein in Taškent ausgestrahltes Fernsehprogramm wird bereits in den anderen Republiken empfangen; an der Einrichtung

---

[82] *Turkiston iǧodij ǧamoasi.*

[83] Möglicherweise steckt hinter Namensgebung und Devise ein zur Zeit der Umbenennung des Blattes gültig gewesenes Programm; ich weiß darüber aber nicht Bescheid.

[84] Uzb.: *Markazij Osijo davlatlar mintaqasi.*

[85] Cf. Interview mit dem Präsidenten Uzbekistans, Islom Karimov, in *Turkiston* 30 = 13. März 1993, S.2.

analoger Programme in den vier anderen Republiken wird gearbeitet. Gegenwärtig erscheinen zwei gemeinschaftliche überregionale Zeitungen, *Novyj Den'*[86] und *Azija*. *Azija* wird zwar vom Ministerkabinett der Republik Kazakstan herausgegeben, enthält aber Beiträge aus allen genannten Republiken. Die Zeitung nimmt gegenüber den Regierungen (auch wenn diese an sich bezüglich der vertretenen Gesellschaftspolitik kaum vergleichbar sind) eine deutlich affirmative Haltung ein. Überregional ist das Blatt eigentlich nur in dem Sinne, daß Informationen und Kommentare *aus* allen fünf Republiken (mit deutlichem Schwergewicht auf Kazakstan und Uzbekistan) zusammen präsentiert werden; ein gemeinsames Programm *für* den gesamten Raum hat das Blatt — jedenfalls vorläufig — wohl nicht zu vertreten. Ob ein solches Programm angesichts der Inkompatibilität der gegenwärtig in den Republiken an der Macht befindlichen Regierungen in naher Zukunft überhaupt, und sei es auch "nur" für den wirtschaftlichen Bereich, erarbeitet werden kann, läßt sich jetzt noch nicht beurteilen.

Abschließend erlaube man mir eine persönliche Stellungnahme zu "Identitätsmodellen, Nationenbildung und regionale Kooperation" und vor allem zu der Frage, ob überregionale Kooperation vielleicht ein Heilmittel sein kann für die Schäden, die die Aufspaltung des Raumes Mittelasien nach "nationalen" Kriterien mit sich gebracht hat. Den Nationalgedanken und das Konzept der Überregionalität eint auf einer Meta-Ebene vor allem das eine: Beides sind Kinder von europäischen ideologischen und politischen Entwicklungen, die in Europa in ihrem Recht sein mögen. Der Nationengedanke ist in Europa groß geworden. Die Idee der überstaatlichen regionalen Zusammenarbeit ist wieder ein Kind Europas, konkreter des reicheren, in der EG organisierten Teils Europas, mit dem Ziel, wirtschaftlich noch stärker zu werden. Ob das Experiment gelingen wird, muß die Zukunft zeigen. Es aber jetzt, sogar noch ehe es auch nur in Europa zu überzeugenden Ergebnissen geführt hat, analog zur einstigen Übertragung des Nationalgedankens als Patentrezept nach Mittelasien exportieren zu wollen, ist gerade im Lichte dessen, was der erste europäische Ideenexport bewirkt hat, ein durchaus zweifelhaftes Unterfangen.

Als Kulturwissenschaftler sehe ich mich nicht gerufen zu überlegen, ob eine künftige "Mittelasiatische Gemeinschaft" politische oder wirtschaftliche Chancen hätte. Mir liegt mehr daran, dafür zu werben, daß existierende und wirksame gesellschaftliche Phänomene aus der Region Mittelasien, auch wenn sie abseits von dem stehen, was die westeuropäische "politische Kultur" gutheißt, studiert und in ihrem Eigenwert akzeptiert werden. Mittelasien hat gerade in Mikrobereichen wie Familien- und Lokalsolidarität ein großes Potential an mobilisierbaren sozialen Kräften. Daß diese sich durch Staatsgrenzen nicht behindern lassen, dafür sind weiter oben Beispiele

---

[86] Ohne Augenschein.

gegeben worden. Wo es erforderlich ist, wird überregionale Zusammenarbeit, wenn sie nicht in einem Akt der rigiden Abschottung der "Nationalstaaten" unmöglich gemacht wird, ohnedies zustande kommen. Dazu wird es nicht erforderlich sein, aus dem Überregionalismus ein Ideologicum zu machen wie vormals aus dem Nationalismus, dem Internationalismus und dem Sowjetpatriotismus, das doch nur wieder Gefahr liefe, ein Machtinstrument in den Händen politischer Cliquen zu werden.

Nationalbewußtsein und Separatismus in Südasien: Nation-Building und Minderheitenpolitik in Indien, Pakistan und Sri Lanka

Christian Wagner

Vorbemerkung

Nationalbewußtsein, verstanden auch als Nationalgefühl oder Nationalismus, und Separatismus stehen in einem widersprüchlichen Verhältnis zueinander. Auf der einen Seite bilden sie Gegenpole einer politischen Mobilisierung, auf der anderen Seite kann aus separatistischen Ideen durchaus ein neuer Nationalismus erwachsen. Zahlreiche Autoren haben sich bislang um eine Definition von Nationalismus bemüht, mußten aber oftmals resigniert feststellen: "All that I can find to say is that a nation exists when a significant number of people in a community consider themselves to form a nation, or behave as if they formed one."[1] Da eine Definition des Begriffs schwer möglich ist, hat man seine Bestimmung durch eine negative Abgrenzung vorgenommen, wie z.B. Hellmann-Rajanayagam und Rothermund: "Der Nationalismus hat keinen bestimmten Inhalt, sondern er ist ein Gerüst, das zur Stützung ganz unterschiedlicher Inhalte dienen kann."[2]

Generell erhebt Nationalismus den Anspruch, den Bürgern eines Staates auf der Grundlage gemeinsamer Merkmale wie z.B. Sprache, Religion, Abstammung, Kultur ein Gefühl der Zusammengehörigkeit zu geben. Anderson hat die Nation als "vorgestellte politische Gemeinschaft"[3] bezeichnet und neben anderen Autoren auf die "Erfindung von Traditionen" hingewiesen, die zur Entstehung von Nationen beitragen können.[4] Separatismus läßt sich demgegenüber zunächst als Negation von Nationalismus verstehen. Auch hier soll durch die Betonung bestimmter Merkmale eine eigene kollektive Identität aufgebaut werden, die als Endziel ebenfalls einen eigenen Staat anstrebt. Hellmann-Rajanayagam und

---

1) H.Seton-Watson, *Nations and States*, London 1977, S. 5.
2) D.Hellmann-Rajanayagam/D.Rothermund (Hrsg.), *Nationalstaat und Sprachkonflikte in Süd- und Südostasien*, Stuttgart 1992, S. 3.
3) B.Anderson, *Die Erfindung der Nation. Zur Karriere eines folgenreichen Konzepts*, Frankfurt a.M. 1988, S. 15.
4) Vgl. E.Hobsbawm/T.Ranger (eds.), *The Invention of Tradition*, Cambridge 1983.

Rothermund haben dies in Abgrenzung zum Nationalismus als "Sub-Nationalismus" bezeichnet, der als Gegenentwurf zur Nation die nationale Einheit der Staaten bedroht.[5] Beispiele für sub-nationale Identitäten sind u.a. ethnische Gruppen, die ihre Abstammung und Geschichte betonen, sowie Religionsgemeinschaften, die in ihrer Religion die Grundlage für Gruppenloyalität und Konsens sehen. Die Autoren betonen die zentrale Rolle der Sprache für den Aufbau einer nationalen, aber auch sub-nationalen Identität sowie die daraus entstehenden Konflikte. Sprache kann auf der einen Seite die notwendige Solidarität und Loyalität für die staatliche Einheit herstellen. Auf der anderen Seite kann sie auch von Gruppen mit einer "sub-nationalen" Identität zur Mobilisierung gruppenspezifischer Probleme instrumentalisiert werden.

Der Prozeß des *nation building*[6] war nach der Unabhängigkeit in allen Ländern Südasiens die vorrangige Aufgabe. Damit sollten die inneren Disparitäten überwunden werden und neben dem wirtschaftlichen Modernisierungsprozeß auch ein politischer Entwicklungsprozeß einsetzen, an dessen Ende die gemeinsame Nation stehen sollte. Nehru hat dies sehr treffend umschrieben:

Political integration has already taken place to some extent but what I am after is something much deeper than viz. an emotional integration of the Indian people so that we might be welded into one and made into one strong national unit maintaining at the same time all our wonderful diversity.[7]

Der Prozeß des *nation building* beinhaltete aber zugleich verschiedene Probleme: Erstens waren alle Staaten Vielvölkerstaaten, sie waren multi-ethnisch. Zweitens war der Staat nicht mehr ethnisch neutral, sondern wurde bereits von einer oder mehreren Gruppen dominiert. Darüber hinaus wurden von staatlicher Seite aus immer wieder Werte wie Freiheit, Gleichheit, Gerechtigkeit und Entwicklung für alle proklamiert, und zugleich sollte der Staat bei der wirtschaftlichen Entwicklung eine führende Rolle einnehmen.

Die Vielfalt an Gruppen war an sich noch kein Hindernis für eine nationale Einheit. Konflikte entstanden aus dem einsetzenden wirtschaftlichen Entwicklungsprozeß, der zwar hohe Wachstumsraten brachte, zugleich aber die bereits bestehenden wirtschaftlichen und sozialen Ungleichheiten vergrößerte. Einzelne Gruppen profitierten von der wirtschaftlichen Entwicklung, einige konnten ihren

---

5)   D.Hellmann-Rajanayagam/D.Rothermund, a.a.O., 1992, S. 1.
6)   Vgl. K.W.Deutsch /W.J.Foltz (Hrsg.), *Nation-Building*, New York 1963.
7)   Zit. n. P.Chander, *Indian Government and Politics*, New Delhi, o.J., Part 3, S. 169.

Status stabilisieren, viele wurden marginalisiert. Diese sozioökonomischen Um-
brüche und Marginalisierungsprozesse konnten auch als Ausdruck einer allgemeinen Diskriminierung der eigenen Gruppe interpretiert werden und setzten
Bedrohungsgefühle und Ängste frei, die zugleich den Nährboden für nationalistische und separatistische Propaganda bildeten. Vor diesem Hintergrund entstanden Konflikte zwischen den Gruppen durch die zunehmende Konkurrenz um
Arbeitsplätze, Ausbildungschancen oder politische Macht.[8] Der Bezug auf
Sprache, Religion oder Abstammung ermöglichte die Betonung einer eigenen
sub-nationalen Identität, auf deren Grundlage man gegen die Benachteiligungen
protestieren konnte. Wie der Nationalismus so bildeten auch sub-nationale Iden-
titätsvorstellungen ein Gerüst, das von den jeweiligen Eliten - bei Rothschild die
"ethnic entrepreneurs"[9] - für zahlreiche Interessen instrumentalisiert werden
konnte.

Mit Hilfe der im Zuge der entwicklungspolitischen Planungseuphorie erstellten
Statistiken und Zensusergebnisse war es allen Gruppen möglich, ihre Benachteiligung "wissenschaftlich" zu belegen. Dadurch konnten sie ihre Forderungen nach
Gleichbehandlung und Gerechtigkeit untermauern, die ihnen von staatlicher
Seite aus versprochen worden waren. Durch die seit dem 19. Jahrhundert entstandene wissenschaftliche Erforschung der Gesellschaft und ihrer Kulturen
konnten sogar Forderungen nach einem eigenen Staat abgeleitet werden, dessen
historische Existenz mit Ausgrabungen oder Inschriften "bewiesen" wurde.

Der Staat, der nach dem Willen seiner Staatsgründer zum Nationalstaat werden
sollte, mußte vorhandene sub-nationale Identitätsentwürfe, seien sie sprachlicher, kultureller oder religiöser Art, so weit zurückdrängen, daß sie trotz eines
ungleichen wirtschaftlichen Entwicklungsprozesses keine Basis mehr für eine
politische Mobilisierung bilden und damit keine Gefahr für die staatliche Einheit
darstellen konnten. Wenn man eine ungleiche wirtschaftliche Entwicklung unterstellt, dann mußte eine erfolgreiche Integrationspolitik im Idealfall mindestens
die folgenden drei Elemente aufweisen:

1. Ein föderales System, das bestimmten Regionen oder Gruppen eine begrenzte Autonomie und die Abtretung einzelner Gesetzgebungskompetenzen an
   untergeordnete Instanzen ermöglichen sollte.

2. Eine säkulare Staatskonzeption, die die Gleichheit aller Religionsgemeinschaften sicherstellen und eine religiöse Diskriminierung von Minderheiten
   vermeiden sollte.

---

8) Vgl. P.R.Brass, *The Politics of India since Independence. The New Cam-
    bridge History of India*, IV 1, Cambridge 1991, S. 134.
9) J.Rothschild, *Ethnopolitics. A Conceptual Framework*, New York 1981, S. 2.

3. Ein demokratisches System, das unter den Bedingungen von Wettbewerb,
   Partizipation und individueller Freiheitsrechte die Teilnahme an Wahlen nach
   dem Prinzip "one man, one vote" gewährleisten sollte.[10]

Im Mittelpunkt der folgenden Ausführungen wird die politische Entwicklung in
Indien, Pakistan und Sri Lanka stehen.[11] Vierzig Jahre nach der Unabhängigkeit
steht die staatliche Einheit dieser Länder weiterhin auf dem Prüfstand. Pakistan
zerfiel 1971 in zwei unabhängige Staaten, die Einheit Sri Lankas ist durch den
Bürgerkrieg zunehmend in Frage gestellt, und auch in Indien haben sub-nationale Gruppen immer wieder die staatliche Autorität herausgefordert.

Im folgenden sollen die Bemühungen in den drei Ländern betrachtet werden,
föderale Strukturen, säkulare Konzepte und demokratische Institutionen aufzubauen, die die Grundlagen der neuzuschaffenden Nation bilden sollten. Welche
Politik wurde von staatlicher Seite aus verfolgt, um die vorhandenen Spannungen
zwischen nationalem Anspruch und separatistischen Ambitionen abzubauen?
Inwieweit konnten dadurch die Einheit und Stabilität des Staates - als Vorbedin-
gung auf dem Weg zur Nation - gewahrt werden?

Die Indische Union

1947 wurde Indien nach 150 Jahren englischer Kolonialherrschaft unabhängig.
Bereits im Vorfeld der Unabhängigkeit und der Staatengründung wurden die
Weichen für die spätere Entwicklung gestellt. Die Vorstellung einer gemeinsa-
men Nation für Hindus und Muslime, wie sie Gandhi und Nehru vertraten, konn-
te sich gegen die Zwei-Nationen-Theorie Jinnahs nicht durchsetzen. Die mit der
Teilung verbundenen blutigen Unruhen, die Hunderttausende von Toten forder-
ten und eine gigantische Flüchtlingswelle auslösten, wurden zum Trauma beider
Staaten. Indien gab sich eine westlich geprägte Verfassung und hoffte, mit den
Prinzipien Demokratie, Säkularismus und Sozialismus die Vielzahl von Sprachgruppen und Religionsgemeinschaften zu einer Nation verbinden zu können.

---

10) Vgl. zur Diskussion über die Kriterien von Demokratie, L.Diamond/
     J.J.Linz/S.M.Lipset (eds.), *Democracy in Asia*, New Delhi 1989, S. XVI.
11) Südasien umfaßt im heutigen Sprachgebrauch die Länder Bangladesh,
     Bhutan, Indien, Malediven, Nepal, Pakistan und Sri Lanka. Im folgenden
     werden mit Indien, Pakistan und Sri Lanka nur die bevölkerungsreichsten
     Staaten der Region berücksichtigt, die zugleich grenzüberschreitende
     Volksgruppen und sub-nationale Bewegungen aufweisen, wie z.B. die
     Tamilen. Bangladesh, Beispiel für eine erfolgreiche Staatbildung einer
     sub-nationalen Bewegung, stellt einen Sonderfall in der Region dar und
     bleibt weitgehend unberücksichtigt.

Sprachenpolitik und Föderalismus

Gemäß den westlichen Vorbildern seiner Verfassung erhielt Indien ein föderales System, das die Gesetzgebungskompetenzen zwischen der Zentralregierung in Neu-Delhi und den Bundesstaaten aufteilte. Der indische Föderalismus trägt aber auch stark zentralistische Züge. Die Bundesstaaten verfügen z.b. kaum über eigene finanzielle Ressourcen. Die Verfassung erlaubt es der Zentralregierung darüber hinaus, bei Gefahr für die nationale Einheit eine gewählte Landesregierung abzusetzen. Es ist naheliegend, daß eine solche Regelung im parteipolitischen Wettstreit immer wieder mißbraucht wurde. Vor allem Indira Gandhi hat diese Möglichkeit genutzt, um politisch mißliebige Regierungen abzusetzen.

Nach der Unabhängigkeit sah sich das Land mit zahlreichen Problemen konfrontiert: Religiöse, sprachliche und ethnische Gruppen mußten ebenso integriert werden wie über 500 Fürstenstaaten. In den fünfziger Jahren bedrohten vor allem die Forderungen nach einer Neufestlegung der Provinzgrenzen und das Problem einer einheitlichen Landessprache die staatliche Einheit. Gerade im Vergleich zu Sri Lanka und Pakistan zeigt sich deutlich, wie wichtig die Handhabung dieser Fragen für die Bewahrung der staatlichen Einheit gewesen ist.

Seit den fünfziger Jahren forderten verschiedene Gruppen die Neustrukturierung von Provinzen nach Sprachgrenzen, in einigen Fällen sogar einen eigenständigen Staat. Dies wurde aber von der Regierung nach den Erfahrungen der Teilung 1947 abgelehnt. Trotz der anfänglichen Weigerung der Regierung, eine solche Neufestlegung vorzunehmen, ließ der politische Druck dieser Gruppen nicht nach,[12] so daß schließlich bis in die siebziger Jahre hinein in verschiedenen Landesteilen Provinzgrenzen neu festgelegt wurden: Andhra Pradesh, Tamil Nadu, Maharashtra, Gujerat, Nagaland, Punjab, Haryana, Meghalaya, Himachal Pradesh, Manipur und Tripura wurden als neue bzw. veränderte Provinzen zumeist auf der Grundlage der Sprachenzugehörigkeit geschaffen.[13]

Das Problem der Staatssprache führte zu schweren Konflikten zwischen den Vertretern der indo-arischen und dravidischen Sprachgruppen. Die Zentralregierung bemühte sich zunächst, Hindi als einzige offizielle Sprache des Landes

---

12) Vgl. zur Entwicklung in Andhra Pradesh, D.Bernstorff, "Region and Nation: The Telengana Movement's Dual Identity", in: D.Taylor/M.Yapp (eds.), *Political Identity in South Asia*, London 1979, S. 138-150; in Tamil Nadu, D.Hellmann-Rajanayagam, *Tamil. Sprache als politisches Symbol*, Wiesbaden 1984.

13) Vgl. P.R.Brass, a.a.O., 1991, S. 170-178; U.Phadnis, *Ethnicity and Nation-Building in South Asia*, New Delhi 1989a, S. 89-92.

einzuführen. Dieser Versuch stieß vor allem im dravidischsprachigen Südindien auf heftigen Widerstand. In Tamil Nadu forderte die Dravida Munnetra Kazhagam (DMK) sogar einen eigenen unabhängigen Staat für alle tamilsprechenden Gruppen.[14] Nach langen Verhandlungen wurde 1967 schließlich ein bis heute gültiger Drei-Sprachen-Kompromiß gefunden, der den unterschiedlichen Interessen und Forderungen Rechnung trug. Er ermöglichte es, Hindi, Englisch sowie die jeweilige Regionalsprache für verschiedene Bereiche zu benutzen.[15]

Es ist vor allem dem geschickten Taktieren der politischen Führung zu verdanken, daß während dieser Phase die Einheit des Landes bewahrt und zugleich die Ansprüche der einzelnen Gruppen befriedigt werden konnten.[16] Die Sprachenpolitik und die Reorganisation der Grenzen haben die Bundesstaaten zu weitgehend sprachlichen und kulturellen Einheiten gemacht, wobei in den einzelnen Staaten selbst sprachliche Minderheiten unterdrückt wurden.[17] Das indische Beispiel zeigt die Möglichkeiten und Vorteile eines föderalen Systems: Zentralistischen Tendenzen zur Bewahrung der staatlichen Einheit stehen große politische Handlungsspielräume gegenüber, um auf die Forderungen sub-nationaler Gruppen flexibel reagieren zu können.

Indien als säkularer Staat

Die Ausschreitungen zwischen den Religionsgruppen während der Teilung 1947 wurden zum Trauma für den neu gegründeten indischen Staat. Die seit Ende des 19.Jahrhunderts schwelenden kommunalistischen Unruhen und die Gefahren dieser religiösen Mobilisierung gaben den Ausschlag für die Festschreibung der säkularen Staatsidee. Im Gegensatz zu Pakistan sah sich Indien ausdrücklich als säkularer Staat, in dem alle Religionsgemeinschaften gleichberechtigt nebeneinander existieren sollten. Vor allem Nehru warnte immer wieder vor einer möglichen politischen Mobilisierung des Hinduismus. Im Hindu-Nationalismus sah er eine Version des Faschismus, der ein friedliches Miteinander der Religionen unmöglich machen würde. Dieser säkulare Konsens blieb bis Anfang der achtziger Jahre bestehen. Dadurch konnte eine religiöse Mobilisierung verhindert und die Gefahr eines möglichen religiösen Separatismus eingedämmt werden.

---

14)   Vgl. D.Hellmann-Rajanayagam, a.a.O., 1984, S. 137-139.
15)   Vgl. P.R.Brass, a.a.O., 1991, S. 143-145; U.Phadnis 1989a, S. 93/94.
16)   Vgl. P.R.Brass, a.a.O., 1991, S. 149-152.
17)   Vgl. P.R.Brass, a.a.O., 1991, S. 152ff.

Der Konflikt mit den Sikhs,[18] die Diskussionen mit den Muslimen um den Fall
Shah Bano und der Streit um den Tempel/Moscheenkomplex in Ayodhya haben
in den achtziger Jahren zu einem Erstarken des Hindu-Nationalismus geführt. Er
fordert vor allem die bisherige Konzeption des Säkularismus heraus, wie sie von
der Kongreßpartei vertreten wird. Sie soll durch eine eigene indische, d.h. hindu-
istische Konzeption von Säkularismus ersetzt werden. Die Vertreter hindu-nationalistischer Gruppen wollen Indien zu einer Nation der Hindus machen, die von
der hinduistischen Idee der Toleranz geprägt wird. Diese Toleranz bedeutet aber
in ihren Augen absolute Gleichheit und kennt deshalb keinen Platz für die Privilegien religiöser Minderheiten. Diesen bleibt deshalb nur die Wahl, sich diesem
hinduistischen Kultur-Nationalismus zu unterwerfen und ihre Identität zu verlieren oder als Bürger zweiter Klasse in einem solchen Hindu-Staat zu leben.
Säkularismus bedeutet für die hindu-nationalistischen Gruppen nicht Schutz
religiöser Minderheiten, sondern gleiche Rechte für alle Religionen. In den
Privilegien der religiösen Minderheiten sehen sie deshalb eine Benachteiligung
der Mehrheit der Hindus. Ihr Slogan der "verwöhnten und gehätschelten Minderheiten" ist einerseits eine politische Kampfansage an die Kongreßpartei und
ihre bisherige Politik gegenüber den Minderheiten. Auf der anderen Seite läßt er
erahnen, welche Stellung die Minderheiten in einer Hindu-Nation einnehmen
werden.

Die Kongreßpartei versuchte dieser Herausforderung zu begegnen. Nach ihrer
Wiederwahl 1980 begann Indira Gandhi immer stärker religiöse und politische
Fragen miteinander zu verbinden. Sie setzte sich zunehmend für die religiösen
Anliegen der Hindus ein und wich damit von der säkularen Staatskonzeption
ihres Vaters Nehru ab. Dadurch schreckte sie aber zugleich die Minderheiten ab,
die bislang als loyale Anhänger des Kongreß galten. Welche Verbreitung mittlerweile die hindu-nationalistische Propaganda erreicht hat, zeigen die politischen Erfolge der Bharatiya Janata Party (BJP). Bei den Wahlen 1984 erreichte
sie 2 Sitze im Parlament. 1988 waren es bereits 88, und bei der Wahl von 1991
wurde sie mit 119 Sitzen zur zweitstärksten Partei des Landes. Es bleibt abzuwarten, inwieweit die Zerstörung der Moschee in Ayodhya im Dezember 1992 der
bisherigen säkularen Staatskonzeption einen irreparablen Schaden zugefügt hat.

---

18) Vgl. zur Entwicklung im Punjab, P.R.Brass, "The Punjab Crisis and the
     Unity of India", in: A.Kohli (ed.), *India's Democracy*, Princeton 1988,
     S. 169-213; M.Stukenberg, *Der Sikh-Konflikt. Genese, Dynamik und Eskala-
     tion*, Freiburg 1993 (im Druck).

Die größte Demokratie der Welt

Die indische Demokratie hat sich bislang durch eine bemerkenswerte politische Stabilität ausgezeichnet. Angesichts der ungeheuren Vielfalt von religiösen, sprachlichen und ethnischen Gruppen und Stämmen kann die Indische Union heute als letztes "Vielvölkerimperium" der Staatenwelt bezeichnet werden. Diese Stabilität trotz Vielfalt und Zersplitterung ist verschiedentlich beschrieben worden. Rudolph/Hoeber Rudolph haben den "persistent centrism"[19] als wichtigstes Merkmal des politischen Systems und seiner Stabilität bezeichnet. Diesen Zentrismus konnte die Kongreßpartei durch ihre landesweite Organisation, durch ihre Verpflichtung auf Säkularismus, Sozialismus und Demokratie und durch ihre pluralistische Basis, die ein weites und oft widersprüchliches Spektrum von Klassen, Interessen und Gemeinschaften abdeckte, sicherstellen. Merkmale dieses zur Mitte hin orientierten politischen Systems sind u.a. die Schwäche einer an Klassen orientierten Politik, die Fragmentierung der religiösen Mehrheit sowie politische Stärke und Einflußnahme religiöser und sozialer Minderheiten.

In der starken sozialen Zerklüftung Indiens hat Betz einen "Stabilitätsfaktor ersten Ranges"[20] ausgemacht, der die regierenden Parteien immer zu einer Politik der Mitte zwang. Auch er sieht in den wenig ausgeprägten Klassenkonflikten, in der fehlenden Mobilisierung der religiösen Mehrheit und in der Loyalität der Minderheiten zum Kongreß stabilisierende Faktoren der indischen Demokratie.

Neben diesen Punkten hat Rösel die Neuordnung der Provinzen und die Politik der "Volkssprachlichkeit" als stabilisierende Elemente des politischen Systems hervorgehoben. Daneben hat es die politische Führung des Kongreß aber auch verstanden, ursprünglich europäische Ideen - wie Sozialismus und Säkularismus - an die indischen Verhältnisse anzupassen und diese mit hinduistischen Wertvorstellungen, z.B. die der Toleranz und des gerechten Herrschers, zu verbinden.[21] Trotz eines vollkommen anderen historischen und kulturellen Hintergrunds konnte ein demokratisches System dadurch in Indien auf eine breite Basis gestellt werden.

---

19) L.I.Rudolph/S.Hoeber Rudolph, *In Pursuit of Lakshmi. The Political Economy of the Indian State*, Chicago 1987, S. 19.

20) J.Betz, "Indische Demokratie", in: R.Tetzlaff (Hrsg.), *Perspektiven der Demokratisierung in Entwicklungsländern*, Hamburg 1992, S. 61.

21) Vgl. J.Rösel, "Indien - Die demokratischen Erfahrungen eines Subkontinents", in: H.Weiland/H.Oberreuter (Hrsg.), *Demokratie und Partizipation in Entwicklungsländern*, Freiburg 1993 (im Druck).

Wenngleich immer wieder Zweifel und Kritik an der indischen Demokratie laut werden, z.B. in Fragen der innerparteilichen Demokratie, so muß man der größten Demokratie der Welt dennoch eine hohe Funktionsfähigkeit bescheinigen.[22] 1977, 1980, 1989 und 1991 fanden Regierungswechsel auf nationaler Ebene statt, und auch in den Bundesstaaten funktioniert das demokratische System. Regionalparteien, die z.T. aus sub-nationalen Bewegungen hervorgegangen sind, wie z.b. die DMK in Tamil Nadu und die Telugu Desam in Andhra Pradesh, haben sich gegen die anfängliche Dominanz des Kongreß behauptet und wurden zur wichtigsten politischen Kraft in ihrem Staat. Aber auch andere Oppositionsparteien konnten in den Bundesstaaten immer wieder erdrutschartige Wahlsiege über die regierenden Parteien erringen. Auf nationaler Ebene war der politische Alleinvertretungsanspruch des Kongreß lange Zeit unangefochten, doch zeichnet sich auch hier ein Wandel ab. Bei der letzten Wahl 1991 stellte der Kongreß in 493 von 511 Wahlkreisen Kandidaten. Die seit 1980 existierende hindu-nationalistische BJP war imstande, in immerhin 479 Wahlkreisen Kandidaten zu nominieren, und konnte sich somit auch auf nationaler Ebene als Alternative zum Kongreß präsentieren.

Das demokratische System bot sub-nationalen Gruppierungen und Parteien ein Forum, in dem sie ihre Anhänger mobilisieren und Regierungsmacht übernehmen konnten. Wenn auch diese sub-nationalen Bewegungen nie die Chance auf nationale Mehrheiten hatten, so waren sie doch imstande, im regionalen Rahmen Wahlen zu gewinnen. Sie konnten dadurch in das politische System integriert und als regierende Regionalparteien an der Macht beteiligt werden. Die Regierungsmacht bot zugleich die Möglichkeit, die Patronagechancen erheblich auszuweiten und Arbeitsplätze und Ausbildungsmöglichkeiten verstärkt an die Anhänger der eigenen Partei oder Bewegung zu vergeben. Damit konnten die Ursachen, die einstmals zur Entstehung einer sub-nationalen Bewegung geführt hatten, nämlich Mißstände im sozioökonomischen Bereich, weitgehend beseitigt werden. Separatistische Ideen verschwanden in der Folgezeit deshalb zumeist in der Versenkung.[23]

---

22) Ein eindrucksvolles Beispiel für die Funktionsfähigkeit des politischen Systems, D.Butler/A.Lahiri/P.Roy, *India Decides. Elections 1952-1991*, New Delhi 1991.
23) Vgl. J.Das Gupta, "Ethnicity, Democracy, and Development in India: Assam in a General Perspective", in: A.Kohli (ed.), *India's Democracy*, Princeton 1988, S. 144-168.

Pakistan

Daß die Idee eines eigenen muslimischen Staates in Südasien, die 1940 in Lahore erstmals als politische Vision proklamiert wurde, bereits sieben Jahre später Realität werden würde, hätte wohl kein politischer Beobachter damals für möglich gehalten. Jinnah, der Gegenspieler von Gandhi und Nehru auf seiten der Muslimliga, vertrat die Meinung, daß Hindus und Muslime nicht in einem Staat zusammenleben konnten, da sie aufgrund ihrer unterschiedlichen Religion, Sprache und Kultur zwei unabhängige Nationen bilden. Der Name "Pakistan" umriß zugleich die geographischen Grenzen dieser Utopie: Punjab, Afghanistan, Kashmir, Indus, Sind = PAKIS (die Silbe -*tan* bedeutet "Land"). Im Zuge der Unabhängigkeitsverhandlungen wurden dem zukünftigen Staat noch die muslimischen Mehrheitsdistrikte in Bengalen zugeschlagen, so daß 1947 eines der merkwürdigsten Staatengebilde der Neuzeit entstand. Ein einheitlicher, zweigeteilter Staat, dessen westlicher und östlicher Teil mehr als 1500 Kilometer voneinander entfernt waren. Aber nicht nur geographisch fiel der neue Staat aus dem Rahmen.

Der pakistanische Föderalismus

Im Gegensatz zu Indien verstand sich Pakistan als muslimischer Staat. Indien konnte mit seiner Staatskonzeption an westliche Vorbilder anknüpfen, die zugleich zahlreiche Institutionen und Verfahrensregeln bereithielten, um einen modernen Staat aufzubauen und zu verwalten. Die islamischen Staatsvorstellungen blieben aber im Vergleich zu den westlichen Ideen eher vage und widersprüchlich. Sollte der islamische Staat demokratisch oder autoritär, zentralistisch oder föderal sein? Welche Institutionen sollte er haben? Die neue Realität eines politisch zwar geeinten, aber geographisch getrennten Staates brachte, wie in Indien auch, zunächst die Frage auf, wie man auf die innere Zersplitterung reagieren sollte. Zum einen galt es, das Sprachenproblem zu lösen, zum anderen stellte sich die Frage, wie eine angemessene politische Vertretung der verschiedenen Landesteile erfolgen sollte.

Wie in Indien versuchte man zunächst die Einigung des Landes durch eine gemeinsame Staatssprache - das Urdu - zu fördern. Urdu galt als Symbol des islamischen Erbes, wodurch zugleich die nationale Identität des neuen Staates gefördert werden sollte. Allerdings sprachen nur 8 Prozent der Bevölkerung Urdu, die vor allem im Westteil des Landes lebten. Die Ankündigung, Urdu zur alleinigen Staatssprache zu machen, löste bei den Bengalen im Osten massive Proteste und blutige Unruhen aus. Sie stellten die Bevölkerungsmehrheit des

Landes und forderten deshalb Bengali als Staatssprache. Es wurde schließlich ein Kompromiß gefunden, und die Verfassung von 1956 erklärte Urdu und Bengali zu Staatssprachen.[24]

Ein weiteres Problem war die politische Vertretung der verschiedenen Gruppen im neuen Staat. Um einen Ausgleich zwischen den beiden Landesteilen zu erreichen, wurden beide 1955 zu jeweils einer Verwaltungseinheit zusammengefaßt.[25] In der Verfassung von 1956 erhielten beide Landesteile jeweils 50 Prozent der Sitze im Parlament. Da aber 54 Prozent der Bevölkerung im Ostteil lebten, war dieser damit benachteiligt. Die Zusammenlegung des Westteils zu einer Verwaltungseinheit schürte auch dort den Unmut, da die verschiedenen Gruppen um ihre Mitspracherechte fürchteten.[26] Durch diese Konstruktion blieben nahezu alle Kompetenzen bei der Zentralregierung, so daß kein föderales System entstehen konnte. Das Regierungssystem wurde als Ein-Kammer-System konzipiert, so daß die Provinzen oder Landesteile keine eigene politische Interessenvertretung besaßen. Erst die Machtübernahme von General Yahya Khan 1969 führte zu tiefgreifenden Änderungen. Er rückte zum einen von der bisherigen 50-Prozent-Regelung ab und sicherte Wahlen nach dem Prinzip "one man, one vote" zu. Zugleich teilte er den westlichen Landesteil in vier Provinzen auf: Punjab, Sindh, Baluchistan und North-West-Frontier-Province (NWFP).

Nach dem Bürgerkrieg und dem Auseinanderbrechen des geteilten Landes in zwei eigenständige Staaten 1971 erhielt das Land 1973 eine weitere Verfassung. Diese sah ein föderales Regierungssystem mit einem Zwei-Kammer-System vor, so daß den Provinzen ein Mitspracherecht gewährt wurde. Die Kompetenzen bei der Gesetzgebung wurden auf die Zentralregierung und die Provinzen verteilt. Die Zentralregierung konnte aber den Ausnahmezustand über die Provinzen verhängen, wenn sie eine Gefährdung der nationalen Sicherheit sah.[27]

Erneut stellte sich das Problem, verschiedene Bevölkerungsgruppen in den Staat zu integrieren. Auf seiten der Paschtunen, Sindhis und Balutschen herrschten weiterhin starke Vorbehalte gegenüber den Punjabis und ihrem Übergewicht in

---

24) Vgl. S.Bhowmik, "Die Bengali-Sprachbewegung und die Geburt Bangladeshs", in: D.Hellmann-Rajanayagam/D.Rothermund, a.a.O., 1992, S. 69-100.

25) Vgl. K.B.Sayeed, *Politics in Pakistan. The Nature and Direction of Change*, New York 1980, S. 42.

26) Vgl. U.Phadnis, a.a.O., 1989a, S. 104.

27) Vgl. J.Aumüller, *Ethnischer Regionalismus und Islam. Das Problem der politischen Legitimität in Pakistan unter Bhutto und Zia-Ul-Haq*, Berlin 1988, 30-33.

Armee und Bürokratie. Vor allem in Baluchistan und in der NWFP gab es immer wieder Klagen über diese Dominanz und die ökonomische Ausbeutung der eigenen Provinz durch die Zentralregierung.[28] Diese seit 1947 vorhandenen Spannungen ließen immer wieder Forderungen nach einer größeren Provinzautonomie oder gar nach einem eigenen Staat laut werden. Bereits vor und nach der Unabhängigkeit waren Ideen eines "Pakhunistan" oder eines "Groß-Baluchistan" erörtert worden, die nie ganz verstummt waren. Präsident Bhutto war in den siebziger Jahren gewaltsam gegen separatistische Bewegungen in Baluchistan vorgegangen und hatte in der Provinz einen regelrechten Bürgerkrieg entfacht.[29]

Die Machtübernahme durch General Zia-ul-Haq und das Militär 1977 beendete die Frage der politischen Integration des Landes nicht. Zia sah im Militär den Hüter der staatlichen Einheit und des Islams. Die ungleiche ökonomische Entwicklung der Provinzen sah er als Hauptursache separatistischer Bewegungen.[30] Großangelegte Modernisierungsprogramme sollten diese Unterschiede abbauen und die Spannungen verringern. Dieses Vorhaben gelang teilweise, doch ließ die autoritäre Herrschaft Zias kein föderales System zu, so daß neue Spannungen entstanden. In Zusammenhang mit der gegen die Militärherrschaft gerichteten "Movement for the Restoration of Democracy" (MRD) kam es ab 1983 zu schweren Unruhen in der Provinz Sindh. Auslöser waren neben dem Widerstand gegen die Militärs wiederum die ökonomische und politische Diskriminierung, der sich die Sindhis durch die Punjabis ausgesetzt sahen, sowie Konflikte in Karachi zwischen verschiedenen ethnischen Gruppen.[31] Die Rückkehr zur verfassungsgemäßen Ordnung 1988 nach dem Tod Zias hat der föderalen Staatskonzeption erste Erfolge beschert. Im März 1991 konnte Premierminister Nawaz Sharif nach siebzehn Jahren eine Einigung bezüglich der Steueraufteilung zwischen Zentralregierung und Provinzen sowie in der Frage der Aufteilung des Induswassers erzielen.[32]

Der Versuch Pakistans, ohne föderale Elemente eine Nation zu errichten, ist weitgehend gescheitert. Die Teilung 1971 und die immer wieder aufflammenden separatistischen Forderungen in den Provinzen zeigen, daß die dort vorhandenen

---

28) Vgl. U.Phadnis, a.a.O., 1989a, S. 174-185; K.B.Sayeed, a.a.O., 1980, S. 122.
29) Vgl. K.B.Sayeed, a.a.O., 1980, S. 114-121; J.Aumüller, a.a.O., 1988, S. 41/42.
30) Vgl. T.Amin, *Ethno-National Movements of Pakistan*, Islamabad 1988, S. 171/172.
31) Vgl. J.Aumüller, a.a.O., 1988, S. 57.
32) Vgl. R.A.Khan, "Pakistan in 1991", in: *Asian Survey*, 32 (February 1992) 2, S. 199.

Interessen in einem autoritär-zentralistisch regierten Staat kein Gehör fanden. Es wird von der weiteren politischen Entwicklung des Landes abhängen, ob sich ein föderales System auf Dauer etablieren und sich dadurch ein Ausgleich zwischen den Provinzen und der Zentralregierung herstellen läßt.

Säkularismus in Pakistan

Pakistan hat sich von Beginn an nicht als säkularer Staat verstanden. Der Bezug auf die gemeinsame Religion, den Islam, sollte eine pakistanische Nation jenseits der sprachlichen, kulturellen und geographischen Unterschiede entstehen lassen. Der Rückgriff auf den Islam brachte aber auch eine Reihe von Problemen mit sich. Im neuen Staat standen sich zwei große islamische Strömungen gegenüber. Zum einen jene politische Denkrichtung, die im Umfeld der Universität von Aligarh entstanden war. Sie vertrat einen liberalen und reformierten Islam, der den modernen politischen, sozialen und wirtschaftlichen Gegebenheiten und der Vielfalt der ethnischen Gruppen gerecht werden wollte. Damit verbunden war eine Öffnung gegenüber dem Westen mit seinen politischen Ideen und technologischen Herausforderungen. Für die Anhänger dieser Richtung war der Islam durchaus mit der westlichen Idee eines Nationalstaates oder mit einer parlamentarischen Demokratie vereinbar. Die zweite große Strömung hatte ihr intellektuelles Zentrum im theologischen Seminar der nordindischen Stadt Deoband. Dort herrschte eine eher konservative Haltung, die in der Autorität der Mullahs die Hauptstütze des Islams sah. Die Muslime wurden als eine große weltumspannende Gemeinschaft gesehen, deren Zusammengehörigkeit sich allein aus dem Islam herleitete, so daß die Idee eines eigenen muslimischen Staates eher auf Ablehnung stieß.[33]

Auffallend ist, wie gering der Einfluß der Religion im Staat lange Zeit blieb. Der Islam wurde zwar in der Verfassung verankert, doch erfolgten unter den zivilen und militärischen Regierungen so gut wie keine Maßnahmen, um Pakistan in einen islamischen Staat umzuwandeln. Im politischen Alltag zeigte sich rasch, daß es der Islam nicht vermochte, die verschiedenen sub-nationalen Identitäten zurückzudrängen. Die regionalen Differenzen zwischen den Provinzen und Volksgruppen, die von allen gefürchtete Dominanz der Punjabis erwiesen sich als Hindernisse, die nicht durch die Religion überwunden werden konnten.

Bhutto propagierte nach seinem Amtsantritt 1972 einen "Islamischen Sozialismus". Die Verfassung von 1973 erklärte den Islam zur Staatsreligion, und alle Gesetze sollten mit dem Koran und der Sunna in Einklang stehen. Mit der Äch-

---

33) Vgl. V.M.Hewitt, *The International Politics of South Asia*, Manchester 1992, S. 108-110.

tung der Ahmadi-Sekte 1974 versuchte Bhutto die religiösen Parteien für sich zu gewinnen. Die Einführung von Religion als Schulfach und Erleichterungen für die Pilgerfahrt nach Mekka waren weitere Ansätze, den Islam stärker im öffentlichen Leben zu verankern.

Aber erst mit der Machtübernahme von General Zia 1977 begann eine umfassende Islamisierung des Landes, die von den religiösen Parteien begrüßt und teilweise unterstützt wurde. Sein Islamisierungsprogramm veränderte die Rechtsprechung, das politische System, die Wirtschaft, die Außenpolitik, das Erziehungswesen und die Rechte der Frauen nach religiösen Grundsätzen.[34] Zias Versuch, die Legitimation seiner Militärherrschaft durch diese Programme zu stärken, scheiterte jedoch. An dem Referendum 1984 über die Fortsetzung dieser Programme und seiner Herrschaft beteiligten sich weniger als 25 Prozent der Wahlberechtigten.[35] Die Umsetzung einer islamischen Wirtschaftspolitik führt aber immer wieder zu Problemen. Ein Urteil des "Federal Shariat Court" erklärte 1992 alle Verordnungen, die in Verbindung mit Zinsen standen, für unislamisch und löste dadurch eine beträchtliche Unruhe in der Politik und Wirtschaft aus.[36]

Das demokratische Experiment in Pakistan

Pakistan hatte von Beginn an mit dem Problem instabiler Regierungen zu kämpfen: "During 1950-58, Pakistan had seven prime ministers and one commander-in-chief, whereas India had one prime minister and several commanders-in-chief."[37] In Pakistan fehlten eine das ganze Land umfassende Partei, wie der Kongreß in Indien, sowie Politiker von der Persönlichkeit Nehrus. Die Muslimliga konnte in Pakistan nicht die Rolle des Kongreß in Indien übernehmen. Zum einen hatte sie in dem neuen Land keine ausreichende soziale Basis, sowohl in bezug auf die Wähler als auch in bezug auf die Rekrutierung lokaler und regionaler Führer der verschiedenen religiösen und ethnischen Gruppen. Zum anderen verfügten die Nachfolger Jinnahs - der bereits 1948 starb - nicht über sein Charisma und vermochten es nicht, sich eine zuverlässige und dauerhafte Machtbasis aufzubauen.

---

34) Vgl. J.Malik, *Islamisierung in Pakistan*, Wiesbaden 1988; R.Hassan, "Islamization: An Analysis of Religious, Political and Social Change in Pakistan", in: *Middle East Studies*, 21 (July 1985) 3, S. 263-284.
35) Vgl. U.Phadnis, a.a.O., 1989a, S. 103.
36) Vgl. R.A.Khan, "Pakistan in 1992", in: *Asian Survey*, 33 (February 1993) 2, S. 134.
37) K.B.Sayeed, a.a.O., 1980, S. 32.

Die politische Geschichte des jungen Staates wurde deshalb zunächst von den
Rivalitäten zwischen den verschiedenen regionalen Eliten geprägt. Die aus
Indien geflüchteten Muslime, die *mohajirs*, siedelten sich vor allem in den großen
Städten an und hatten dort ihre Hochburgen. Ihnen standen die alteingesessenen
Großgrundbesitzer sowie die religiösen und ethnischen Führer gegenüber. Im
Westen stellten die Punjabis die größte Gruppe, die in der Verwaltung und Ar-
mee überproportional vertreten waren. Daneben forderten die Bengalen als
stärkste Gruppe des Landes ein entsprechendes politisches Mitspracherecht im
neuen Staat. Die Angst vor der Übermacht einer bestimmten Gruppe und die
fehlende Integrationsfigur führten immer wieder zu Blockaden im politischen
Prozeß. Die Zeit von 1947 bis 1958 war von beständigen innenpolitischen Auseinandersetzungen zwischen jeweils wechselnden Koalitionen gekennzeichnet.[38]
Zwar wurde 1956 die erste Verfassung verabschiedet, doch kam das Land nicht
zur Ruhe. 1958 putschte General Ayub Khan gegen die zivile Regierung, die dem
Land keine Stabilität geben konnte. Während seiner Zeit entwickelten sich Armee und Bürokratie zum größten Rückhalt des Staates. Zugleich leitete er einen
wirtschaftlichen Entwicklungsprozeß und eine Annäherung an den Westen ein,
die Pakistan zum entwicklungspolitischen Modell werden ließen. Die zweite
Phase der Demokratie unter Bhutto und seiner Pakistan People's Party (PPP)
überstand nur eine Legislaturperiode. 1977 beendete der Putsch von General Zia
das demokratische Experiment. Es dauerte elf Jahre, bis 1988 erneut Wahlen
stattfanden, die die PPP, jetzt unter der Führung von Bhuttos Tochter Benazir,
gewann.

Die Entwicklung zeigt, daß die pakistanische Demokratie noch nicht über die
Stabilität des indischen Systems verfügt. Das Land hat bislang ein breites Spektrum an Regimen durchlaufen, von "one-party dominance, to multi-party, to
military rule, to guided 'basic democracy', to quasi-democratic one-party dominance, to military 'guardianship'".[39] Die Rückkehr zur Demokratie 1988 hat dem
Land erstmals demokratische Kontinuität beschert. Nach den Wahlen von 1990
fand der erste friedliche und verfassungsgemäße Regierungswechsel statt. Mit
der "Islamic Democratic Alliance" und der "People's Democratic Alliance" stehen
sich zwei Koalitionen gegenüber, die in den wichtigsten politischen Fragen wie
Demokratie, Wirtschaftspolitik und Außenpolitik ähnliche Ansichten vertreten.[40]
Die Zeichen für einen Fortbestand der pakistanischen Demokratie stehen somit
günstig.

---

38) Vgl. L.Rose, "Pakistan: Experiments with Democracy", in: L.Diamond/
     J.J.Linz/S.M.Lipset (eds.), *Democracy in Asia*, New Delhi 1989, S. 109-114.
39) Zit. nach U.Phadnis, 1989a, S. 73.
40) Vgl. R.A.Khan, a.a.O., 1992, S. 198/199.

Sri Lanka

Im Gegensatz zu Indien und Pakistan verlief die Unabhängigkeit Sri Lankas 1948 friedlich. Keine Flüchtlingsströme, keine blutigen Unruhen, keine Theorien über die Zugehörigkeit von Religionsgruppen konkurrierten im neuen Staat. Eine kleine, westlich orientierte Elite übernahm das Land von den Kolonialherren. Darüber hinaus war bereits 1931 mit der Donoughmore-Verfassung das allgemeine Wahlrecht eingeführt worden, so daß sich erste demokratische Strukturen gebildet hatten.

Sri Lanka verfügte nur über drei Volksgruppen, Singhalesen, Tamilen und Muslime, und nur über zwei Sprachen, Sinhala und Tamil, die es in den neuen Staat zu integrieren galt. Neben der ca. siebzigprozentigen singhalesischen Bevölkerungsmehrheit mit überwiegend buddhistischem Glauben stellen die vorwiegend hinduistischen Sri Lanka-Tamilen mit ca. 11 Prozent die zweitgrößte Gruppe. Daneben leben vor allem im Hochland der Insel die sog. "indischen Tamilen", die im 19. Jahrhundert aus Südindien eingewandert waren und Arbeit im Plantagensektor des Landes gefunden hatten. Ihr Bevölkerungsanteil liegt bei ca. 10-11 Prozent. Die muslimische Minderheit umfaßte einen Anteil von ca. 7 Prozent. Von der Ausgangsbasis her schien Sri Lanka die beste Position gehabt zu haben, um den Konflikt zwischen Nationalbewußtsein und separatistischen Bestrebungen zu vermeiden.

Föderalismus und Sprachenfrage

Wie in den anderen Ländern so stand auch in Sri Lanka am Anfang die Frage der Landessprache im Mittelpunkt der politischen Auseinandersetzungen. Bei den Verhandlungen zur Unabhängigkeit brachte der spätere Regierungschef Senanayake das Problem bereits 1944 auf den Punkt: "The essential task is to build up a nation, and build up a nation not with one language but with two."[41] 1946 wurde gefordert, daß ab 1957 die Beamten zweisprachig ausgebildet sein und daß beide Sprachen an den Oberschulen des Landes unterrichtet werden sollten. Es bestand somit zunächst ein allgemeiner Konsens, an der Politik der Zweisprachigkeit festzuhalten.

Spannungen in der seit 1947 regierenden United National Party (UNP) führten 1951 zu einer folgenschweren Abspaltung. Unter der Führung von Bandaranaike entstand die Sri Lanka Freedom Party (SLFP), die sich - im Gegensatz zur UNP

---

41) Zit. n. S. Ponnambalam, *Sri Lanka: The National Question and the Tamil Liberation Struggle*, London 1983, S. 95.

- als Vertreterin der singhalesischen Massen verstand. Vor allem der buddhistische Klerus unterstützte die Partei und mobilisierte die Wähler in den ländlichen
Regionen. Der wachsende Einfluß der Buddhisten innerhalb der SLFP führte
dazu, daß die Partei im Vorfeld der Wahlen von 1956 von der beschlossenen
Zwei-Sprachen-Regelung abrückte, die 1945 noch von Bandaranaike unterstützt
worden war. Sie forderte nun "Sinhala only" und versprach, Sinhala innerhalb von
"48 Stunden" nach der Wahl einzuführen. Nach ihrem Wahlsieg wurde Sinhala
1956 per Gesetz zur einzigen Sprache des Landes gemacht.[42] Bei den Beratun-
gen im Parlament brachte ein Abgeordneter des Tamil Congress die Folgen
dieser Regelung auf die kurze Formel: "One language, two countries; two lan-
guages, one country."[43]

Nach Unruhen in den tamilischen Gebieten wurde 1957 mit dem "Bandara-
naike-Chelvanayakam-Pakt" ein Abkommen zur Regelung der Sprachenfrage
vereinbart. Da aber das Abkommen sowohl bei den Tamilen als auch in der
SLFP umstritten war, wurden keine Anstrengungen zu seiner Umsetzung unternommen. Erst 1965 wurde, diesmal von seiten der UNP, der "Scnanayake-
Chelvanayakam-Pakt" vereinbart, der den Tamilen Zugeständnisse in bezug auf
die Sprachenfrage und die regionale Selbstverwaltung machte. 1966 wurden
entsprechende gesetzliche Regelungen verabschiedet, doch hielt sich auch die
UNP-Regierung nicht an die getroffenen Absprachen. 1972 bot sich mit der
neuen Verfassung des Landes eine weitere Möglichkeit, den schwelenden Konflikt zu lösen. Die Verfassung betonte die Einheit des Landes und sicherte die
Grundrechte, die jedoch im Interesse der nationalen Einheit und Integrität
eingeschränkt werden konnten.[44] Regelungen über eine mögliche Provinzautonomie oder weitere Zugeständnisse bei der Sprachenfrage wurden hingegen
nicht gemacht - Sinhala blieb offiziell die einzige Sprache des Landes.

Seit 1947 waren somit alle Regelungen gescheitert, die für die Tamilen Zugeständnisse bei der Sprache oder Provinzautonomie erreichen wollten, so daß eine
zunehmende Radikalisierung auf tamilischer Seite einsetzte. 1975 erhoben die
tamilischen Parteien die Forderung nach einem eigenen Staat, 1976 schlossen
sich die wichtigsten politischen Gruppierungen zur "Tamil United Liberation
Front" (TULF) zusammen. Bei den Wahlen 1977 konnte die TULF mit der
Forderung nach einem eigenen Staat in den tamilischen Gebieten einen großen

---

42)   Vgl. U.Phadnis, "Sri Lanka: Crises of Legitimacy and Integration", in:
      L.Diamond/J.J.Linz/S.M.Lipset (eds.), *Democracy in Asia*, New Delhi
      1989b, S. 147-149.
43)   Zit. n. S.Ponnambalam, a.a.O., 1983, S. 101.
44)   Vgl. J.A.Wilson, *The Break-Up of Sri Lanka. The Sinhalese-Tamil Conflict*,
      Honolulu 1988, S. 50.

Wahlsieg erringen. Trotz dieses Mandats wurde die TULF zunehmend politisch machtloser. Seit Ende der siebziger Jahre entstanden verschiedene Guerillagruppen, die die Idee eines tamilischen Staates gewaltsam durchsetzen wollten. Der beständige Kleinkrieg zwischen singhalesischer Armee und tamilischen Guerillas eskalierte nach dem Pogrom gegen die Tamilen 1983 in Colombo zum blutigen Bürgerkrieg. Auf seiten der verschiedenen tamilischen Guerillagruppen gingen dabei die "Liberation Tigers of Tamil Eelam" (LTTE) als stärkste Kraft hervor.

Trotz des blutigen Krieges leitete die UNP-Regierung Schritte zur Dezentralisierung des Landes ein. Die Verfassung von 1978 teilte das Land in Provinzen und Distrikte ein, deren Gremien, soweit dies im Bürgerkrieg möglich war, gewählt wurden. Zwar gibt es heute politische Regelungen für die Sprachenfrage und eine mögliche Provinzautonomie, doch ist ein politischer Kompromiß mit den Tamilen nicht mehr möglich. Die kompromißbereite alte politische Elite der Tamilen ist von den Guerillas ermordet oder entmachtet worden. Die LTTE, die sich dem Kampf um einen eigenen Staat verschrieben hat, ist heute die stärkste und mächtigste tamilische Gruppe. Da eine politische Lösung nicht in Sicht ist und es bei den militärischen Auseinandersetzungen keine Sieger gibt, scheint die Einheit des Landes endgültig zerbrochen zu sein.

Buddhismus und säkularer Staat in Sri Lanka

Ceylon hat sich seit seiner Unabhängigkeit als säkularer Staat verstanden. Daran änderte sich bis zur Verfassung von 1972 offiziell nichts. Allerdings wurde seit der 2500-Jahr-Feier zu Ehren Buddhas 1954 der Einfluß der buddhistischen Mönche auf die Politik zunehmend stärker.[45] Buddhistische Organisationen wiesen immer wieder darauf hin, daß die Singhalesen im Vergleich zu den Tamilen in verschiedenen Bereichen benachteiligt seien. Sie konstatierten z.B. im Bereich der höheren Bildung einen Anteil an tamilischen Studenten, der deutlich über ihrem Bevölkerungsanteil lag.

Die Verfassungen von 1972 und 1978 erhoben den Buddhismus in den Rang einer Staatsreligion. Sri Lanka wurde zwar dadurch nicht zum theokratischen Staat, wie es buddhistische Gruppen gefordert hatten, hörte aber auf, ein säkularer Staat nach westlichem Vorbild zu sein. Dreißig Jahre nach der Unabhängigkeit wurden damit "the land, the race and the faith"[46] zum stärksten Bindeglied

---

45) Vgl. J.A.Wilson, *Politics in Sri Lanka, 1947-1979*, London 1979, S. 16-22.
46) J.A.Wilson, a.a.O., 1988, S. 53.

zwischen dem buddhistischen Klerus und den führenden Politikern der singhalesischen Mehrheitsparteien. Die buddhistische Symbolik und Rhetorik wurde
seitdem immer stärker im politischen Alltag eingesetzt. Führende Politiker legitimierten ihre Politik immer stärker durch den Rückgriff auf die religiösen
Symbole und Rituale des Buddhismus. Auch Entwicklungsprogramme wurden in
zunehmenden Maß mit buddhistischer Symbolik besetzt.[47] Der Buddhismus ließ
aber den Minderheiten keinen Platz. Er beanspruchte im Namen der heiligen
Lehre die ganze Insel und diente zur Rechtfertigung von Umsiedlungsprogram-
men in die tamilischen Gebiete und zur Diskriminierung der Minderheiten.

Es verwundert nicht, daß die Tamilen ebenfalls einen eigenen Nationalismus
entwickelten, der sich im wesentlichen auf die Sprache und Kultur stützte.[48] Dem
buddhistischen Ideal, das Sri Lanka als geheiligtes Land der Buddhisten sah,
konnten die Tamilen damit eigene Vorstellungen über einen eigenen Staat
entgegensetzen. Der buddhistisch beeinflußte singhalesische Nationalismus legitimierte den Hegemonieanspruch der Singhalesen und untergrub dadurch die ursprünglich säkulare Staatsidee.

Demokratie in Sri Lanka

Sri Lanka galt lange als entwicklungspolitisches Vorbild. Hohe Lebenserwartung,
niedrige Kindersterblichkeit und andere günstige soziale Rahmendaten galten im
internationalen Vergleich als vorbildhaft. Auch politisch galt die Insel als Mu-
sterfall einer "Dritte-Welt-Demokratie".[49] Seit 1947 haben regelmäßig Wahlen
stattgefunden. Die Regierung wurde abwechselnd von einer der beiden großen
singhalesischen Parteien, der UNP oder SLFP, gestellt. Wenn man aber die
Situation der Minderheiten und ihre Mitspracherechte betrachtet, dann ergibt
sich ein differenzierteres Bild der ceylonesischen Demokratie.

Die gleichberechtigte politische Integration aller Bevölkerungsgruppen in den
neuen Staat wurde nicht angestrebt. Den indischen Tamilen wurde 1948/49 per
Gesetz die Staatsbürgerschaft und damit die politischen Rechte entzogen, wobei
auch die Sri Lanka-Tamilen für diese Regelung votierten. Die Muslime waren

---

47)   Vgl. J.Rösel, *Der singhalesische Nationalismus und die Aufstandsbewegung
      der Tamilen. Entstehung und Grundlagen eines regionalen ethnischen Kon-
      flikts*, Freiburg (im Druck).
48)   Vgl. D.Hellmann-Rajanayagam, "Tamilen, Tamilsprache und Tamilidenti-
      tät = Tamilnationalismus?", in: D.Hellmann-Rajanayagam/D.Rother-
      mund, a.a.O., 1992, S. 127-156.
49)   U.Phadnis, a.a.O., 1989b, S. 143.

lange Zeit so sehr von den singhalesischen Parteien abhängig, daß sie sich jederzeit deren Willen beugen mußten.[50] Das demokratische System bot den Parteien der Sri Lanka-Tamilen zwar ein Forum, ihre Interessen zu vertreten, doch scheint es von seiten der singhalesischen Mehrheitsparteien nie ein ernsthaftes Interesse an einer Lösung der anstehenden Probleme gegeben zu haben.

In einem von einer ethnischen Gruppe dominierten politischen System bot die Demokratie keine Möglichkeit, den Minderheiten ausreichende Mitspracherechte zu sichern. Anders als in Indien wurden tamilische Regionalparteien nicht auf Dauer in das politische System integriert. Sie wurden zwar geduldet, konnten aber keine wesentlichen Zugeständnisse, z.b. in Fragen der Dezentralisierung, erreichen. Ein politischer Kompromiß mit demokratischer Legitimation wäre sicherlich möglich und durchsetzbar gewesen. Die singhalesischen Mehrheitsparteien haben diese Möglichkeiten jedoch versäumt, so daß die demokratische Kultur des Landes dem Streit der Eliten zum Opfer fiel. Die gegenwärtige Radikalisierung und Militarisierung des Konfliktes machen eine friedliche und demokratische Lösung vorerst unmöglich. Ob und wie die Insel jemals wieder an ihre demokratischen Traditionen anknüpfen kann, erscheint heute zweifelhaft.

Nationalbewußtsein und Separatismus: Ein Fazit

Dieser kurze Abriß über die Versuche des *nation building* und der Politik gegenüber sub-nationalen Gemeinschaften macht deutlich, daß die staatliche Einheit in den drei Ländern auch vierzig Jahre nach der Unabhängigkeit noch längst nicht gewährleistet ist. Es zeigt sich, daß Indien den Konflikt zwischen staatlicher Einheit und separatistischen Ambitionen über lange Zeit hinweg am besten bewältigt hat. Dies erstaunt um so mehr, als Indien angesichts seiner Größe und Vielzahl an sprachlichen, religiösen und ethnischen Gemeinschaften sicherlich die schwierigsten Voraussetzungen hatte. Wenn die Zersplitterung des Landes bislang ein Garant für seine Stabilität war, dann war das Festhalten am demokratischen System, mit Ausnahme der Zeit von 1975 bis 1977, an der föderalen und säkularen Staatskonzeption der institutionelle Rahmen, mit dem man den separatistischen Ambitionen sub-nationaler Bewegungen begegnen und sie zugleich kontrollieren und integrieren konnte.

Mittlerweile stößt aber das indische Modell an seine Grenzen. Die Zerstörung der Moschee in Ayodhya hat der Idee des säkularen Staates schweren Schaden zugefügt. Der aufkeimende Hindu-Nationalismus fordert auf den ersten Blick nur den Säkularismus heraus. Doch die enge Verbindung zwischen demokratischem System, säkularer Staatskonzeption und föderalen Strukturen wird dazu

---

50) C.Wagner, *Die Muslime Sri Lankas*, Freiburg 1989.

führen, das gesamte bestehende politische System in Frage zu stellen, mit zugleich unabwägbaren regionalen und internationalen Konsequenzen. Die zunehmende Agitation hindu-nationalistischer Gruppen bestärkt zugleich sub-nationale Bewegungen in ihrer Furcht vor einer Dominanz der Hindus und in ihren Forderungen nach mehr Autonomie oder nach einem unabhängigen Staat. Im Punjab, Jammu und Kaschmir und in Assam sind neue Konflikte mit sub-nationalen Gruppen entstanden, bei denen eine Verhandlungslösung kaum noch vorstellbar erscheint.

Das pakistanische Beispiel zeigt, daß die Religion als Grundlage allein nicht ausreicht, um eine Nation zu errichten. Die vorhandenen sub-nationalen Identitätsentwürfe der Balutschen, Paschtunen und im Sindh konnten weder durch wirtschaftliche Modernisierungsprozesse noch durch Islamisierungsprogramme zurückgedrängt oder gar aufgehoben werden. Auch hier zeigt sich, daß wirtschaftliche Entwicklungsprozesse und die damit einhergehenden sozioökonomischen Umwälzungen solche Bewegungen eher fördern als verhindern. Pakistan verfügt bislang noch nicht über den institutionellen Rahmen und die Möglichkeiten, um einen dauerhaften Ausgleich zwischen den verschiedenen Gruppen und Regionen herzustellen. Es bleibt abzuwarten, ob sich das demokratische und föderale System stabilisieren kann. Dadurch könnte auf Dauer auch die Armee, die sich bislang als Hüter der staatlichen Einheit sieht, aus der politischen Arena zurückgedrängt werden.

Die Entwicklung in Sri Lanka erweist sich als Beispiel dafür, wie günstige Ausgangschancen im politischen Wettstreit der Parteien verspielt werden können. Trotz säkularer und demokratischer Traditionen wurden den Minderheiten nie Autonomierechte zugestanden. Durch die Dominanz einer ethnischen Gruppe und den religiös inspirierten Nationalismus dieser Mehrheit konnte das demokratische System nicht den Ausgleich zwischen den verschiedenen ethnischen Gruppen herstellen, der in Indien durch die Regionalparteien erzielt werden konnte. Die Mehrheitsverhältnisse und die beiden konkurrierenden singhalesischen Mehrheitsparteien haben solche Zugeständnisse eher verhindert als gefördert. Auch die säkulare Tradition des Landes wurde durch die demokratische Konkurrenz immer stärker zurückgedrängt. Die Einheit des Landes - oberster Verfassungsgrundsatz - wurde dadurch auf Dauer verspielt.

Die Spannungen zwischen nationalem Anspruch und sub-nationalen Forderungen werden auch in den nächsten Jahren das beherrschende innenpolitische Thema der Länder Südasiens sein. Religiöse, sprachliche und ethnische Gruppen werden ihren wirtschaftlichen, kulturellen und politischen Anteil an der Nation fordern und damit die staatliche Einheit immer wieder neu herausfordern. Die weiter zunehmende Konkurrenz um Arbeitsmöglichkeiten, Bildungschancen und politische Partizipation wird dafür fast zwangsläufig Sorge tragen.

Anderson hat Nationen als "vorgestellte politische Gemeinschaften" charakterisiert. Um diese zu verwirklichen, müssen aber dauerhafte und demokratisch legitimierte Ausgleichs- und Kontrollmechanismen geschaffen werden. Der Versuch, dies ohne Föderalismus, Säkularismus und Demokratie zu erreichen, hat in Pakistan und Sri Lanka nicht die gewünschten Erfolge erzielt. Der indische Weg war bisher - trotz aller Probleme - der erfolgreichste und zeigt zugleich, wie eng diese Mechanismen miteinander verknüpft sind. Die Erfahrungen Südasiens zeigen bislang, daß an einer Umsetzung dieser Punkte kein Weg vorbeizuführen scheint, um den rhetorischen Anspruch der "einen Nation" mit den wirtschaftlichen, sozialen und politischen Realitäten eines Vielvölkerstaates in Einklang zu bringen.

Chancen und Grenzen
regionaler Kooperation in Südasien

Dietmar Rothermund

Das 7. Gipfeltreffen der South Asian Association for Regional Cooperation (SAARC) fand am 10. und 11. April 1993 in Dhaka statt. Es wurde dort eine Erklärung über South Asian Preferential Trade Arrangements (SAPTA) unterzeichnet und die Absicht bekundet, eine gemeinsame Handelskammer für Südasien zu gründen. Die Chancen für die regionale Kooperation in Südasien scheinen daher gut zu sein, doch die Grenzen wurden bei den Verhandlungen in Dhaka auch sichtbar: Pakistan bestand darauf, daß die Zollpräferenzen, die eingeräumt werden sollen, nicht zur Gegenseitigkeit verpflichten. Auch sollte zunächst eine begrenzte Liste von Gütern erstellt werden, für die Zollpräferenzen gewährt werden sollen. Wenn Indien im Rahmen seiner Liberalisierungspolitik Zollschranken abbaut, soll das nicht bedeuten, daß seine Nachbarn das gleiche tun müssen. Pakistan befürchtet nämlich, daß Indien als bedeutendstes Industrieland der Region den größten Nutzen von einem unbehinderten Handel haben würde und die Nachbarn mit seinen Produkten überschwemmen könnte.

Das Beharren auf einem zögerlichen Abbau der Handelsgrenzen kann die pakistanische Regierung befriedigen, die in Dhaka ein Rückzugsgefecht gewonnen hat, aber realistisch ist dieses Beharren nicht, denn die territorialen Grenzen Südasiens sind viel zu porös, als daß man sie auf diese Weise sichern könnte. Nachdem Indien sich entschlossen hat, die Wende vom restriktiven Interventionsstaat zur offenen Marktwirtschaft zu machen, müssen die Nachbarn diese Wende wohl oder übel mitvollziehen. Das hat sich unlängst auch auf dem währungspolitischen Gebiet gezeigt. Nachdem Indien die freie Konvertibilität der Rupie eingeführt hat, ergab sich bald darauf eine Konvergenz der Wechselkurse der indischen und der pakistanischen Währung.

Wirtschaftspolitisch stehen die Chancen für eine regionale Kooperation also gut, Grenzen werden ihr jedoch durch die politische Instabilität der Region gezogen, die sich immer wieder bemerkbar macht. Schon die Tatsache, daß der 7. SAARC-Gipfel nicht, wie zunächst geplant, im Dezember 1992 stattfand, ist ein Zeichen für diese Instabilität. Nach der Zerstörung der Moschee von Ayodhya und den gewalttätigen Ausschreitungen, die ihr folgten, bis hin zu den Bombenexplosionen in Bombay, für die Indien Pakistan verantwortlich macht, war ein Gipfeltreffen zunächst nicht möglich. Daß es dennoch stattfand und sogar zu den genannten Ergebnissen führte, kann bereits wieder als Hoffnungsstrahl betrachtet werden.

SAARC ist durchaus bemerkenswert, weil diese Organisation mehrfache tiefgreifende Machtwechsel in den Mitgliedsstaaten überstanden hat. Das dürfte auch für den jüngsten Wechsel in Pakistan gelten, wo der Premierminister Nawaz Sharif am 18. April, wenige Tage nach seiner Rückkehr vom Gipfeltreffen in Dhaka, vom Präsidenten entlassen wurde. Er hatte sich in Dhaka als Bremser betätigt, aber seine Entlassung stand natürlich in keinem Zusammenhang mit seiner Haltung in Dhaka, sondern setzte einem Machtkampf des Premierministers mit dem Präsidenten ein Ende, bei dem sich der Präsident zunächst einmal als der stärkere Kontrahent erwies. Das Blatt sollte sich freilich bald darauf wieder wenden. Solche innenpolitischen Rivalitäten beeinträchtigen SAARC zumeist nicht, sie erweisen sich höchstens als vorübergehende atmosphärische Störungen.

Die Geschichte der regionalen Kooperation in Südasien

Südasien ist ein Subkontinent, der kulturell, wirtschaftlich und geostrategisch gesehen eine Einheit bildet und daher geradezu zur Kooperation prädestiniert ist. So ist denn auch die SAARC nicht der erste Ansatz zu einer solchen Kooperation. Es hat Vorläufer und Kontaktaufnahmen gegeben, die jedoch immer wieder den politischen Spannungen, insbesondere denen zwischen Indien und Pakistan, zum Opfer fielen. Die erste Initiative war der Colombo-Plan, der am 14. Januar 1950 von einer Außenministerkonferenz aller Commonwealth-Staaten inauguriert wurde. Es ist in diesem Zusammenhang interessant, daß auch SAARC noch wesentliche Merkmale der Commonwealth-Verfahrensregeln übernommen hat, inbesondere die Einstimmigkeit, die Ausklammerung bilateraler Probleme und die Begrenzung der Agenda auf Fragen, die unstrittig sind.

Der Colombo-Plan entsprach dem britischen Bemühen um eine eigenständige Außenpolitik im Zusammenwirken mit den Ex-Kolonien in Unabhängigkeit von den Supermächten. Der heiße Koreakrieg und der Kalte Krieg bereiteten der eigenständigen britischen Politik ein rasches Ende. Eine neue Initiative kam aus Südasien selbst, als der ceylonesische Premierminister Sir John Kotelawala 1953 seine drei Amtskollegen aus Birma, Indien und Pakistan zu einer Konferenz einlud, die dann im April 1954 in Colombo stattfand. Er hatte nur an die südasiatische Kooperation gedacht, doch auf Betreiben Indiens wurde Indonesien eingeladen, das die Colombo-Konferenz zu einer ganz anderen Initiative nutzte: Die Idee der afro-asiatischen Solidarität trat in den Vordergrund. Die Bandung-Konferenz von 1955 ging aus der Colombo-Konferenz hervor. Die südasiatische Kooperation geriet ins Hintertreffen. Sie wurde von den internationalen Problemen in den Schatten gestellt. Die Colombo-Konferenz fand zur gleichen Zeit statt wie die Genfer Indochina-Konferenz. Indiens Vermittlungsbestrebungen in diesem Forum waren den amerikanischen Bemühungen um ein weltweites

Paktsystem, dem sich Pakistan anschloß, diametral entgegengesetzt. So wurde die Colombo-Konferenz kein Auftakt für eine neue Initiative zur regionalen Kooperation, sondern zog einen Schlußstrich unter alle Pläne, die bisher dazu gehegt worden waren.

Ein neuer Silberstreifen am Horizont zeichnete sich ab, als Nehru und Ayub Khan 1960 nach Unterzeichnung des Induswasservertrages in Murree konstruktive Gespräche führten. Zu jener Zeit betrachtete Pakistan die indische Politik der Bündnisfreiheit mit einem gewissen Neid und fragte sich, was es eigentlich von seiner eilfertig vollzogenen Eingliederung in das amerikanische Paktsystem habe. Nehru und Ayub Khan waren auf der Höhe ihrer Macht und brauchten keine Kritik zu fürchten. Doch diese positive Konstellation war sehr kurzlebig. Die Kombination von Kubakrise und chinesischem Grenzkrieg gegen Indien schuf eine völlig neue Situation. Pakistan zog daraus die Konsequenz, sich mit China zu verbünden und einen Entscheidungsschlag gegen Indien vorzubereiten, das sich als Riese mit tönernen Füßen erwiesen hatte. Nach dem Tod Nehrus, der Entmachtung Chruschtschows und der Eskalation des Vietnamkonflikts, der die Aufmerksamkeit der Amerikaner beanspruchte, schien der geeignete Zeitpunkt gekommen zu sein. Doch der Entscheidungsschlag im September 1965 erwies sich für Ayub Khan als Fehlschlag. Bald darauf wurden ihm die Autonomieforderungen Ost-Pakistans präsentiert, und die Entwicklung lief nun unaufhaltsam auf die Befreiung Bangladeshs und die Errichtung einer indischen Hegemonie auf dem Subkontinent hinaus.

Das Treffen von Indira Gandhi und Zulfiqar Ali Bhutto in Simla im Juli 1972 gab dann Anlaß zu neuen Hoffnungen wie zwölf Jahre zuvor das Treffen von Nehru und Ayub Khan. Beide waren auf ihre Weise Gewinner. Indira Gandhi hatte den Krieg gewonnen und Bhutto die Präsidentschaft von (Rest-) Pakistan, die ihm ohne die Sezession Bangladeshs nie zuteil geworden wäre. Auch diese Konstellation erwies sich als kurzlebig. Beide Politiker gerieten in innenpolitische Schwierigkeiten und verloren 1977 die Macht. Doch während Bhutto den Machtverlust mit dem Leben bezahlte, konnte Indira Gandhi 1980 wieder an die Macht kommen. In diesem Kontext ist die neue Initiative zur regionalen Kooperation zu sehen, die von Zia-ur Rahman, dem Präsidenten von Bangladesh, ausging.

Zia-ur Rahmans Initiative von 1980 und der erste SAARC-Gipfel 1985

Zia-ur Rahman, der als junger Offizier die Unabhängigkeit Bangladeshs proklamiert hatte, war aus den Wirren, in die das Land durch die Ermordung des "Vaters der Nation" Mujibur Rahman geraten war, zunächst als Kriegsrechtsadministrator und dann als Präsident hervorgegangen. Er hatte gute Beziehungen zu Pakistan hergestellt, das nun von Zia-ul Haq beherrscht wurde. Die

Rückkehr Indira Gandhis an die Macht ließ es ihm dringend geboten erscheinen, Indien von seiner alten Gewohnheit abzubringen, alle Probleme mit seinen Nachbarn jeweils aus einer Position der Stärke in bilateralen Verhandlungen zu regeln. Deshalb schlug er ein Gipfeltreffen der südasiatischen Regierungschefs vor. Indien merkte die Absicht und war verstimmt. Das Gipfeltreffen ließ daher auf sich warten. Zia-ur Rahman, der 1981 ermordet wurde, konnte es nicht mehr erleben.

Auf indischer Seite kam man inzwischen wohl zu der Erkenntnis, daß sich regionale Hegemonie eher auf dem Wege der Kooperation als auf dem der dauernden Konfrontation bewahren ließ. Der indische Foreign Secretary Ram Sathe setzte sich auf mehreren Vorbereitungstreffen der Staatssekretäre unermüdlich für das Kooperationsabkommen ein, das endlich auf einer Konferenz der Außenminister in Neu-Delhi im August 1983 unterzeichnet wurde. Noch sprach man nur von SARC (South Asian Regional Cooperation), das zweite A (Association) wurde erst auf dem Gipfeltreffen der Regierungschefs im Dezember 1985 hinzugefügt.

Bei diesem ersten Gipfeltreffen in Dhaka war die Regierung von Bangladesh selbst davon überrascht, daß die Chefs sich nicht nur, wie zunächst geplant, jedes zweite Jahr treffen wollten, sondern so viel Gefallen an dem Treffen fanden, daß sie es jährlich abhalten wollten. Der Grund dafür lag wohl weniger in der Agenda, sondern gerade in dem, was nicht auf der Agenda stand und nebenbei diskutiert werden konnte, ohne daß gleich ein Kommuniqué verfaßt werden mußte, wie es sonst bei jedem Treffen von Regierungschefs unvermeidlich ist. Es kommt hinzu, daß die mehr oder weniger demokratischen Prozesse des Machtwechsels in den südasiatischen Staaten bedingen, daß jedes Jahr neue Gesichter in der Runde auftauchen. Mit anderen Worten, SAARC wäre schon ohne Organisation und Agenda begrüßenswert, wenn nur eine jährliche Konsultationspflicht aller Regierungschefs übrigbliebe. Daß man darüber hinaus eine Agenda hat und bereit ist, sie nach und nach zu erweitern, gibt zu weiteren Hoffnungen Anlaß.

Die politische Konstellation von 1985 war für die Gründung der SAARC besonders günstig. Die sowjetische Präsenz in Afghanistan war für Südasien bedrohlich, das wußte man auch in Indien, obwohl man aufgrund der indisch-sowjetischen Freundschaft gute Miene zum bösen Spiel machen mußte. Zia-ul Haq hatte von der Position Pakistans als Frontstaat profitiert und stand auf der Höhe seiner Macht. Rajiv Gandhi hatte im ersten Jahr seiner Regierungszeit ein dynamisches Tempo vorgelegt und stand ebenfalls auf der Höhe seiner Macht. Auch der gastgebende Präsident Ershad hatte Bangladesh zu jener Zeit noch unter seiner Kontrolle. Doch auch diese Konstellation sollte nicht lange währen. Zia wurde 1988 ermordet, Rajiv verlor 1989 die Wahl, und Ershad wurde bald darauf gestürzt. Es ist bemerkenswert, daß selbst unter diesen widrigen Umständen die SAARC-Gipfeltreffen fast jedes Jahr abgehalten wurden. Nur zwischen dem vierten Gipfel 1988 und dem fünften Ende 1990 ergab sich durch die Spannungen zwischen Indien und Pakistan Ende 1989 eine Lücke.

Die neue weltpolitische Konstellation und Südasien

Während die Gründung der SAARC noch unter dem Eindruck der übermächtigen Präsenz der Sowjetunion vor den Toren der Region stand, hat sich das weltpolitische Umfeld inzwischen in geradezu atemberaubender Weise verändert. Dem sowjetischen Rückzug aus Afghanistan folgten wenige Monate später der Fall der Berliner Mauer und zwei Jahre darauf die Auflösung der Sowjetunion. Pakistan verlor seine Frontstaatposition, und Indien, das noch unmittelbar vor der Auflösung der Sowjetunion den Freundschaftsvertrag mit dieser erneuert hatte, verlor einen wichtigen Bezugspunkt seiner Außenpolitik. Der Golfkrieg zeigte eine neue Intensität des amerikanischen Engagements in der Weltpolitik. Saddam Husain, der bisher als säkularer Staatsmann gegolten und auf die sowjetische Freundschaft gebaut hatte, vollzog die Wende zum islamischen Führer und errang damit Sympathien bei den Muslimen von Marokko bis nach Südasien.

Die Wirkung der neuen Weltkonstellation stärkte die regionale Kooperation in Südasien nicht, sondern eröffnete neue Außenperspektiven. Pakistan glaubte, in den Muslimen der früheren Sowjetunion neue Partner zu finden, und Indien schaute nach Südostasien, von dem es bisher kaum Notiz genommen hatte, wenn man von gewissen Sympathien für Vietnam absieht, die sich zuerst durch die freundschaftlichen Beziehungen zwischen Nehru und Ho Chi Minh und dann durch die gemeinsame Freundschaft zur Sowjetunion ergeben hatten. Doch diese Außenperspektiven sind nicht sehr vielversprechend und bieten keinen Ersatz für die regionale Kooperation in Südasien. Als Ergänzung zu einer solchen Kooperation könnten sie jedoch zukunftsweisend sein. Der Einfluß eines kooperativen Südasien könnte dann bis nach Mittel- und Südostasien reichen und ein bedeutender Faktor in einer neuen Weltpolitik sein. Für diese Entwicklung ist es von entscheidender Bedeutung, wie sich das Zusammenleben von Hindus und Muslimen auf dem Subkontinent gestaltet.

Die regionale Kooperation und die Zukunft der Muslime

SAARC ist nicht zuletzt deshalb wichtig, weil in diesem Rahmen die zwei größten islamischen Staaten der Welt - Bangladesh und Pakistan - mit Indien zusammenarbeiten, das die größte Muslimminderheit in sich birgt. Von den rund 850 Mill. Indern dürften derzeit fast 120 Mill. Muslime sein, während Bangladesh etwa 110 Mill. und Pakistan rund 100 Mill. Muslime hat. Insgesamt gibt es also rund 330 Mill. Muslime in Südasien und damit weit mehr als in jedem anderen Teil der Welt. Auf welche Weise sich der Islam weltweit entwickelt, wird also entscheidend von Südasien abhängen. Der sogenannte islamische Fundamentalismus in seiner virulenten Form ist bisher in Südasien auf wenig Resonanz gestoßen. Der südasiatische Islam ist auf vielfältige Weise mit regionalen Volkstraditionen verknüpft. Die Mystik der Sufis hat dort eine größere Rolle bei der Verbreitung des Islams gespielt als die so oft zitierte Bekehrung mit Feuer und Schwert. Die verschiedensten Schulen der islamischen Schriftgelehrten Südasiens haben je auf ihre eigene Weise versucht, modernes Gedankengut mit der islamischen Tradition zu verbinden. Dabei ist eine Vielfalt von Ideen entstanden, die sich nicht mit einem simplifizierenden Fundamentalismus vereinbaren läßt.

Zia-ul Haq hat in Pakistan versucht, mit einer "Islamisierung von oben", d.h. mit einem staatlich gelenkten Programm, die Vielfalt der islamischen Tradition auf Vordermann zu bringen. Er ist dabei gerade bei den Hütern der Tradition nicht immer auf Gegenliebe gestoßen, denn diese ließen sich gar nicht gern vereinnahmen und für Zwecke staatlicher Solidaritätsstiftung und Machtsicherung instrumentalisieren. In Bangladesh hat es bisher kein Programm dieser Art gegeben, obwohl man auch dort die Verfassung geändert und das Adjektiv "islamisch" in den Namen des Staates eingefügt hat. Aber außer dieser Verbeugung vor Saudi-Arabien, das viel Geld nach Bangladesh fließen läßt, hat man sich um eine "Islamisierung" von Staats wegen noch nicht gekümmert.

In Indien hat man das Prinzip des säkularen Staats so interpretiert, daß man die Muslime sich selbst überlassen und nicht einmal darauf bestanden hat, daß sie sich in Dingen des Privat-, Familien- und Erbrechts den Gesetzen des säkularen Staats anpassen. Damit ist man den Weg des geringsten Widerstandes gegangen. Der Nationalkongreß hat sich deshalb lange Zeit auf die Stimmen der Muslime verlassen können, die weise genug waren, sich nicht durch die Gründung einer islamischen Minderheitspartei ins Abseits zu manövrieren. Das war auch ratsam, weil die Muslimminderheit außer in Kashmir in Indien keine kompakten Siedlungsbiete aufweist, da diese ja durch die Teilung abgetrennt worden sind. Die indischen Muslime leben in der Diaspora und haben außer der Religion wenig Gemeinsamkeiten. In einigen Teilen Indiens sind sie Bauern, in anderen Händler, dort sind sie Weber, hier sind sie Fischer etc. Sie sind immer ein Teil der Gesellschaft und bilden keine Gesellschaft für sich. Der Titel des Romans *Ardha Gaon* (Das halbe Dorf) des muslimischen indischen Autors Raza weist auf diese Teilhaftigkeit, die auf dieser Ebene keine Teilung sein kann, hin. Es ist übrigens bemerkenswert, daß derselbe Autor das Drehbuch für die Fernsehverfilmung des indischen Nationalepos *Mahabharata* geschrieben hat. Es ist zu hoffen, daß die Symbiose von Hindus und Muslimen im säkularen Indien nicht zerstört wird, sondern ein konstruktives Signal setzt, das den südasiatischen Islam davor bewahrt, in die Enge eines künstlichen Fundamentalismus getrieben zu werden.

Die Gefahr, die dieser Symbiose droht, besteht gegenwärtig im Erstarken eines politischen Hindu-Traditionalismus, der auf seine Weise ebenso künstlich ist wie der politisierte Fundamentalismus des Islams. Der "Hinduismus" ist eine Erfindung westlicher Religionswissenschaftler, die in ihrem klassifikatorischen Eifer einen Sammelbegriff für alle religiösen Strömungen in Indien finden mußten. Nun liegt gerade dem Hindu ein "Ismus" sehr fern, denn er kennt keine Dogmen, keine offenbarte heilige Schrift, keine Kirche als Organisation, ja nicht einmal die Gemeinde als lokale Versammlung der Gläubigen. Seine Andacht verrichtet er meist vor dem Hausaltar seiner Familie, zu einem Tempel oder auf eine Pilgerfahrt geht er gelegentlich, wenn ihn Feste oder Gelübde dazu veranlassen. Es ist daher kaum möglich, ihn als "Hindu" politisch zu organisieren. Es sei denn, man solidarisiert ihn in der Konfrontation mit dem, was er nicht ist - und da bietet sich die muslimische Minderheit an, denn die christliche ist zu klein, um in dieser Hinsicht eine Rolle spielen zu können.

Der Solidaritätstraditionalismus der Hindus war bereits im indischen Freiheitskampf von Bedeutung, doch damals hatte er hauptsächlich zum Ziel, die Kastenschranken zu überwinden und die Solidarität der Nation gegenüber der Fremdherrschaft heraufzubeschwören. Man bezog sich dabei in erster Linie auf die einheitsstiftende indische Philosophie und erklärte alles, was einen Hindu vom anderen trennt, zur Illusion, die es zu überwinden gilt. Der Traditionalismus als Geisteshaltung stellte sich damit gegen die Tradition, zu der eben die große Vielfalt religiöser und sozialer Praktiken gehört, die das tägliche Leben der Hindus bestimmt. Die tiefe philosophische Überzeugung, die hinter diesem Traditionalismus stand, war nicht leicht zu vermitteln. In der Konfrontation mit der Fremdherrschaft wirkte er überzeugend, eine politische Solidarisierung im unabhängigen Indien, insbesondere gegenüber Minderheiten, war nicht sein Ziel. Darunter litten alle politischen Organisationen, die nach Erlangung der Unabhängigkeit versuchten, sich auf eine Hindu-Solidarität zu berufen. Sie blieben marginal und gerieten ins Abseits. In jüngster Zeit haben sie sich aber auf einen primitiveren Solidaritätstraditionalismus besonnen, der sich nicht auf hehre Ideale der indischen Philosophie, sondern auf handfeste Symbole bezieht. Die Kampagne, die sich an der Moschee von Ayodhya entzündet hat, ist ein Beispiel dafür.

Die Erfolgschancen für einen derart primitiven Traditionalismus mehren sich in dem Maße, in dem die Substanz der religiösen Tradition durch eine rein praktische Säkularisierung verloren geht. Der junge Hindu der Mittelklasse, dessen Vorstellungswelt ebenso wie die seiner Altersgenossen anderswo in erster Linie vom Fernsehen bestimmt ist, weiß von den religiösen Ideen seiner Vorfahren wenig, aber er hat die Fernsehversion des großen Epos *Ramayana* gesehen und hat ein entsprechendes Bild von König Rama im Kopf. Eine Kampagne zur Rettung der Geburtsstätte Ramas kann ihn daher begeistern - sie ist sozusagen eine Fortsetzung der Fernsehserie in der Realität. König Rama hat nie gegen Muslime gekämpft, sondern gegen Dämonen. Doch wenn seine angebliche Geburtsstätte von einer Moschee besetzt ist, die die Muslime verteidigen, dann lassen sich diese dämonisieren. Diese Art von Kurzschlußtraditionalismus ist äußerst gefährlich. Seine politische Instrumentalisierung ist das Spiel mit einem Feuer, das ganz Südasien in Brand setzten könnte.

Die Zerstörung der Moschee von Ayodhya am 6. Dezember 1992 ist in dieser Hinsicht ein Alarmsignal. Sie war von den führenden Politikern, die aus dieser Kampagne politisches Kapital geschlagen haben, vermutlich gar nicht beabsichtigt, zumal die Moschee nun nicht mehr als Gegenstand ihrer symbolischen Aktionen zur Verfügung steht. Nun werden sie die Geister, die sie riefen, nicht los. Schon gibt es Stimmen, die fordern, daß alle Moscheen, die dort stehen, wo früher Hindu-Tempel gestanden haben, dem Erdboden gleichgemacht werden sollen. Das würde zu einem religiösen Bürgerkrieg und eventuell zu einer Massenflucht von Muslimen führen. Kein Politiker könnte dieses Chaos in den Griff bekommen, und das Militär müßte eingreifen, um Schlimmeres zu verhüten. Daran können auch die Politiker nicht interessiert sein, die in Ayodhya mit dem Feuer gespielt haben. Aber sie reiten nun auf einem Tiger, den sie bei guter Laune halten müssen. In diesem Sinne bemühten sie sich denn auch um die große Kundgebung, die am 25. Februar 1993 in Neu-Delhi stattfinden sollte, aber von der Regierung verboten und erfolgreich unterdrückt wurde, ohne daß es zu gewalttätigen Ausschreitungen kam. Die Politiker, die dabei nur vorübergehend festgenommen wurden, hatten sich damit begnügt, Flagge zu zeigen, um ihre Gefolgschaft zu befriedigen. Ob weitere Auseinandersetzungen genauso glimpflich verlaufen, bleibt abzuwarten. Vielleicht hat sich der Blick in den Abgrund als ernüchternd erwiesen.

Das erschreckende Szenario von Bürgerkrieg, Massenflucht und Militärherrschaft in Indien würde ganz Südasien in Mitleidenschaft ziehen. Die labilen Systeme der Nachbarländer kämen dadurch auch aus dem Gleichgewicht. Ein militarisiertes Hindu-Indien würde unsicher und haßerfüllt den muslimischen Nachbarn und dem weiteren Kreis muslimischer Nationen vom Iran bis zu den südlichen Republiken der ehemaligen Sowjetunion gegenüberstehen. So gesehen, entscheiden sich in der Gegenwart auf dem Gebiet der indischen Innenpolitik Dinge, die den Weltkontext auf die eine oder andere Weise verändern werden. Das positive Szenario, das dem erschreckenden gegenübersteht, würde darauf beruhen, daß Indien den inneren Frieden wiederfindet, das demokratische politische System erhält und damit auch auf alle Muslime in Südasien und in der weiteren Nachbarschaft einen stabilisierenden Einfluß hätte und dem radikalen islamischen Fundamentalismus Einhalt gebieten könnte. In diesem Sinne muß man an die Chancen der regionalen Kooperation in Südasien glauben, auch wenn man sich ihrer Grenzen bewußt ist.

Nationalismus, ethnische Konflikte und regionale Kooperation in Südostasien

Susanne Feske

Südostasien wird oft als der Balkan des Fernen Ostens bezeichnet. Gemeint ist damit die sprachliche, kulturelle und politische Vielfalt der Region. Südostasien besteht aus den zehn Ländern Burma, Thailand, Laos, Kambodscha, Vietnam, Malaysia, Singapur, Indonesien, Brunei und den Philippinen. Zwischen diesen Ländern bestehen erhebliche Unterschiede hinsichtlich ihres ökonomischen Potentials, ihrer wirtschaftlichen und politischen Grundordnung sowie ihrer Kultur und Religion.

Wenn von Südostasien als dem Balkan Asiens gesprochen wird, impliziert das aber noch mehr. Es impliziert politische Instabilität, das unversöhnliche Gegeneinander ethnischer Gruppen und blutige Konflikte, wie wir sie zur Zeit auf dem wirklichen Balkan erleben. Es ist jedoch zu fragen, ob diese Analogie zutrifft. Droht in Südostasien ein ähnlicher Desintegrationsprozeß wie im ehemaligen Jugoslawien? Trotz aller potentiellen Konfliktherde offensichtlich nicht: Im Gegensatz zu Ost- und Südosteuropa haben sich die Nationalstaaten Südostasiens konsolidiert. Die Staatsgrenzen sind im allgemeinen völkerrechtlich anerkannt und werden nicht in Frage gestellt. Ethnische Minderheiten fordern in der Regel weniger einen eigenen Staat als vielmehr begrenzte oder auch weitergehende Autonomierechte im Rahmen der bestehenden politischen Systeme.

Noch eine zweite vermeintliche Analogie sollte überprüft werden: Oft wird angenommen, daß sich in Südostasien - und gemeint ist in erster Linie die ASEAN-Region[1] - eine ähnliche supranationale Organisation herausbilde wie in Westeuropa mit der Europäischen Union. Die zunehmende integrative Wirkung regionaler Kooperation, so wird vielfach behauptet, führe unweigerlich zu einer ökonomischen und politischen Blockbildung. Diese Tendenz ist zum gegenwärtigen Zeitpunkt in Südostasien jedoch noch nicht festzustellen. Die regionale Zusammenarbeit der ASEAN-Staaten war bisher von dem Bestreben gekennzeichnet, Kooperation *ohne* Integration, Politikabsprachen *ohne* Souveränitätsaufgabe zu erreichen. Dies ist der ASEAN weitgehend gelungen, und sie hat damit eine eigenständige Form informeller Kooperation entwickelt, bei der

---

1) Association of Southeast Asian Nations, die die Staaten Brunei, Indonesien, Malaysia, die Philippinen, Singapur und Thailand umfaßt.

Blockbildung explizit vermieden werden soll.[2]

Natürlich gibt es auch in Südostasien ähnliche Tendenzen, wie sie in Europa virulent sind. Es gibt ethnische, nationalistisch motivierte Konflikte, und es gibt auch Trends zu supranationaler Zusammenarbeit. Aber beides hat eine andere Bedeutung und auch eine andere Dynamik als auf dem europäischen Kontinent. Sowohl Nationalismus als auch regionale Zusammenarbeit haben in Südostasien eine andere Geschichte und damit eine andere Funktion; beiden soll im folgenden anhand von drei Thesen nachgegangen werden:

1. Nationalismus in Südostasien läßt sich nur im Zusammenhang mit der kolonialen Geschichte dieser Region verstehen. Im Kampf gegen die Fremdherrschaft diente der Nationalismus als integrierende Ideologie. Er entwickelte sich als gemeinsame Identität im territorialen Rahmen des jeweiligen Kolonialgebietes.

2. Nach der Entkolonisierung diente der Nationalismus - unabhängig von einer gegnerischen Macht - zur Integration verschiedener ethnischer Gruppierungen. Das Auseinanderfallen des künstlichen Gebildes "Staat" konnte damit verhindert werden.

3. Mit der Konsolidierung des Nationalstaates wurde regionale Kooperation möglich. Eine regionale Integration, die mit dem Abtreten nationaler Souveränitätsrechte einhergehen würde, ist bisher aber bewußt vermieden worden.

Der Nationalstaat, so die Grundthese der hier entwickelten Argumentation, bleibt also der Dreh- und Angelpunkt des politischen Geschehens in Südostasien, auch wenn ethnische Konflikte und regionale Zusammenarbeit weiterhin bedeutsam sind oder gar an Bedeutung gewinnen.

These 1: Der Nationalismus in Südostasien muß im Zusammenhang mit der kolonialen Geschichte dieser Region verstanden werden. Eine Klärung des schillernden Begriffs "Nationalismus" ist dafür zunächst erforderlich. Bisher gibt es allerdings keine wissenschaftlich anerkannte, allgemeingültige Definition von Nationalismus; Nationalismus reicht

---

2) Der indonesische Präsident Suharto lehnte beispielsweise die Bildung einer wirtschaftlichen Gruppierung unter Ausschluß der USA mit der Begründung ab, daß dies als Konfrontation aufgefaßt werden und damit negative Folgen für die ASEAN haben würde. Vgl. *Frankfurter Rundschau* vom 3.2.1993.

... von der bloßen Bestätigung eines in sich nicht gefestigten und allgemein anerkannten Gemeinwesens bis hin zur aggressiven Ideologie eines noch unerfüllten, expansiven Irredentismus, der seine absolut gesetzten Forderungen auf Kosten widerstrebender Gruppen oder übernationaler Werte und gegen andere Staaten durchzusetzen sucht.[3]

Im Gegensatz zu anderen "Ismen" hat das Phänomen des Nationalismus keine Denkschulen hervorgebracht.

Nationalismus sollte hier zunächst wertfrei und ohne seine radikalen und chauvinistischen Auswüchse verstanden werden. Nach dem anthropologischen Verständnis von Benedict Anderson ist eine Nation eine "imaginierte politische Gemeinschaft (*imagined community*) - imaginiert sowohl hinsichtlich ihrer Begrenzung als auch ihrer Souveränität"[4]. Interessant ist hier der Aspekt des Imaginierten, nur Vorgestellten: Weder die Abgrenzung zu anderen Gemeinschaften noch die Verfügung über politische Macht muß auf greifbaren Realitäten beruhen. Eine Nation besteht vielmehr auch dann, wenn die Abgrenzung zu anderen und das Bewußtsein, eine politische Kraft zu sein, nur gedacht, also imaginiert sind. Ein Staat hingegen bedarf eines *wirklichen* Territoriums, eines Volkes und einer Regierung, die *wirkliche* Macht entfaltet. Staat und Nation sind also nicht deckungsgleich - ein Umstand, auf den vor allem Ernest Gellner hingewiesen hat.[5] Staat und Nation können aber eine Allianz eingehen. Die Forderung, daß die Nation (als imaginierte Gemeinschaft) sich in einem Staat (als tatsächlicher Gemeinschaft) manifestieren solle - genau diese Forderung ist Nationalismus.

Hilfreich ist zudem die analytische Unterscheidung zwischen "originärem" klassischen Nationalismus, dessen historischer Bezugspunkt Nordwesteuropa ist, und dem "sekundären" Nationalismus bzw. "Entwicklungsnationalismus", der als Triebkraft zur Überwindung von kolonialer Fremdbestimmung entstand.[6]

Die Geschichte des "sekundären" Nationalismus setzt in Südostasien mit dem Ende des Zweiten Weltkrieges ein. Dieser Krieg hatte dramatische Auswirkungen auf das individuelle politische Empfinden und das politische Handeln der

---

3) Karl Dietrich Bracher, Ernst Fraenkel, *Internationale Beziehungen*, Frankfurt/Main 1974, 4. Auflage, S. 205.

4) Benedict Anderson, *Imagined Communities. Reflections on the Origin and Spread of Nationalism*, London, New York 1989, 5. Auflage, S. 15.

5) Vgl. Ernest Gellner, *Nations and Nationalism*, Ithaca, New York 1983.

6) Vgl. Dieter Senghaas, "Vom Nutzen und Elend der Nationalismen im Leben von Völkern", in: *Aus Politik und Zeitgeschichte*, Nr. B 31-32, 24. Juli 1992, S. 23-32. Senghaas definiert den originären Nationalismus als "früh, langsam und integrativ" (S. 25) und den Entwicklungsnationalismus als "verspätet, abgeleitet und nachholend, also von sekundärer Natur" (S. 28).

Eliten. Waren bislang nur lokale, zum Teil auch nur familiäre Identitäten und Bindungen für den Großteil der Bevölkerung wichtig, so wuchs im gemeinsamen Kampf gegen die Fremdherrschaft das Bewußtsein einer gemeinsamen "nationalen" Identität. Zwar hatte es auch schon vor dem Zweiten Weltkrieg vereinzelte Aufstände gegen die Kolonialherrschaft gegeben, nur richteten sich diese hauptsächlich gegen Eingriffe insbesondere in den Besitzstand und die gesellschaftlichen Werte der Landbevölkerung; sie waren nicht "nationalistisch" im oben beschriebenen Sinne motiviert, sondern zielten auf den Erhalt traditioneller bäuerlicher Strukturen.[7] Das Ende des Zweiten Weltkrieges bedeutete indes eine entscheidende Zäsur im gesellschaftlichen Wandlungsprozeß: Nationalismus wurde zum Ausdruck einer gesellschaftlichen Bewegung, die eine tiefgreifende Veränderung in Richtung auf eine "neue Ära" zum Ziel hatte.[8]

Der Konflikt zwischen nationalen Befreiungsbewegungen und den Kolonialmächten war vorprogrammiert, als die Kolonialmächte nach dem Ende des Krieges - und damit nach dem Ende der japanischen Besatzung - wie selbstverständlich davon ausgingen, in ihre ehemaligen Kolonien zurückkehren zu können. Sie wollten nicht nur ihre Herrschaft erneuern, sondern auch den gesellschaftlichen Status quo ante wiederherstellen, indem sie die wenigen politischen Reformen, die inzwischen erreicht worden waren, wieder rückgängig machten. Doch während der japanischen Besatzung hatten die Befreiungskämpfer eine breitere Unterstützung innerhalb der Bevölkerung für sich und ihre Ziele aufbauen können, auf die sie sich nun auch im - zum Teil gewaltsamen - Kampf gegen die alte Kolonialherrschaft stützen konnten. Dabei übernahmen sie von den Kolonialmächten ein modernes Staatsverständnis. "Staat" wurde definiert als politisches Gebilde innerhalb von bestimmten Territorialgrenzen.[9]

Durch die Frontstellung gegen den Kolonialismus entwickelte sich die Vorstellung, eine Nation zu sein, innerhalb der präzise definierten Grenzen der Kolonialgebiete. Mit der Übernahme des modernen Staatsverständnisses entstanden

---

7) Vgl. David Joel Steinberg (ed.), *In Search of Southeast Asia. A Modern History*, Honolulu 1987, 2. Auflage, S. 247ff.

8) Vgl. Steinberg, *ibid.*, S. 349ff.

9) Der moderne Staat besteht im Gegensatz zum traditionellen aus genau festgelegten Territorialgrenzen. Die Grenzen des traditionellen Staates in Festlandsüdostasien hingegen waren davon bestimmt, welche Fürsten oder Häuptlinge Tribut entrichteten und damit einen übergeordneten Herrscher oder König anerkannten. Folglich verschoben sich auch die Grenzen eines traditionellen Staates häufig, je nachdem, wieviel Macht der jeweilige Königshof entfalten konnte. Vgl. Charles F. Keyes, "Tribal Peoples and the Nation-State in Mainland Southeast Asia", in: *Southeast Asian Tribal Groups and Ethnic Minorities. Prospects for the Eighties and Beyond*, Cultural Survival Report No. 22, Cambridge 1987, S. 12-19:13.

so auf der Grundlage der Grenzziehungen der Kolonialmächte die neuen, unabhängigen Staatsgebilde: Die Philippinen, Indonesien und Malaysia sind weiter-
entwickelte Erfindungen der Kolonialzeit.

These 2: Nach der Entkolonisierung diente der Nationalismus zur Integration
verschiedener ethnischer Gruppierungen und Minderheiten.[10] Nach dem erfolgreichen Kampf gegen die Fremdherrschaft standen die neuen unabhängigen
Regierungen nun vor der Aufgabe, eine Identifikation der verschiedenen ethnischen Bevölkerungsgruppen mit dem neuen Staat zu erreichen, nachdem der
kleinste gemeinsame Nenner, die Frontstellung gegen die Kolonial- und Besat-
zungsmächte, nicht mehr als integrativer Faktor nach innen wirkte. Als wichtigste
Aufgaben für den Prozeß der Staatsbildung und der Modernisierung wurden
daher neben dem Aufbau der Wirtschaft die Entwicklung einer nationalen Identität und die Förderung der nationalen Integration betrachtet.[11]

Diese Aufgaben mußten von einer Regierung bewältigt werden, die in den
meisten Fällen der dominanten ethnischen Gruppierung angehörte. Sie setzte
sich damit der Gefahr aus, als diskriminierend gegenüber den Minderheiten
wahrgenommen zu werden. Um eine nationale Kohäsion zu errcichen, mußte sie
um einen gesellschaftlichen Konsens bemüht sein, der zugleich kulturell pluralistisch und dennoch integrierend wirken konnte.[12] Der Staatsnationalismus stand
somit dem Ethnonationalismus gegenüber. Unter Staatsnationalismus wird hier
die Berufung auf die verbindenden Elemente zwischen allen Gruppen eines
Staates zur Legitimierung politischer Herrschaft verstanden. Ethnonationalismus
ist im Gegensatz dazu die Berufung auf die genuinen Rechte einer einzigen
ethnischen Gruppierung, um Macht zu legitimieren. Staatsnationalismus und
Ethnonationalismus führen, idealtypisch betrachtet, zu unterschiedlichen Formen
politischer Herrschaft und damit zu einem unterschiedlichen Umgang mit Minderheiten. Staatsnationalismus führt in der Regel zur Herausbildung von doppel-
ten Identitäten und kultureller Assimilation; Ethnonationalismus führt dagegen
tendenziell zu gesellschaftlicher Repression und in der Folge zu ethnischen
Konflikten.

---

10) Der Begriff Minderheiten entstand während der Kolonialzeit. Die Euro-
    päer waren die ersten, die in diesen Kategorien dachten; in keiner Sprache
    Südostasiens gibt es ein genuines Wort für diesen Begriff, vgl. Benedict
    Anderson, "Introduction", in: *Southeast Asian Tribal Groups and Ethnic
    Minorities, ibid.*, S. 1-11:1f.
11) Vgl. Kusuma Snitwongse, "Internal Problems of the ASEAN States: The
    Dilemma of Nationbuilding", in: T.B. Millar (ed.), *International Security in
    the Southeast Asian and Southwest Pacific Region*, St. Lucia 1983, S. 144-
    166:144.
12) Vgl. Kusuma, *ibid.*, S. 150f.

Beispiele für doppelte Identitäten, bilingual und bikulturell, sind die indischen Minderheiten in Singapur und in Malaysia. Beispiele für kulturelle Assimilation und Adaption sind die chinesischen Minderheiten besonders in Thailand, bedingt auch auf den Philippinen und im heutigen Indonesien. Diesen Gruppen ist es gelungen, sich im Rahmen staatsnationalistischer Gesellschaftsstrukturen in die Mittel- und Oberklasse zu integrieren und unverzichtbar für die Aufrechterhaltung der politischen und wirtschaftlichen Ordnung zu werden.[13]

Ethnische Konflikte, die insbesondere unter ethnonationalistischen Herrschaftsstrukturen vorkommen, in denen Assimilation zwangsverordnet oder eine soziale Gleichstellung verhindert wird, sollen hier in zwei Gruppierungen aufgeteilt werden: Zum einen sind dies die Konflikte zwischen fremden, "exogenen" Minderheiten, zum zweiten Konflikte zwischen einheimischen, "endogenen" Minderheiten und der übrigen Bevölkerung oder den Regierungen. Exogene Minderheiten sind Volksgruppen, die einen anderen Staat als kulturelle und ethnische "Heimat" angeben können. Endogene Minderheiten sind Volksgruppen, die sich nicht auf einen solchen Staat berufen können.

In die erste Kategorie gehören die Probleme der chinesischen Minderheit in Indonesien Mitte der sechziger Jahre, die Rassenunruhen in Malaysia zwischen Malaien und Chinesen sowie die antivietnamesischen Ausschreitungen in Kambodscha.

Zu der zweiten Kategorie gehören Guerillakämpfe in fast allen Staaten Südostasiens,[14] die in der Zeit zwischen dem Ende der Kolonialzeit und Mitte der achtziger Jahre besonders virulent waren. Im Süden Thailands kämpften moslemische, ethnisch malaiische Separatisten gegen die zwangsweise Assimilierung und sozioökonomische Benachteiligung. Auf den Philippinen kämpfen bis heute moslemische Sezessionisten für regionale Autonomie, in Indonesien führen Separatisten seit 1963 auf Irian Jaya und seit 1976 auf Ost-Timor einen bewaffneten Kampf gegen die gewaltsame Annektierung ihrer Gebiete durch die Zentralregierung in Jakarta.

---

13)   Vgl. Leo Suryadinata, "Ethnic Chinese in Southeast Asia: Problems and Prospects", in: *Journal of International Affairs*, Vol. 41, No. 1, Summer/Fall 1987, S. 135-151. Freilich ist diese Feststellung für den Gang der Argumentation simplifiziert. Sie bedürfte an anderer Stelle der Differenzierung nach verschiedenen Gesichtspunkten; beispielsweise nach der Wahrnehmung der übrigen Bevölkerung, der chinesischen Minderheit selbst sowie nach der der gesellschaftlichen Eliten, nach der jeweiligen gesellschaftlichen Stellung oder Machtposition der Chinesen, nach dem Zeitpunkt ihrer Einwanderung, ihrer Staatsangehörigkeit sowie nach den verschiedenen Phasen staatlicher Politik gegenüber dieser Minderheit.

14)   Ausnahmen bilden Brunei und Singapur.

An dieser Stelle soll exemplarisch nur auf jeweils einen aktuellen Konflikt aus diesen beiden Kategorien eingegangen werden. Das Problem der vietnamesischen Siedler in Kambodscha und die jüngsten Auseinandersetzungen auf Ost-Timor sind gegenwärtig in unterschiedlichem Maße im Blickpunkt der Weltöffentlichkeit. Die Ereignisse auf Ost-Timor scheinen jedoch aufgrund ihrer relativ geringen internationalen Implikationen - fernab von Großmachtrivalitäten - schneller die Aufmerksamkeit der Medien zu verlieren als der spektakuläre Kambodscha-Konflikt.

Die Rhetorik der Khmers Rouges gegen vietnamesische Siedler in Kambodscha ähnelt auf erschreckende Weise den Forderungen der Serben nach "ethnischen Säuberungen" im ehemaligen Jugoslawien. Zehntausende von Vietnamesen sollen nach Auffassung der Khmers Rouges das Land verlassen, weil sie angeblich an vietnamesischen militärischen Aktionen gegen Kambodscha beteiligt waren. Mit der vermeintlichen Präsenz vietnamesischer Soldaten begründet die Guerilla-Organisation auch offiziell den Bruch des von ihnen mitunterzeichneten Friedensvertrages. Sie kündigten an, so lange weiterzukämpfen, bis der letzte Vietnamese das Land verlassen hat. "Wir kämpfen für den Frieden", so ein Offizier der Khmers Rouges, "wir wollen Freundschaft mit den Vietnamesen. Aber wir müssen auch unsere Souveränität und Unabhängigkeit behaupten."[15] Mittlerweile schlossen sich auch die Führungen der früheren Widerstandsorganisationen dieser Auffassung an. Der Führer der "Nationalen Befreiungsfront", Son Sann, plädierte dafür, alle Vietnamesen auszuweisen, und bezeichnete diesen Plan zynisch als Repatriierungsprogramm. Sihanouk äußerte sich ähnlich; der Haß auf die Vietnamesen sei so groß, daß die einzige vernünftige Alternative für die Vietnamesen sei, sofort Kambodscha zu verlassen und in Vietnam zu leben.[16] Auch in der kambodschanischen Bevölkerung findet die antivietnamesische Rhetorik mittlerweile breitere Zustimmung und Unterstützung. Nicht nur Angehörige der UN-Truppen befürchten nun, daß es zu weiteren Ausschreitungen mit pogromartigem Ausmaß kommen könnte. Obwohl mit dem Einmarsch Vietnams die jahrelange Terrorherrschaft Pol Pots beendet wurde, bleibt in der kambodschanischen Bevölkerung die Angst bestehen, daß Vietnam sich Kambodscha einverleiben könnte.[17]

Die Khmers Rouges machen sich geschickt die in der kambodschanischen Bevölkerung historisch gewachsenen Animositäten gegen die Vietnamesen zunutze: Sie profilieren sich als einzige politische Kraft, die die nationalen Interessen der

---

15)   Vgl. *Newsweek* vom 29.8.92.
16)   Vgl. *The Economist* vom 20.3.93.
17)   Vgl. u.a. Nicolas Regaud, *Le Cambodge Dans La Tourmente. Le Troisième Conflit Indochinois 1978-1991*, o.O. 1992, besonders S. 123-141.

Khmers vertritt. Ausgerechnet die Organisation, unter deren Herrschaft ein bis zwei Millionen Kambodschaner ums Leben kamen,[18] propagiert einen radikalchauvinistischen Nationalismus.

In dem Maße, in dem sich der ethnonationalistische Standpunkt auch bei den gemäßigten politischen Kräften durchsetzte - und sei es nur aus wahltaktischen Gründen -, gerieten ethnische Minderheiten und dabei in erster Linie die vietnamesische Bevölkerung in Kambodscha in die Gefahr, unterdrückt, ausgewiesen oder umgebracht zu werden. Das wiederum könnte langfristig Vietnam auf den Plan rufen, seine Minderheit in Kambodscha zu schützen. Gegenwärtig scheint diese Möglichkeit eher entlegen zu sein - die politischen und vielleicht auch militärischen Kosten wären für Vietnam zu hoch. Sowohl der weitere Ausbau der Beziehungen zu den ASEAN-Staaten als auch die Beendigung der internationalen Isolation stünden auf dem Spiel. Beide Ziele haben hohe Priorität in der vietnamesischen Außenpolitik, nicht zuletzt aus wirtschaftlichen Gründen.[19] Nach dem Abzug der UNO-Truppen und einer weiteren Verschlechterung der Situation könnte sich diese Position allerdings ändern. Der zerbrechliche Frieden auf dem südostasiatischen Festland ist gefährdet, falls Vietnam den Ausschreitungen nicht länger tatenlos zusieht. Ein erneutes militärisches Eingreifen Vietnams würde nicht nur Kambodscha abermals in den Bürgerkrieg stürzen, sondern die gesamte regionale Stabilität bedrohen.

Im Gegensatz dazu bleibt der Konflikt auf Ost-Timor sowohl geographisch als auch militärisch begrenzt; die Gefahr einer externen Intervention besteht hier nicht. Seit der formalen Eingliederung Ost-Timors in indonesisches Staatsgebiet 1976 kämpfen Guerillas der Inselhälfte gegen die Streitkräfte der indonesischen Regierung. Dieser ist es in den sechzehn Jahren ihrer Herrschaft über das ehemals portugiesische Ost-Timor nicht gelungen, die Bevölkerung des Inselteils in die indonesische Nation einzugliedern oder eine gemeinsame nationale Identität der gesamten Insel zu entwickeln.[20]

Die Regierungskräfte gehen zum Teil mit äußerster Härte gegen jede Form von Widerstand vor. Die Situation der Bevölkerung auf Ost-Timor hat sich inzwischen durch Hungersnöte und Epidemien, teilweise mitverursacht durch eine

---

18) Schätzung der Zahl der Todesopfer von David P. Chandler, *The Tragedy of Cambodian History. Politics, War and Revolution Since 1945*, London, New Haven 1991, S. 236.

19) Sowohl Militärs als auch Wissenschaftler in Ho-Chi-Minh-Stadt und Hanoi sagten mir, daß ihre Regierung zum jetzigen Zeitpunkt militärische Aktionen gegen Kambodscha nicht in Erwägung ziehe.

20) Ausführlich hierzu: Bill Nicol, *Timor. The Stillborn Nation*, Melbourne/ Norwalk 1978.

Lebensmittelblockade der Regierung, dramatisch verschlechtert. Ins Zentrum des internationalen öffentlichen Interesses rückte Ost-Timor erneut 1991, als indonesische Streitkräfte ein Massaker unter den Teilnehmern einer Beerdigung anrichteten. Angaben über die Zahl der Todesopfer schwanken zwischen zwanzig und zweihundert, je nach Quelle.[21]

Auch wenn der Konflikt in absehbarer Zeit nicht gelöst werden kann, wird er die regionale Stabilität nicht beeinträchtigen. Zwar hat nun Australien Interesse an der Beilegung des Konfliktes geäußert und dafür seine Mitwirkung angeboten,[22] wobei Canberra darauf bedacht ist, Indonesien nicht öffentlich zu kritisieren. Die externen Großmächte und die ASEAN-Staaten greifen in diesen Konflikt jedoch weder kämpfend noch schlichtend ein - zu unbedeutend ist er aus ihrer Sicht für das regionale Umfeld. Die ASEAN-Staaten verfolgen darüber hinaus, ähnlich wie gegenüber Birma, eine strikte Nichteinmischungspolitik in die inneren Angelegenheiten ihrer Nachbarn.

Während die Befreiungsbewegung auf Ost-Timor für tatsächliche Abspaltung und uneingeschränkte Unabhängigkeit kämpft, erkennen die meisten früheren Separationsbewegungen mittlerweile die Grenzen des Nationalstaates an, in dem sie sich befinden. Ihr Kampf gilt nicht mehr der Abspaltung und der territorialen Veränderung des Nationalstaates, sondern der Wahrung ihrer eigenen kulturellen, religiösen und ethnischen Identität. Er richtet sich gegen die zwangsweise Assimilierung in die herrschende Mehrheit durch Sprache, Kleidung, Gebräuche, Erziehung und Religionsausübung. Exemplarisch zeigt sich dies an dem hier nur kurz erwähnten Konflikt im Süden Thailands.[23]

These 3: Die Konsolidierung des Nationalstaates ermöglichte regionale Kooperation, ohne daß aber die nationale Souveränität eingeschränkt wurde. Um die Einflußnahme externer Mächte in die internen ethnischen Konflikte eines Staates zu verhindern, bedarf es internationaler Absprachen zwischen den Staaten. Dies war - wenigstens implizit - ein wesentliches Ziel der regionalen Kooperation der südostasiatischen Länder, die sich 1967 zum Verband südostasiatischer Staaten, kurz ASEAN, zusammenschlossen.

---

21) Vgl. *Süddeutsche Zeitung* vom 21.11.1991.
22) Vgl. Gerald Steward, "Ost-Timor setzt auf Unterstützung Australiens", in: *Der Tagesspiegel* vom 20.11.1991, S. 3.
23) Vgl. Paisal Sricharatchanya, "The Right to Be Different", in: *Far Eastern Economic Review* vom 26.5.1988, S. 36ff. Für einen kurzen geschichtlichen Überblick vgl. Raymond Sculpin, "The Politics of Islamic Reformism in Thailand", in: *Asian Survey*, Vol. XX, No. 12, December 1980, S. 1223-1235.

Die regionale Zusammenarbeit entwickelte sich in Südostasien in erster Linie aus dem Interesse heraus, die nationale Sicherheit und territoriale Integrität der jungen Nationalstaaten zu erhalten und langfristig zu garantieren. Für die nationale Entwicklung war ein berechenbares und friedliches regionales Umfeld unerläßlich - beim Prozeß der Staatsbildung waren die politischen Energien nach innen gerichtet. 1967 gründeten Indonesien, Malaysia, die Philippinen, Singapur und Thailand die ASEAN, nach außen hin zum Zweck der wirtschaftlichen, sozialen und kulturellen Zusammenarbeit, de facto jedoch von Beginn an mit einer sicherheitspolitischen Ausrichtung. Zunächst sollten militärisch ausgetragene Konflikte untereinander verhindert werden. Dabei mußten jedoch zwei konfligierende Interessen miteinander verbunden werden: Auf der einen Seite war dies der für die innere Integration wichtige Nationalismus, zum anderen der Erhalt der nationalen Souveränität, die mit dem Aufbau einer regionalen Organisation zumindest teilweise eingeschränkt wird: Kompetenzen müssen an ein übergeordnetes Organ abgegeben und nationale Interessen dem regionalen Standpunkt untergeordnet werden.

Zur Lösung dieses Problems wählten die ASEAN-Staaten einen pragmatischen Weg. Das Gründungsdokument der Organisation ist kein Vertrag, sondern eine wesentlich unverbindlichere Deklaration (Erklärung von Bangkok). Die einzelnen Organe des Verbandes sind mit geringen Kompetenzen ausgestattet. Erst 1976 wurde ein zentrales Sekretariat in Jakarta eingerichtet. Entscheidungen müssen auf Konsensbasis getroffen werden. Auf diese Weise wird vermieden, daß ein oder mehrere Staaten ihre nationalen Interessen der gemeinsamen Politik unterordnen müssen.[24]

Diese kaum formalisierte und institutionalisierte Zusammenarbeit hat natürlich auch ihre Schwächen. Das Konsensprinzip führt beispielsweise dazu, daß kontroverse Punkte nicht behandelt werden. Das Fehlen einer übergeordneten, mit Autorität ausgestatteten Institution schränkt die Handlungsfähigkeit der Organisation ein. Gleichzeitig jedoch stellen sich in absehbarer Zeit für die ASEAN-Staaten nicht die Probleme, denen sich die EG bei der Schaffung des Binnenmarktes gegenübersieht: das Wiedererstarken von Nationalismen auf seiten der Regierung und der Bevölkerung, die Betonung des nationalen Interesses und die Angst um die nationale Eigenständigkeit und Identität. Die ASEAN hat zwar nur eingeschränkte Handlungsmöglichkeiten, sie entgeht damit jedoch der Zerreißprobe, der sich die EU gegenwärtig unterzieht.

---

24) Vgl. Susanne Feske, *ASEAN: Ein Modell für regionale Sicherheit. Ursprung, Entwicklung und Bilanz sicherheitspolitischer Zusammenarbeit in Südostasien*, Baden-Baden 1991, S. 141ff.

Die Strukturen, die sich die ASEAN geschaffen hat, lassen sich langfristig aus-
bauen und in Richtung auf verstärkte Integration entwickeln, sollte die Phase des
Nationalismus zu einem späteren Zeitpunkt überwunden sein. Gegenwärtig
jedoch ist es den ASEAN-Staaten gelungen, einen Ausgleich zwischen miteinander konfligierenden Interessen zu schaffen und als effektive Regionalorganisation
im internationalen System zu überleben. Eine sorgfältig austarierte Balance
zwischen Nationalismus und regionaler Zusammenarbeit wird dazu beitragen,
die Staaten im Inneren zu konsolidieren und die Region insgesamt zu stabilisieren: Der "Balkan" des Fernen Ostens wird Südostasien unter diesen Bedingungen
auf absehbare Zeit nicht werden.

Patriotismus in der VR China
im Widerstreit zentraler und regionaler Interessen

Christoph Müller-Hofstede

Jemand sagte einmal, den Sozialismus nicht lieben sei nicht gleichbedeutend damit, sein Vaterland nicht zu lieben. Ist denn das Vaterland etwas Abstraktes? Wenn man nicht das sozialistische Neue China unter Führung der Kommunistischen Partei liebt, welches Vaterland liebt man dann?

Deng Xiaoping, 17. Juli 1981

Still, I hope that Peking gets the olympics. Anything, that connects us into the wider world can only help. And besides, it's my country.

Chinesischer Dissident
(zitiert in: *Far Eastern Economic Review*, 18.3.1993)

Vorbemerkung

China wird in jüngster Zeit von einem Teil der Medien, aber auch der wissenschaftlichen Kommentatoren als "Wachstumswunder" bezeichnet und zur "kommenden" oder "nächsten Supermacht" erklärt.[1] Andere sehen dagegen das Land vom Zerfall bedroht. Der "Herbst der Patriarchen" habe begonnen, denen "die Kontrolle über ihr Reich zusehends entgleitet."[2] Apokalyptische Zerfallsszenarien werden für die Zeit nach "Dengs Tod" heraufbeschworen.

Beide Szenarien lassen sich mit unserem Thema verknüpfen: Die Supermachtthese setzt nicht nur den reichen und mächtigen Zentralstaat China voraus, sondern auch einen zumindest von weiten Teilen der Bevölkerung getragenen Nationalismus resp. Patriotismus. Die Desintegrationsthese hingegen rekurriert nicht nur auf die aktuellen Dezentralisierungstendenzen und die gestiegene Autonomie der Provinzen, sondern auch auf die (neu entdeckte) lokalistische und regionalistische Tradition Chinas. Viele kleine Lokalpatriotismen könnten zum Tod des "großen" zentralstaatlichen Patriotismus führen.

---

1) *Time*, 10.5.1993; *Economist*, 28.11.1992; Conable/Lampton 1992.
2) *Die Woche*, 11.3.1993.

In den folgenden Betrachtungen soll in vier Abschnitten ein Beitrag zur Relativierung und Differenzierung dieser Thesen erbracht werden. Im ersten Abschnitt werden kurz die historischen Voraussetzungen der Entstehung von Patriotismus und Staatsnationalismus als Begleiterscheinungen der Modernisierung Chinas skizziert. Im zweiten Abschnitt werden die Kernelemente einer "Ideologie der VR China" und die Grundmythen des offiziellen Patriotismus umrissen. Der dritte Abschnitt befaßt sich mit der Frage, ob der nach dem 4. Juni 1989 verordnete Patriotismus Züge einer Ersatzideologie trägt, die den ideologischen Infarkt der VR China verzögern oder aufhalten könnte. Ist dagegen der Regionalismus Chinas Perspektive? Der vierte Abschnitt setzt sich mit Argumenten auseinander, die die entwicklungspolitischen und kulturellen Ost-West- und Nord-Süd-Gegensätze des Landes als Sprengsätze am Gefüge des Zentralstaats sehen. Ein Blick auf vier unterschiedliche chinesische "Nationen" soll abschließend die These illustrieren, daß weder national noch international derzeit mit einer besonderen Kohäsionskraft und Virulenz des chinesischen Nationalismus zu rechnen ist.

1   Patriotismus und Staatsnationalismus in China: Ursprünge und Kernelemente

Grundlage aller nationalistischen und patriotischen Bewegungen in China seit der Mitte des 19. Jahrhunderts waren jene von der Französischen Revolution und der industriellen Revolution in England angestoßenen globalen Wandlungsprozesse, die "jedes Land außerhalb Westeuropas in Mitleidenschaft gezogen und zum Nachzügler gemacht haben."[3] Auch in China entwickelte sich - nach einer für hochentwickelte Gesellschaften typischen "Unterschätzungsreaktion"[4] - spätestens seit dem Ende des Opiumkrieges ein zunächst noch diffuses "Rückständigkeitsbewußtsein", das sich im Wechselspiel mit den zunehmenden inneren und äußeren Krisen der späten Kaiserzeit innerhalb der Elite verbreitete und verschärfte.

Kernelement des Programms von Sun Yatsen (1866-1925) war der Grundsatz der "nationalen Selbstbestimmung". In dem (aus dem Japanischen übernommenen) Begriff *minzuzhuyi* spiegelte sich eine nationalistisch-rassistische Vision, in deren Mittelpunkt die "Rettung Chinas und die Erhaltung der chinesischen Rasse" stand.[5] Rasse und Nation waren für Sun im Falle Chinas identisch. Der Vor-

---

3)   Bendix 1991, 39.
4)   Machetzki 1990, 536.
5)   Dikötter 1992, 124.

teil der rassischen "Reinheit" der Chinesen war jedoch laut Sun mit einem Nachteil verbunden: Die Chinesen besaßen kein Nationalbewußtsein, sondern nur ein
Familien- und Clanbewußtsein.[6] Andere führende chinesische Intellektuelle wie
Liang Qichao (1873-1929), Yan Fu (1852-1921) und Liang Shuming (1893-1988)
erkannten die Bedeutung der Nation als politische Einheit, die sich auf der internationalen Bühne bewähren muß. China mangele es an Patriotismus, so die
gemeinsame Wahrnehmung, weil es sich selbst eher als "Welt" (*tianxia*) denn als
"Staat" (*guojia*) begreife und weil sich alle Loyalität eher auf die traditionelle
Ethik und Kultur als auf die "Nation" konzentriere.[7]

In den Schriften Sun Yatsens wird der grundlegende Zusammenhang zwischen
(wahrgenommener) innerer Schwäche, Rückständigkeitsbewußtsein und der
Notwendigkeit von "state building" in kruder Weise deutlich:

> Von allen Völkern der Welt sind wir Chinesen das größte. Unsere Zivilisa-
> tion und Kultur bestehen seit mehr als viertausend Jahren. Eigentlich
> sollten wir mit den europäischen und amerikanischen Ländern auf gleicher
> Stufe stehen; da wir aber nur Bewußtsein für Familie und Sippe, nicht aber
> für den Staat haben, sind wir doch nur (...) wirklich nichts weiter als ein
> Haufen losen Sandes, und deswegen ist unser Land bis heute das ärmste
> und schwächlichste und unsere Lage die erbärmlichste; unser Vaterland ist
> ein Kuchen, aus dem sich die anderen nach Belieben die besten Stücke
> herausschneiden.[8]

Freiheit nicht für den einzelnen, sondern "Freiheit für den Staat" (und zwar für
den Einheitsstaat) wurde im Zeichen der im 20. Jahrhundert immer wieder neu
ausgeformten "Rettungsideologien" (*jiu guo* - "das Land retten") zur Grundlage
der politischen Kultur Chinas und damit auch des hier zu untersuchenden Phä-
nomens "chinesischer Patriotismus".[9] Die Obsession mit der politischen Schwäche Chinas angesichts ausländischer Bedrohungen prägte selbst kosmopolitisch
gesinnte Intellektuelle in den dreißiger Jahren und gab Vertretern des politischen Liberalismus und "Föderalisten", denen es um eine Verbesserung und nicht
um eine Stärkung des chinesischen Staatswesens ging, keine Chance im politischen Diskurs.[10]

---

6)   Meissner 1989, 338.
7)   Liao 1986, 57; Vierheller 1974, 962.
8)   Sun Yatsen 1927, 25.
9)   Schmidt-Glintzer 1991, 314.
10) Woodside 1991, 27.

2   Die Allianz von Marxismus und Nationalismus: Grundzüge einer "Ideologie der VR China"

Die für die jüngere chinesische Geschichte bis heute wirksame "Rettungsideologie", die bald den Charakter einer "Erlösungsreligion" bekam, war der Marxismus. Lenins Imperialismustheorie, die den Völkern des "Ostens" eine wichtige Rolle beim Umsturz der alten Weltordnung zuwies, war Balsam für das Nationalgefühl der vom "Westen" enttäuschten Intellektuellen.[11] Ähnlich wie in Rußland hoffte man auf eine entscheidende weltpolitische Rolle nach vollzogener Revolution. So schrieb Mao Zedong 1949:

> Seitdem die Chinesen den Marxismus-Leninismus beherrschen, haben sie aufgehört geistig passiv zu sein (...). Von diesem Augenblick an muß die Periode der jüngsten Weltgeschichte, in der man auf die Chinesen herabgeblickt hat, abgeschlossen sein.[12]

Nach 1949 wurde der Marxismus-Leninismus stalinistischer Provenienz in seiner maoistischen Einfärbung zur Grundlage der Uniformierung des Denkens (*sixiang tongyi*), die mit der Schaffung des neuen Einheitsstaates einherging. Bis heute hält der nationale Impuls des chinesischen Marxismus die divergierenden Flügel der KP Chinas zusammen.

Zwei Grundüberzeugungen haben sich als kontinuierliche Bestandteile einer "Ideologie der VR China" erwiesen; sie sollen im folgenden kurz skizziert werden, da sie im patriotischen Diskurs der Partei nach 1989 besonders betont wurden. Es handelt sich erstens um die Idee der organisatorischen und politischen Rückständigkeit des chinesischen Volkes, kurz um das Bild Chinas als einem "Haufen losen Sandes", ohne staatsbürgerliche Tugenden und unfähig zur stabilen politischen Selbstorganisation.

Schon Mao sprach 1949 von dem für das "alte China charakteristischen Mangel an Zusammenhalt und Organisiertheit (...)", dem durch die Einreihung der "überwiegenden Mehrheit der Chinesen" in die neuen politischen, wirtschaftlichen, militärischen und kulturellen Organisationen ein Ende bereitet werden müsse.[13] Im Gegensatz zu den chinesischen Kaisern, mit denen er so gern auch von Fachleuten verglichen wird, war für Mao China nur ein "weißes Blatt Papier". Auch für seinen Widersacher und Nachfolger Deng Xiaoping bergen Angriffe auf das Organisationsmonopol der KP die Gefahr des "Chaos". In bezeichnender Ähnlichkeit zur oben zitierten Denkfigur Sun Yatsens stellte er 1987 fest:

---

11)   Lackner 1990.
12)   Mao Zedong 1949a, 489.
13)   Mao Zedong 1949b, 18.

Wenn in China alles durcheinandergeht und es einem Haufen lockeren Sandes gleicht, wo ist dann noch Hoffnung für das Land zu finden? In der Vergangenheit gelang es den Imperialisten, uns zu tyrannisieren, weil wir ein Haufen leichten Sandes waren.[14]

Ohne die Kommunistische Partei fehle dem chinesischen Volk "die Kraft, die es zusammenhält."[15] Chinas Modernisierungsweg müsse die "nationalen Bedingungen" (*guoqing*) berücksichtigen. Die besonderen "nationalen Bedingungen" - das sind vor allem Chinas Größe, seine Überbevölkerung und Knappheit an Ressourcen, seine Rückständigkeit und schließlich seine Geschichte der Teilungen und nationaler Erniedrigungen - werden zum Schlüsselwort, um die Kontinuität autoritärer und etatistischer Modernisierung zu rechtfertigen. Schon vor 1989 war an der Chinesischen Akademie der Wissenschaften eine Gruppe zur "Analyse und Erforschung der nationalen Bedingungen" errichtet worden, die zu Beginn der neunziger Jahre eine Serie von Berichten, u.a. mit Titeln wie "Überleben und Entwicklung" (*Shengcun yu fazhan*) publizierte.[16] In jüngster Zeit ist das "Verständnis der tatsächlichen Bedingungen des Landes" zum zentralen Bestandteil des patriotischen Curriculums der Partei, insbesondere in Schulen und Kindergärten geworden.

Auch ein internes Strategiepapier aus Kreisen der neuen Funktionseliten zur Lage der KP Chinas nach der Auflösung der Sowjetunion hebt auf die "nationalen Bedingungen" ab, um den "neuen Konservatismus" (*xin baoshouzhuyi*) und "Autoritarismus" (*xin quanweizhuyi*), kurz, den chinesischen Sonderweg zur Moderne, zu rechtfertigen.[17] Die Ideologie der chinesischen "Rückständigkeit" als gemeinsame Grundüberzeugung von Nationalisten und Kommunisten hatte schwerwiegende Konsequenzen: Sie rechtfertigte nicht nur den Aufbau eines "starken Staates" als einziges Mittel zur Stärkung der "Kohäsionskraft" des chinesischen Volkes, sondern auch die Angriffe auf die "inoffizielle" Volkskultur und ihre bis heute anhaltende Diffamierung als "feudalistisch" und "abergläubisch". Sie scheint ferner zu den tieferen Schichten eines VR-chinesischen Nationalbewußtseins zu gehören, da doch selbst radikale Kritiker der Partei, wie die Autoren des Films *Heshang* ("Abgesang auf den gelben Fluß"), die Rückständigkeit der Tradition und ihre Folgen für den chinesischen "Nationalcharakter" in den Mittelpunkt ihrer Arbeit stellten.[18]

---

14)   Deng Xiaoping 1988, 191.
15)   Ebd.
16)   Kelly 1992, 6.
17)   Ebd., 5.
18)   Nathan 1990, 196; Machetzki 1990, 533.

Recht stellt er daher fest, daß nach vierzigjährigen Attacken auf die eigene
Tradition und den simultanen ebenso starken Bemühungen, den Einfluß moderner Ideen so weit wie möglich zu begrenzen, der chinesische Nationalismus heute
einen substantiellen kulturellen Kern vermissen lasse.

The ethnic base of nationalism, a sense of a physical 'we-ness' as against
the foreign 'they-ness' remains intact, but there is a void as to the cultural
ideals that can provide the substantive content for Chinese nationalism.[22]

Spätestens seit der Frühjahrskrise von 1989 ist, so scheint es, die Allianz zwischen Marxismus und Nationalismus zerbrochen. Nach dem ideologischen Infarkt der Kulturrevolution war Ende 1978

eine neue Geschäftsgrundlage für die Republik verkündet worden. Es
wurde allen Bürgern auferlegt, das Machtmonopol der Partei, ihrer Ideologie und ihres Gesellschaftsideals hinzunehmen, jedoch nicht, aktiv für es
einzutreten. Nicht kommunistische Ideologie, sondern Patriotismus sollte
vor allem für die Intelligenz Ausweis der Vertrauenswürdigkeit sein.[23]

Überwindung der "Rückständigkeit" unter Führung der KP und der anti-univer-
salistische Impuls eines (vom Westen) "unabhängigen" chinesischen Sonderwegs
zur Modernisierung blieben auch in der Reformphase das Wesen der neuen
"Geschäftsgrundlage". Im Mai 1989 zeugten nun die massenhaften Demonstra-
tionen nicht nur von der Legitimations- und Autoritätskrise der Partei: Sie waren
auch Beleg für einen "inoffiziellen Patriotismus", der sich im Anschluß an die
4.-Mai-Bewegung 1919, aber auch unter Berufung auf die Ideale der französischen Revolution erneut die "Rettung Chinas", diesmal mit Hilfe westlicher
Demokratie, vornahm. Die taktischen und theatralischen Manifestationen des
"Patriotismus von unten" reichten von der Stilisierung des verstorbenen Partei-
führers Hu Yaobang als "Seele Chinas" (*Zhongguo zhi hun*), dem Kotau der
Studentenführer im Stil remonstrierender kaiserlicher Beamter, der Aufstellung
einer "Göttin der Demokratie" auf der Zentralachse des Tian'anmen-Platzes bis
zu den Kultliedern der Bewegung: der "Internationale" und dem Song des taiwanesischen Popsängers Hou Dejian, "Ewige Nachfahren des Drachen". Auf die
diffuse Qualität dieses sich aus den unterschiedlichsten "Texten" zusammenset-
zenden Nationalgefühls und dessen "moralischen Perfektionismus und Absolutismus"[24] kann hier nicht weiter eingegangen werden.[25]

---

22)   Pye 1993, 126.
23)   Wagner 1992, 322.
24)   Siehe Barmé 1992, 13.9.
25)   Vgl. ausführlicher die Interpretationen von: Wagner 1992; Wasserstrom/

Entscheidend für unseren Zusammenhang ist erstens, daß sich die Partei schon früh entschied, der Bewegung alle "patriotischen Qualitäten" abzusprechen. Die "geplante Verschwörung", so der berühmte Leitartikel der *Volkszeitung* vom 26.4.1989, könne das (gegenwärtige) "hoffnungsvolle China mit einer vielversprechenden Zukunft (...) in ein chaotisches China ohne Aussicht auf eine bessere Zukunft"[26] verwandeln. "Es geht", so hieß es, "um die Zukunft des Landes und der Nation."[27]

Auf der anderen Seite setzten sich Teile der Parteiführung um Zhao Ziyang und die ihn beratenden Intellektuellen in offenen Briefen dafür ein, die Bewegung als "patriotisch" anzuerkennen. Selbst innerhalb der Führungsspitze der Partei war man sich offensichtlich uneinig, wer, was und wann "patriotisch" sei. Das Definitionsmonopol der Partei in puncto "Vaterlandsliebe" war in Frage gestellt. Der Einsatz der Armee am 4. Juni 1989 beendete den Streit. In den Wochen danach mußte die Partei wieder und wieder die Grundmythen des offiziellen Patriotismus repetieren, nämlich erstens, daß zwischen ihr und China nur das Chaos stehe, und zweitens, daß alle nichtkommunistischen Optionen auf die Schwächung der nationalen Souveränität Chinas abzielten. Nicht umsonst wurde den Demonstranten vorgeworfen, eine "vollständig vom Westen abhängige bürgerliche Republik" errichten zu wollen. Auch der Vorwurf des "Ausverkaufs der Nation" und der "Anbetung alles Ausländischen", ein fester Bestandteil des kulturrevolutionären Vokabulars, wurde erneut in das ideologische Arsenal der Partei integriert.[28]

Fazit: Nach dem Drama vom Juni 1989 ist der Begriff "Patriotismus" im Reformdiskurs der Partei endgültig zur Leerformel geworden; fatal erinnert die seither in den Parteiorganen angemahnte Unterscheidung zwischen "wahren" und "falschen" Patrioten an die ebenso fruchtlosen Bemühungen aller Beteiligten während der Kulturrevolution, zwischen "echten" und "falschen" Marxisten unterscheiden zu wollen.

Forts. von letzter Seite
    Perry 1992.
26)   Cremerius et al 1990, 71.
27)   Ebd.
28)   Staiger 1990, 354.

**3   Der letzte Stand des verordneten Patriotismus oder "die Standardausspra-
che von 1989"**

Ist es der Partei nach 1989 dennoch gelungen, den stotternden Ideologiemotor
mit neuem Kraftstoff zum Laufen zu bringen? Kann der "Patriotismus" sich
wieder zu einer "großen geistigen Kraft"[29] und einer "mächtigen Waffe zur
Vereinigung und Mobilisierung aller Nationalitäten des Volkes für die Sache der
vier Modernisierungen"[30] entwickeln? Anders gefragt, wird der Patriotismus zur
Ersatzideologie für den "ausgebrannten" Marxismus-Leninismus? Ein Blick auf
die einschlägigen Interpretationen seit 1989 gibt eher zu Skepsis Anlaß. Ein
Grundmerkmal aller "neuen" Patriotismus-Definitionen ist es nämlich, die "Einheit von Patriotismus und Sozialismus"[31] zu postulieren. Die Kommunistische
Partei reklamiert für sich die Vollendung der Geschichte, da sie die Ideale, den
Staat stark und das Volk reich zu machen (*qiangguo fumin*), mit dem antiimpe-
rialistischen und antifeudalistischen Kampf sowie der Errichtung des Sozialismus
verbunden und damit den Patriotismus auf eine höhere Stufe gehoben habe.[32]
Nichts liegt der Partei ferner, als ein von der KP und dem Sozialismus abgekop-
peltes Nationalgefühl zu erlauben. Die Unterstützung der Partei wird zur ersten
Bürgerpflicht:

> Jemand sagte einmal, den Sozialismus nicht lieben sei nicht gleichberech-
> tigt damit, sein Vaterland nicht zu lieben. Ist denn das Vaterland etwas
> Abstraktes? Wenn man nicht das sozialistische Neue China unter Führung
> der Kommunistischen Partei liebt, welches Vaterland liebt man dann?
> Wir verlangen nicht von allen unseren patriotischen Landsleuten in Hong
> Kong, Macao sowie in Taiwan und im Ausland, den Sozialismus zu unter-
> stützen, aber zumindest sollten sie sich nicht gegen das sozialistische Neue
> China stellen. Wie könnte man sie sonst patriotisch nennen? Von jedem
> Bürger - und besonders von jedem jungen Menschen -, der unter der
> Führung der Regierung in der Volksrepublik China lebt, erwarten wir
> jedoch mehr als das.[33]

Ein weiteres Merkmal des aktuellen Patriotismus-Kanons betrifft eine Erweiterung des ideologischen Repertoires, die schon vor dem Juni 1989 eingesetzt
hatte: Es geht um die Vereinnahmung der Werte der "chinesischen Tradition",
die allerdings von den Parteiideologen ebenso formelhaft interpretiert werden
wie der Marxismus. Wurde früher die "Tradition" systematisch als reaktionär
bekämpft, so heißt es heute:

---

29)   Ming Lizhi 1990, 15.
30)   Zhou Zhiliang 1993, 28.
31)   Ming Lizhi 1990, 15.
32)   Zhou Zhiliang 1993.
33)   Deng Xiaoping 1985, 425.

Die Anerkennung der Reichhaltigkeit und Tiefgründigkeit der fünftausendjährigen chinesischen Nationalkultur ist der Kern der nationalen Kohäsionskraft (*ningjuli*) (...) und kann für die sozialistische Modernisierung eingesetzt werden.[34]

Neues Feindbild ist nun der "nationale Nihilismus" (*minzu xuwuzhuyi*), von dem es heißt, daß er bei "einigen Leuten zur Anbetung alles Ausländischen und zum Ausverkauf der Nation" geführt habe. Folglich sei eine "positive Einstellung zu Chinas nationaler Kultur unter den gegebenen heimischen und internationalen Umständen nicht nur eine kulturelle Angelegenheit, sondern auch eine politische Frage von höchster Bedeutung".[35] Konfuzius könne, wie ein chinesischer Intellektueller einmal bemerkte, "heute Beamter bei der Staatssicherheit sein. Konfuzius sei zwar ohne das Ministerium denkbar, aber das Ministerium könne derzeitig auf Konfuzius offenbar nicht verzichten."[36]

Das dritte und letzte Merkmal des verordneten Patriotismus betrifft das Verhältnis zur Öffnungspolitik. Angesichts der wachsenden Verflechtung Chinas mit der Weltwirtschaft sah sich die Parteiführung Anfang 1993 genötigt, in einem Artikel des theoretischen Parteiorgans *Qiushi* (Wahrheitssuche) auf die politisch-kulturellen Folgen der Öffnung nach außen näher einzugehen. Entsprechend wird unter Berufung auf historische Autoritäten der jüngeren Geschichte Chinas wie Lin Zexu, Sun Yatsen und Lu Xun Wert auf die Feststellung gelegt, daß der "Kampf gegen die Aggression der westlichen Staaten" immer mit der Notwendigkeit verbunden gewesen sei, von ihren Vorzügen zu lernen.[37] Die "Kompliziertheit der gegenwärtigen Öffnungspolitik" mache es notwendig, sich

auf der einen Seite alle vorzüglichen Ergebnisse der menschlichen Zivilisation mutig anzueignen, und auf der anderen Seite alle korrupten und negativen Dinge der Ausbeuterklassen entschlossen abzuwehren. Beides ist untrennbar miteinander verbunden.[38]

Gleichwohl plädiert der Artikel eher für die Relativierung des "Eigenen"; die Abwehr des "Fremden" rückt an die zweite Stelle. So fehlen die orthodoxen Schlagwörter von der "friedlichen Evolution" (*heping yanbian*) und den "vier Grundprinzipien" (*sixiang jiben yuanze*). Hervorgehoben werden muß vor allem

34) Zhou Zhiliang 1993, 31.
35) Politbüromitglied Li Ruihuan, zitiert in: *Beijing Rundschau*, Jg. 27, Nr. 4/ 1990, S. 9.
36) Lackner 1990b.
37) Zhou Zhiliang 1993, 28.
38) A.a.O., 32.

die Erwähnung der bekannten Geschichte von Zhuangzi, "Herbstfluß", über den
Gelben Fluß, der seine Beschränktheit erst erkennt, als er in die Unendlichkeit
des Meeres mündet.[39] Dies ist um so bemerkenswerter, als noch 1988 die "nationalen Nihilisten" um Su Xiaokang in ihrem Drehbuch für den Film *Heshang*
diese Geschichte als Gleichnis für die Notwendigkeit einer "Verwestlichung" und
"Universalisierung" der chinesischen Kultur verwandten.[40] Parteiorthodoxe und
radikale intellektuelle Kritiker berufen sich hier auf die gleichen Versatzstücke
chinesischer Tradition, um diese für die Tagespolitik fruchtbar zu machen.

Fassen wir den "letzten Stand" des hier skizzierten Parteipatriotismus zusammen,
so zeigt sich zunächst, daß dieser im Gegensatz zu mancherlei Vermutungen in
seinen Kernbereichen keinerlei ideologische Innovationen aufweist, die ihn von
der "Geschäftsgrundlage" der Reformphase vor dem Juni 1989 unterscheiden.
Patriotismus in der VR China, so das Fazit, ist nichts anderes als die Apologetik
der spezifischen historischen Etappe, die von der Partei und ihrer jeweils herrschenden Fraktion wiederum von Jahr zu Jahr situationsbezogen einer "kreativen
Interpretation" unterworfen wird. Kurz: die aktuelle Patriotismus-Version ist
ebenso vom Dr. Jekyll- und Mr. Hyde-Syndrom geprägt wie die ihn propagieren-
de Partei.[41] Dr. Jekyll: das ist die Demut des "Gelben Flusses" vor dem Meer der
Weltzivilisation. Mr. Hyde: das ist die "Einheit von Sozialismus und Patriotismus", die Verachtung des "nationalen Nihilismus" und die Warnung an die
"Patrioten" in Taiwan und Hong Kong, ihre "Gebiete" zu Stützpunkten der anti-
sozialistischen Subversion werden zu lassen.[42] Halten wir aber auch fest, daß die
Widersprüchlichkeit des Patriotismus ihn "zahnlos" und diffus erscheinen läßt.
Seine Bekenntnisse zur "chinesischen Tradition" bleiben formelhaft. Sie ähneln
der "Standardaussprache von 1989", einem Videoband des Künstlers Zhang Peili,
in dem eine Nachrichtensprecherin des chinesischen Fernsehens in ständiger
Wiederholung Abschnitte aus einem offiziellen Wörterbuch verliest.[43]

---

39)   "Heute bist du über deine Grenzen hinausgekommen, du hast das große
      Meer erblickt und erkennst deine Ärmlichkeit: So wird man mit dir von der
      großen Ordnung reden können." A.a.O., 29-30.
40)   Peschel 1991, 98.
41)   Kim 1991, 42.
42)   Ming Lizhi 1990, 19.
43)   *China Avantgarde* 1993, 189.

4   Regionalismus als Alternative zum Patriotismus?

Muß an der ideologischen Integrationskraft der Partei allgemein gezweifelt werden, so kann dies nur als weitere Bestätigung der weitverbreiteten Wahrnehmung gewertet werden, daß sich China auf geradem Weg in die "nationale Desintegration" befinde. Wenn auch nicht alle Beobachter so weit gehen, in China demnächst eine "de-Facto-Föderation, wenn nicht gar einen Bürgerkrieg" zu prognostizieren,[44] so stehen doch spätestens seit 1989 der Widerspruch zwischen zentralen und regionalen Interessen und seine Auswirkungen auf die wirtschaftliche und politische Stabilität des Zentralstaats China im Mittelpunkt zahlreicher Untersuchungen.[45] Ist also nicht Patriotismus, sondern Regionalismus die Perspektive Chinas?

Angesichts des begrenzten Raumes kann die Frage hier nur stichwortartig abgehandelt werden. Drei Stränge sind es vor allem, die die Regionalismus-Diskussion bestimmen: Aus ökonomischer und entwicklungspolitischer Sicht werden wachsende regionale Disparitäten zwischen den Küsten- und Binnenprovinzen, den Reformgewinnern und den "landlocked losers" oder Reformverlierern wahrgenommen.

Politisch brisanter als das Ost-West-Gefälle erscheint die wachsende Diskrepanz zwischen der "konservativen" Zentrale und den wirtschaftlich prosperierenden und politisch "liberaleren" Provinzen, vor allem den Südprovinzen. Als Regionalkonflikt "Süd gegen Nord" ist diese Perzeption in die Literatur eingegangen.[46] Der Norden, also Peking, erscheint als "Statthalter politisch-bürokratischer Rigorosität", während sich auch historisch erwiesen habe, daß Innovationen, Reformen und Revolutionen immer von Südchina, dem "Land der offenen Grenze", ausgegangen seien.[47]

Schließlich wird vor allem aus sinologischer Sicht auf die starke regionalistische und lokalistische Tradition Chinas und ihr Wiederaufleben, insbesondere auf dem Land, verwiesen. Der Zentralstaat habe zwar noch das Gewaltmonopol, aber die informellen Netze volksreligiöser Geheimgesellschaften, Klan- und Lineageorganisationen hätten - vor allem in Südchina - die ideologische, aber auch organisatorische Autorität der KP zersetzt.[48] Da der Mangel an geistigem

---

44)   Möller 1993.
45)   Siehe beispielsweise Weggel 1991; Herrmann-Pillath 1991; Goodman 1992; Zhao 1992.
46)   Weggel 1991.
47)   Machetzki 1989, 283.
48)   Siehe dazu z.B. Heberer 1993, 13.

Pluralismus in China auf die "Vereinheitlichung" des Denkens im Einheitsstaat zurückzuführen sei, könne eine Teilung Chinas auch als "Chance" begriffen werden.[49]

Alle diese Beobachtungen haben einen Vorteil: Sie reflektieren die "Uneinheitlichkeit" und Vielfalt der Entwicklungen in China und verabschieden sich damit von dem zentralistischen Chinabild, das die klassische, auf das Mandarinat konzentrierte Sinologie ebenso wie die moderne "Pekinologie" miteinander gemein hatten. Ihr Nachteil: Sie sind erstens zu "einfach", zweitens zu "absolut". Zum einen muß die Frage gestellt werden , ob die angesprochenen Widersprüche notwendig innerhalb eines Konfliktmodells interpretiert werden müssen, zum anderen muß nach der "counter-evidence" der nach wie vor bestehenden Macht der Zentrale gefragt werden.[50]

Betrachten wir zunächst die Grundproblematik des Ost-West-Gefälles. Grundsätzlich steht außer Frage, daß in einem Land von der geographischen Ausdehnung und der Bevölkerungsgröße Chinas zwangsläufig gewaltige Gefälleerscheinungen im Entwicklungsstand einzelner Großregionen auftreten müssen. Wirtschaftliche Spitzengebiete im Süden und im Osten des Landes lassen sich nach den Kategorien der Weltbank längst als "newly industrializing economies" einordnen, während einzelne Armutsregionen weiter im Status der "least developed countries" verharren.[51] Dennoch haben wir es nicht mit einer "brasilianischen" Entwicklung zu tun, in der ja einige Wachstumspole anderen stetig verarmenden und strukturell unterentwickelt bleibenden Regionen gegenüberstehen.

Aus den uns heute zur Verfügung stehenden Daten läßt sich dieses Bild zumindest nicht belegen: Herrmann-Pillath gibt nach einer sorgfältigen Auswertung der neuesten statistischen Angaben zu Protokoll, daß das "chinesische Wirtschaftswachstum bislang aller Wahrscheinlichkeit nach nicht mit einer absoluten Auseinanderentwicklung der Provinzen verbunden ist (...)."[52] Ähnlich argumentieren im übrigen auch Weltbankexperten.[53] Eher scheint sich die These belegen zu lassen, daß auch die großen zentral- und westchinesischen Binnenprovinzen von den Reformen erheblich profitiert haben: Einschlägige Angaben belegen,

---

49)   Siehe ausführlich: Schmidt-Glintzer 1991.
50)   Siehe Goodman 1992.
51)   Machetzki 1989, 282.
52)   Herrmann-Pillath 1993, 9.
53)   Siehe dazu Burki 1993.

daß diese Provinzen im Zeitraum 1984-1991 eine Verdoppelung des Pro-Kopf-Einkommens zu verzeichnen hatten; im Falle Shaanxis und Sichuans lassen sich sogar Steigerungen um das Zweieinhalbfache feststellen.[54]

Der herausragende und singuläre Fall der Provinz Guangdong mit ihren weltweit unschlagbaren jährlichen Wachstumsraten von zwanzig Prozent scheint die unbestreitbaren Wohlfahrtszuwächse in ganz China sowohl im Bewußtsein der Beteiligten als auch der westlichen Chinabeobachtung zu relativieren. Nicht zuletzt der auch von der Weltbank registrierte Rückgang der absoluten Armut in China macht die Dialektik von mehr Reichtum in einigen Provinzen und weniger Armut in vielen anderen klar. Die angeblich agrarorientierte Strategie des maoistischen China hatte dagegen bis Ende 1978 neben 20 Millionen Toten (infolge des "Großen Sprungs" 1958-1960) über 200 Millionen Arme zu verantworten. Von einer "ausgeglichenen" Entwicklung konnte keine Rede sein.[55]

Wenden wir uns nun der These vom "Regionalkonflikt" zu, der ja inzwischen zum "Hauptwiderspruch" in China avanciert sein soll.[56] Auch hier nur stichwortartig die wichtigsten Einwände: Das Konfliktmodell übersieht erstens, daß alle Dezentralisierungsmaßnahmen und damit insbesondere die Zuteilung wirtschaftlicher und auch juristischer Sonderrechte seit 1979 zentral geplant und gesteuert worden sind. Herrmann-Pillath betont, daß die Einräumung von Autonomierechten paradoxerweise als Mittel betrachtet werden kann, die Macht der Zentrale gegenüber den Provinzen zu stärken: "Kann sie keine Finanzmittel und keine Ressourcen mehr verteilen, so verteilt sie nun Privilegien."[57] Im übrigen entspricht dies nur dem langfristigen, schon unter Mao Zedong einsetzendem Dezentralisierungstrend und der Transformation der chinesischen Ökonomie von einer Befehls- zu einer Verhandlungswirtschaft, die hier nicht näher beschrieben werden kann.[58] Jedenfalls haben jahrelange intensive Studien amerikanischer Bürokratieforscher zum Modell des "fragmentierten Autoritarismus" zwar auch die Abnahme zentraler Kontrollen über budgetäre Ressourcen konstatiert, aber gleichzeitig auf den wachsenden Zugriff der Zentrale auf (bessere) Informationen und (bessere, nicht zuletzt westliche) Experten hingewiesen.[59]

---

54)   CNA 1992; Delfs 1991.
55)   Siehe dazu ausführlich Betke/Küchler 1980.
56)   Weggel 1991, 11.
57)   Herrmann-Pillath 1993, 27.
58)   Siehe dazu ausführlich Zhao 1992; Herrmann-Pillath 1993; Lieberthal/Lampton 1991.
59)   Maßgeblich hierzu: Lieberthal/Lampton 1992.

Auch der Emanzipationsdrang der südlichen Provinzen, insbesondere Guangdongs, scheint sich vorläufig auf die Ökonomie zu beschränken. Von einem bewußten, regionalistisch begründeten Trend zur "Demokratisierung" kann nicht die Rede sein: Die wirtschaftlichen Privilegien werden durch politisches Stillhalten erkauft.

Selbst auf dem Höhepunkt der 1989er Demokratiebewegung blieb Guangdong weitgehend indifferent. Man befürchtete, daß eine starke Reformbewegung von unten zu einer verstärkten Kontrolle des Staates über die Regionen und Wirtschaftssonderzonen führen könnte.[60]

Ein eher schwach ausgeprägtes Nationalgefühl scheint in den intellektuellen Schichten Guangdongs vorzuherrschen. Zumindest mangelt es am Interesse für "nationale" und "grundsätzliche" Fragen, wie sie die Pekinger Studenten bewegten. Ein "pragmatischer Regionalismus" kantonesischer oder auch Shanghaier Art kommt somit den Interessen der Konservativen durchaus entgegen.

Der letzte für unser Thema wichtige Aspekt der Regionalismus-Debatte betrifft die Möglichkeit der kulturellen und politischen Desintegration Chinas. Mit Blick auf die lange Geschichte der Teilungen des Landes werden die seit 1989 stärker demonstrierten provinziellen und lokalen Identitäten als mögliche separatistische Tendenzen gedeutet. Die chinesische Geschichte bietet keine Belege für eine derartige These. Die Idee eines Einheitsstaates blieb auch und gerade in Krisenzeiten erhalten. So proklamierte die Provinz Sichuan zur Zeit der Kriegsherren 1921 ihre "Unabhängigkeit" mit dem Zusatz - "pending the establishment of a legal unified government of the Republic of China."[61] Es wird ferner übersehen, daß in der Geschichte Chinas "die volle Autonomie und Abgrenzung einer Region gegen die andere nie zum Typus geworden ist als vielmehr das Ideal eines einigermaßen ausgewogenen Verhältnisses zwischen regionaler und zentraler Gewalt."[62] Andere Autoren haben gezeigt, daß Regionalismus und bürokratischer Einheitsstaat sich im kulturellen Milieu Chinas auf eigentümliche Weise ergänzten:

The system was so flexible that those who called themselves Chinese could have their cake and eat it too: They could participate in a unified culture while at the same time celebrating their local or regional distinctiveness.[63]

---

60)   Ting Wai 1992, 57.
61)   Goodman 1992, 3.8.
62)   Grimm 1974, 1117.
63)   Watson 1991, 373.

Zentralistisch und bürokratisch verfaßte Regime haben sich in China immer unauflöslich mit der informellen Macht lokaler und regionaler Eliten verbunden sowie den unzähligen Verbänden einer "pre-modern civil society", wie sie auch jetzt wieder entstehen.[64] Zu Recht ist daher vor voreiligen Parallelen mit der Situation in der Sowjetunion 1990/91 gewarnt worden.[65] Nationale und lokale Identitäten müssen sich nicht notwendig konfliktbeladen gegenüberstehen. Die "kreative Spannung" der bekannten Parole von F.J. Strauß, "Bayern als Heimat, Deutschland als Vaterland, Europa als Zukunft" zu begreifen, bringt den Gedanken der sich ergänzenden Identitäten in ganz anderem Kontext auf den Begriff.[66]

Ausblick: Chinesischer Nationalismus: Spiel ohne Grenzen?

Die bisherige Diskussion der "süß-sauren" (Pye) Geschichte des chinesischen Nationalismus und seiner zentralen und regionalen Dimensionen macht erstens deutlich, daß dieser weder als Ersatzideologie noch als "neuer" Integrationsfaktor für die jetzige Phase chinesischer Modernisierung dienen kann. Dennoch, so die These, wird uns der Nationalstaat China (auch in seiner jetzigen Form) für absehbare Zeit erhalten bleiben.

Neben den oben angeführten, die Desintegrationsthese relativierenden Argumenten muß die "entwicklungsnationalistische" (Senghaas) Stoßrichtung der chinesischen Revolution und ihr (sicherlich mit fragwürdigen Mitteln erzeugter) Beitrag zur Verdichtung politischer und sozialer Kommunikation im Sinne des *nation-building* à la Karl Deutsch erwähnt werden. "From this perspective, the real nationalist revolution in China came after 1949 in the building of an infrastructure that reached all of the state's citizens and regions."[67] Nicht umsonst heben die Ergebnisse amerikanischer Feldforschung in den achtziger Jahren die Entstehung eines neuen Nationalbewußtseins in den agrarischen Untersuchungsgebieten hervor.[68]

Zum zweiten scheint trotz der "neuen Unübersichtlichkeit" im Bereich der Werte- und Glaubenssysteme ein "spontanes Nationalgefühl" von unten zu existieren. Dafür spricht die starke "patriotische" Komponente der Demokratiebewegung von 1989. Elemente eines Nationalbewußtseins lassen sich auch aus den Umfrageergebnissen chinesischer Meinungsforscher unter chinesischen Jugendlichen

---

64) Strand 1990, 5.
65) Goodman 1992, 3.15-17.
66) Ich danke Rüdiger Machetzki, Hamburg, für diesen Hinweis.
67) Townsend 1992, 119.
68) Siehe beispielsweise Friedman et al 1991; Huang 1989.

herausfiltern. Auf die Frage nach den Schlüsselkriterien für den Erfolg eines Landes antworteten fast 90 Prozent mit "ein hoher Lebensstandard", während immerhin jeweils 40 Prozent die Kriterien "Macht" und "hoher internationaler Status" nannten.[69] Es sollte daher nicht erstaunen, wenn die Partei weiterhin versuchen wird, den Wunsch der Jugendlichen nach einem starken und international respektierten China auszunutzen. Demgegenüber läßt eine weitere Umfrage erhebliche Zweifel aufkommen, ob ein starkes China für chinesische Jugendliche von heute auch ein "sozialistisches China" sein muß. So konnten von eintausend befragten Mittelschülern 1990 45 Prozent nicht den Text der Nationalhymne auswendig, 21 Prozent wußten nicht, daß 1989 der 40. Jahrestag der VR China war, und 54 Prozent wußten nicht, daß das Endziel der KP in der Verwirklichung des Kommunismus liege. Einige gaben an, es sei die Realisierung des Kapitalismus.[70]

Fragen wir abschließend nach den internationalen Auswirkungen des chinesischen Nationalismus, so erscheint es sinnvoll, der Studie von James Townsend folgend, zunächst kurz auf die vier "konkurrierenden Inhalte" für den Begriff der chinesischen Nation einzugehen:

1. Die "Nation" der Han-Chinesen, die auf dem Territorium der VR leben, jenes Volk, das wir meinen, wenn wir von "den" Chinesen sprechen.

2. Die "Nation", die sich durch die Staatsbürgerschaft Volksrepublik China definiert und über eine Milliarde Han-Chinesen sowie über 90 Millionen Angehörige nationaler Minderheiten (auf 64 Prozent des Territoriums) umfaßt.

3. Eine dritte "Nation" könnte alle ethnischen Chinesen einschließen, wo immer sie gerade leben: in China, Hong Kong, Taiwan, Singapur, USA, Australien, Deutschland etc.

4. Diese größte chinesische "Nation" disaggregiert sich wiederum in größere (Taiwan) und kleinere (Hong Kong; Singapur) staatliche und regionale Einheiten.

Alle hier aufgeführten Konfigurationen der chinesischen "Nation" sind einem raschen wirtschaftlichen und gesellschaftlichen Wandel unterworfen. Hong Kongs Zukunft als "Sonderverwaltungsregion" der VR China ab dem 1. Juli 1997

---

69)   Rosen 1992, 172.
70)   Rosen 1992, 172.

und das Schicksal Taiwans erscheinen ungewiß. Der Begriff "Nationalismus" hat im chinesischen Kontext einen extrem fließenden, situativen Charakter.[71]

Der Nationalismus der Han-Chinesen, dies muß entgegen landläufigen Annahmen betont werden, hat in der Öffnungs- und Reformphase seit 1979 keine große Rolle gespielt. Der "Rückzug" ins Private, Lokale und Regionale und vor allem in die Sphäre der Ökonomie blieb als Grundtendenz erhalten. Auch hat es die KP (bisher) vermieden, den (latent vorhandenen) ethnischen Nationalismus zu mobilisieren und sich auf die Propagierung der hier vorgestellten sterilen Patriotismus-Version beschränkt. Eine Mobilisierung gegen äußere "Feinde" erscheint in Krisenzeiten nicht unmöglich. Dennoch bleibt zu fragen: gegen wen? China fehlt der "Feind".

Kommen wir zur zweiten Nation, jenem multiethnischen, sozialistischen Staatsgebilde Volksrepublik, das von einer nur schwach legitimierten politischen Elite vertreten wird. Selbst ihr formelhafter und abstrakter Patriotismus kann, wie 1989 geschehen, von der Opposition jederzeit mit anderen Themen "besetzt" und umfunktioniert werden. Völlig offen muß jedoch bleiben, ob sich eine neue Führungsgeneration von dem Ideal eines multinationalen Zentralstaats, das die Guomindang auf Taiwan bekanntlich noch heute vehement vertritt, verabschieden können wird.

Größere Erwartungen lassen sich an den "weichen" Nationalismus der dritten und vierten Nation knüpfen. Seine Grundlage ist das vage Gefühl gemeinsamer kultureller Identität, das die chinesische Diaspora von Hong Kong bis Seattle verbindet.[72] Eines der wichtigsten Ergebnisse der Reformära war die Mobilisierung der ökonomischen und kulturellen Energien jenes anderen, von vierzig Jahren Sozialismus unbeschädigten Chinas für die Modernisierungspolitik. Als innovatives, in sich pluralistisch verfaßtes Element bietet das "andere" China das Potential, um in Konkurrenz und Konvergenz mit einer neuen Führungsgeneration in Peking sowie den embryonalen Elementen der chinesischen Bürgergesellschaft einen modernen Begriff der Nation zu entwickeln. Der alte patriotische Diskurs von Sun Yatsen bis Deng Xiaoping hätte dann endgültig ausgedient.

---

71)   Townsend 1992, 129.
72)   Tu 1992; CNA 1992a.

Literaturverzeichnis

Barmé, Geremie (1992): "The Greying of Chinese Culture", in: *China Review*, Chinese University of Hong Kong (Kap. 13)

Bendix, Reinhard (1991): "Strukturgeschichtliche Voraussetzungen der nationalen und kulturellen Identität in der Neuzeit", in: Giesen, Bernhard (Hrsg.): *Nationale und kulturelle Identität, Studien zur Entwicklung des kollektiven Bewußtseins in der Neuzeit*, Frankfurt am Main; S.39-55

Betke, Dirk/ Küchler, Johannes (1980): "Wachsende regionale Disparitäten - auch in der VR China?", in: Yu, Cheung-Lieh (Hrsg.): *Chinas neue Wirtschaftspolitik*, Frankfurt/Main; S.167-240

Burki, Shahid Javed (1993): "Xinjiang: Chinas 'Wilder Westen' wird gezähmt", in: *Weltbanknachrichten*, 15.Juni 1990, S.4

China Avantgarde (1993): hrsgg. vom Haus der Kulturen der Welt Berlin, Katalog der gleichnamigen Ausstellung, Heidelberg 1993

CNA (1992a): "Fragmented Fractals. Towards Chinese Culture in the 21st Century", in: *China News Analysis*, Nr.1462, June 15, 1992

CNA (1992b): "Provincial Developments and Central Reactions", in: *China News Analysis*, Nr.1463, July 1, 1992

Conable, Barber B./ Lampton, David M. (1992): "China: The Coming Power", in: *Foreign Affairs*, Vol. 72, Nr.5, S.133-150

Delfs, Robert (1991): "Saying no to Peking", in: *Far Eastern Economic Review*, Nr.14, S.21-24

Deng Xiaoping (1988): "Eindeutige Position im Kampf gegen die bürgerliche Liberalisierung beziehen" (30.12.1986), in: Deng Xiaoping: *Die grundlegenden Fragen im heutigen China*, Peking, S.186-192

Deng Xiaoping (1985): "Zu Problemen an der ideologischen Front", in: Deng Xiaoping: *Ausgewählte Schriften (1975-1982)*, Peking, S.422-427

Dikötter, Frank (1992): *The Discourse of Race in Modern China*, London

Friedman, Edward et al (Hrsg.) (1991): *Chinese Village, Socialist State*, New Haven & London

Goodman, David S.G. (1992): "Provinces Confronting the State", in: *China Review*, Chinese University of Hong Kong, Kap.3

Grimm, Tilemann (1974): "Regionalismus", in: Franke, Wolfgang (Hrsg.) *China-Handbuch*, Düsseldorf, S.1113-1117.

Heberer, Thomas (1993): *Transformation des chinesischen Systems oder sozialer Wandel? Eine Untersuchung zum Verhältnis von ökonomischen, gesellschaftlichen und politischen Wandlungsprozessen*, Berichte des Bundesinstituts für ostwissenschaftliche und internationale Studien, 28-1993

Kelly, David (1992): "Philosophers Revisited", in: *China News Analysis*, Nr. 1453, February 1, 1992

Kim, Samuel S. (1991): "Mainland China and a New World Order", in: *Issues & Studies*, Vol.27, Nr.11, S.1-43

Lackner, Michael (1990a): "Beginn der Breschnew-Zeit", in: *FAZ*, 7.6.1990

Lackner, Michael (1990b): "Konfuzius bei der Staatssicherheit", in: *FAZ*, 24.1.1990

Liao, Kung Sheng (1986): *Antiforeignism and Modernization in China 1860-1980*, Hong Kong

Lieberthal, Kenneth G. et al (Hrsg.) (1991): *Perspectives on Modern China. Four Anniversaries*, Armonk/London

Lieberthal, Kenneth G./Lampton, David M. (Hrsg.) (1991): *Bureaucracy, Politics and Decision-Making in Post-Mao China*, Berkeley, Los Angeles, Oxford

Machetzki, Rüdiger (1989): "Volksrepublik China: Zur unvollendeten Reform", in: Rytlewski, Ralf (Hrsg.), *Politik und Gesellschaft in sozialistischen Ländern, Politische Vierteljahresschrift* (PVS), Sonderheft 20/1989, S.273-289

Machetzki, Rüdiger (1990): "Zur Diskussion um den Stellenwert der Tradition", in: *China aktuell*, Juli 1990, S.530-538

Mao Zedong (1949a): "Der Bankrott der idealistischen Geschichtsauffassung", in: Mao Zedong, *Ausgewählte Werke*, Band IV, Peking 1969, S.481-489

Mao Zedong (1949b): "Es lebe die große Einheit des chinesischen Volkes!", in: Mao Zedong, *Ausgewählte Werke*, Band V, Peking 1977, S.11-16

Meißner, Werner (1989): "Le mouvement des idées politiques et l'influence de l'Occident", in: Bergère, Marie Claire et al (Hrsg.): *La Chine au XXe siècle. D'une revolution à l'autre (1895-1949)*, Paris, S.325-354

Ming Lizhi (1990): "Jianchi aiguozhuyi he shehuizhuyi de tongyi" ("An der Einheit von Patriotismus und Sozialismus festhalten"), in: *Qiushi*, 1990, Nr.9, S.15-19

Möller, Kay (1993): "Ruhe auf dem Platz des Himmlischen Friedens?", in: *Das Parlament*, 23.4.1993, S.13

Nathan, Andrew J. (1990): *China's Crisis. Dilemmas of Reform and Prospects for Democracy*, New York

Peschel, Sabine (Hrsg.) (1991): *Die Gelbe Kultur. Der Film "Heshang": Traditionskritik in China*, Bad Honnef

Pye, Lucian (1993): "How China's Nationalism was Shanghaied", in: *The Australian Journal of Chinese Affairs*, Nr.29, S.107-133

Rosen, Stanley (1992): "Students and the State in China: The Crisis in Ideology and Organization", in: Rosenbaum, Arthur (Hrsg.): *State and Society in China. The Consequences of Reform*, Boulder, San Francisco, Oxford, S.167-192

Schmidt-Glintzer, Helwig (1991): "China im Blindflug. Oder: Die Teilung Chinas als Chance", in: *China-Blätter*, Nr.18, S.305-314

Staiger, Brunhild (1990): "Der verordnete Patriotismus der Konservativen", in: *China aktuell*, Mai 1990, S.351-356

Strand, David (1990): "Protest in Beijing: Civil Society and Public Sphere in China", in: *Problems of Communism*, May-June 1990, S.1-19

Sun Yatsen (1927): *Die Grundlehren von dem Volkstum*, Berlin

Ting Wai (1992): "The Regional and International Implications of the South China Economic Zone", in: *Issues & Studies*, Vol.28, No.12, S.46-72

Townsend, James (1992): "Chinese Nationalism", in: *The Australian Journal of Chinese Affairs*, Nr.27, S.97-130

Tu Weiming (1991): "Cultural China: The Periphery as the Center", in: *Daedalus*, 120,2 (Cambridge, Mass.)

Vierheller, Ernst (1974): "Nationalismus", in: Franke, Wolfgang (Hrsg.): *China-Handbuch*, Düsseldorf, S.961-965

Wagner, Rudolf (1981): "Staatliches Machtmonopol und alternative Optionen. Zur Rolle der 'westlichen Barbaren' im China des 19. Jahrhunderts", in: Grevemeyer, Jan-Heeren (Hrsg.): *Traditionale Gesellschaften und europäischer Kolonialismus*, Frankfurt am Main, S.105-136

Wagner, Rudolf (1992): "Konfrontation im Imaginaire: Institutionelle Struktur und Modernisierung in der Volksrepublik China", in: Harth, Dieter/Assmann, Jan (Hrsg.): *Revolution und Mythos*, Frankfurt am Main, S.313-347

Wasserstrom, Jerry N. et al (Hrsg.) (1992): *Popular Protest and Political Culture in Modern China. Learning from 1989*, Boulder/San Francisco/Oxford

Watson, James (1991): "The Renegotiation of Chinese Cultural Identity in the Post-Mao Era. An Anthropological Perspective", in: Lieberthal, Kenneth G. et al (Hrsg.), *Perspectives on Modern China. Four Anniversaries*, Armonk/London, 1991, S.364-386

Weggel, Oskar (1991): *Regionalkonflikte in China, Süd gegen Nord*, Hamburg (Mitteilungen des Instituts für Asienkunde, Nr.210)

Woodside, Alexander (1991): "Emperors and the Political System", in: Lieberthal, Kenneth G. et al (Hrsg.), *Perspectives on Modern China. Four Anniversaries*, Armonk/London, 1991, S.5-30

Zhao Suisheng (1992): "From Coercion to Negotiation: The Changing Central-Local Economic Relationship in Mainland China", in: *Issues & Studies*, Vol.28, No.10, S.1-22

Zhou Zhiliang (1993): "Aiguozhuyi yu duiwai kaifang" ("Patriotismus und Öffnungspolitik"), in: *Qiushi*, Nr.1, S.28-32

Vormachtstreben der Volksrepublik China und regionale Kooperation in Nordost- und Südostasien

Kay Möller

Seit Ende des Kalten Krieges, dem Rückzug Rußlands und partiellen Rückzug der USA aus Ostasien, versucht die Volksrepublik China, ihre präkoloniale Vormachtrolle in der Region neu zu begründen. Ziel ist ein Glacis, in dem sich unterschiedliche Einzelakteure gegenseitig ausbalancieren, die einen Teil ihrer Legitimität Peking verdanken. Indizien für diese Entwicklung sind Chinas Rolle im kambodschanischen Friedensprozeß, Rüstungslieferungen an Thailand und Birma, maritime Expansion im Südchinesischen Meer und eine zumindest ambivalente Politik auf der koreanischen Halbinsel.

Im folgenden werden Ziele und Mittel der chinesischen Ostasienpolitik und regionale Reaktionen untersucht. Die Untersuchung ergibt, daß Souveränitätsverzicht im Interesse regionaler Integration kein Leitmotiv der derzeitigen chinesischen Außenpolitik ist. Da aber die für eine diesbezügliche politische Öffnung erforderliche Zeit eventuell nicht zur Verfügung steht, kann die Übersetzung unvermeidlicher Friktionen in regionale Konflikte nicht mehr ausgeschlossen werden. Expansive Tendenzen in der Ostasienpolitik der Volksrepublik China stellen Frieden und Sicherheit überall dort in Frage, wo ihnen kein eindämmendes Engagement Dritter entgegensteht.

1 Ziele und Mittel chinesischer Ostasienpolitik

> Nachdem sie China Niederlagen beigebracht hatten, bemächtigten sich die imperialistischen Staaten gewaltsam einer Anzahl China tributpflichtiger Staaten und eines Teils seines Territoriums. Japan hat sich Korea, Taiwan, die Ryukyu-Inseln, die Pescadoren und Port Arthur angeeignet; England hat Birma, Bhutan, Nepal und Hongkong genommen; Frankreich hat sich Annams bemächtigt; selbst ein elendes kleines Land wie Portugal hat uns Macao abgenommen.
>
> - Mao Zedong,
> Die chinesische Revolution und die KPCh,
> Dezember 1939

> China ist ein wichtiger Faktor bei der Aufrechterhaltung von Frieden und Stabilität der asiatisch-pazifischen Region und der Welt insgesamt ... Was das äußere Umfeld angeht, so brauchen wir eine dauerhaft friedliche internationale Umgebung, um das Ziel (der Vier Modernisierungen) zu erreichen. China hat immer eine unabhängige Friedenspolitik betrieben und stellt keine Bedrohung für andere Staaten dar. Es ist ein objektives Faktum, daß Chinas nationale Verteidigungsstreitkräfte in ihrem Charakter defensiv sind und die Verteidigungsausgaben pro Kopf sehr niedrig liegen.
>
> - Li Peng zu Alexander Haig,
> 17. Februar 1993

1.1   Meint China, was es sagt?

Ziel chinesischer Traditionalisten, Nationalisten und Revolutionäre seit einhun-
dertfünfzig Jahren ist der "Aufbau eines mächtigen Nationalstaates, unabhängig
von auswärtigen Mächten, und die volle Wiederherstellung der Souveränität
Chinas über Territorien, die zwischen 1840 und 1945 an fremde Mächte 'verloren' gegangen waren."[1] Erste außenpolitische Priorität in der kommunistischen
Ära galt dabei zumeist "der pragmatischen Suche nach einem stabilen Umfeld,
das man für effektive Modernisierung und Entwicklung brauchte".[2] So blieben
Ansprüche auf Hongkong, Taiwan oder 1,5 Millionen Quadratkilometer sowjetischen Territoriums in realistischer Einschätzung der eigenen Möglickkeiten
und gewisser Vorteile des Status quo rhetorischer Art. Gelegentlich allerdings
ließen Chinas Führer ihre "nationalistischen und ideologischen Ziele und andere
Fragen in der politischen Diskussion die grundlegenden Sicherheits- und Ent-
wicklungsinteressen der Nation ... ernsthaft in Frage stellen".[3] Spätestens seit der
"Strafexpedition" gegen Vietnam vom Frühjahr 1979, womöglich aber schon 1950
in Korea und 1962 im Himalaya, gibt es eine Symbiose beider Elemente, wobei
die Volksrepublik "an den Umbruchstellen vom radikalen zum konservativen
gesellschaftspolitischen Weg ... nicht nur für äußere Drohungen sensibler wurde,
sondern auch im Interesse der Festigung der neuen Machtstruktur eher bereit
sein mußte, auf solche mit exemplarischem und punktuellem Einsatz von Gewalt
zu antworten".[4]

Die Volksrepublik China mag über Interkontinentalraketen, einen Sitz im Weltsicherheitsrat und eine Lateinamerikapolitik verfügen, ihre Außenpolitik war und
ist vor allem auf die eigene Peripherie fixiert. Dabei ist es wichtig zu verstehen,
"daß China nicht einfach ein beliebiger Nationalstaat in einer Familie der Nationen ist. China ist eine Zivilisation, die vorgibt, ein Staat zu sein."[5] Dies erklärt
unter anderem eine Unschärfe in der Definition der Grenzen Chinas, vor allem
aber auch einen fortbestehenden Anpruch auf Einflußnahme auf einstmals
tributpflichtige Staaten im Süden und Osten, die teils über Konfuzianismus und
chinesische Schrift sinisiert sind (Japan, Korea, Nordvietnam), teils traditionelle
Wirtschaftsverbindungen und substantielle auslandschinesische Minderheiten

---

1) Vgl. Robert G. Sutter, *Chinese Foreign Policy, Developments after Mao*,
   New York 1986, S. 3.
2) Ebd., S. 10.
3) Ebd.
4) Kay Möller, *China und das wiedervereinigte Vietnam, Pax sinica contra
   Regionalhegemonie*, Bochum 1984, S. 481.
5) Lucian W. Pye, "China: Erratic State, Frustrated Society", in: *Foreign Affairs*, Herbst 1990, S. 56-74.

aufweisen (die ASEAN-Staaten, Birma, Indochina). Auch ohne Anerkennung eines Vormachtanspruchs im westlichen Sinne ist für diese Staaten "die simple geographische Realität alter Fakt, daß China da ist, sehr groß ist, sehr mächtig und potentiell sogar noch mächtiger ist und nicht weggezaubert werden kann".[6] Konkrete Manifestationen des chinesischen Anspruchs sind unter anderem Territorialansprüche im Südchinesischen Meer bis vor die Küste Borneos, ein weniger weiträumiger, aber strategisch bedeutsamer Territorialanspruch im Ostchinesischen Meer sowie erfolgreiche Einflußnahme auf die Außenpolitik Japans.

Chinas deklamatorische und tatsächliche Ostasienpolitik seit 1949 verfolgt das Motiv der Wiederherstellung einer vorkolonialen Ordnung, in der der Einfluß auswärtiger Mächte minimiert ist, sich die regionalen Akteure gegenseitig ausbalancieren und einen Teil ihrer Legitimität Peking verdanken. Wenn China sich seit etwa 1990 konstruktiv am kambodschanischen Friedensprozeß beteiligt hat und bisher sogar auf Kosten der Roten Khmer an der Implementierung des Pariser Abkommens vom Oktober 1991 festhält, so weil die darin für Indochina skizzierte Ordnung exakt den obengenannten Bedingungen gerecht werden würde.

Einmal abgesehen vom eigenen Machtpotential, waren Chinas Möglichkeiten für eine aktive Ostasienpolitik in den Jahren des Kolonialismus, des Kalten Krieges und des sino-sowjetischen Konflikts stark eingeschränkt. Deng Xiaoping versuchte, den Handlungsspielraum der Volksrepublik zu erweitern, indem er dem Westen, Japan und der ASEAN im Indochinakontext eine gegen Moskau gerichtete "antihegemoniale Allianz" anbot. Diese nahm 1981 vorübergehend Konturen an, als die drei kambodschanischen Widerstandsfraktionen auf chinesische Initiative eine Regierungskoalition bildeten. Um diese herum konzertierte sich ein antivietnamesisches Bündnis, das über zehn Jahre das diplomatische und logistische Rückgrat des "Demokratischen Kampuchea" bilden sollte (erst als die USA im Juli 1990 drohten, ihre Unterstützung für die Roten Khmer einzustellen, fand Peking sich zu einem Kambodscha-Kompromiß bereit). Schon seit Ende der siebziger Jahre sprachen Washington und Tokyo China eine wichtige Rolle in Korea zu, deren Wahrnehmung jedoch zunächst an der Sabotagepolitik Kim Il-sungs scheiterte. Abgesehen von solchen temporären oder punktuellen Arrangements lehnten es die USA aber ab, das "strategische Dreieck" durch Formalisierung ihres Dialogs mit China außer Kraft zu setzen und Peking koordiniertes Vorgehen in sämtlichen internationalen Fragen anzubieten. China begann daraufhin schon 1983 eine zumindest optische Wiederannäherung an die Sowjetunion, die schließlich von Gorbatschows Entspannungspolitik überholt wurde.

6)   C.P. Fitzgerald, *China and Southeast Asia since 1945*, London 1973, S. 5.

Deng Xiaoping hatte mit seiner "Strafexpedition" gegen Vietnam 1979 nach Jahrzehnten einer zwangsläufig eher deklamatorischen chinesischen Außenpolitik belegen wollen, daß "China meint, was es sagt", das heißt der Westen, Japan und die ASEAN sich fortan auf Pekings Grundsatzerklärungen würden verlassen können. Heute, fünfzehn Jahre später, muß China bei den Genannten Zweifel über die Ziele seiner Ostasienpolitik ausräumen und den defensiven Charakter seiner nationalen Entwicklung unter Beweis stellen. Meint Peking diesmal, was es sagt?

- 1987 und 1988 lieferte China Thailand Kampfpanzer, Flak-Kanonen und anderes schweres Gerät zu Sonderkonditionen von weniger als zehn Prozent des Weltmarktpreises.[7] Das über Bangkoks Unterstützung der Roten Khmer und die Einstellung chinesischer Hilfe für die KP Thailands begründete allianzähnliche Verhältnis beunruhigte nicht nur Vietnam, sondern auch Bangkoks ASEAN-Partner, die weder Peking noch den Roten Khmer eine dauernd wichtige Rolle in der Region zubilligen wollten.[8] Die militärische Komponente in den thailändisch-chinesischen Beziehungen hat zwar in den neunziger Jahren an Bedeutung verloren, und Bangkoks eigene Ambitionen in Indochina werden in Peking mittlerweile durchaus kritisch beurteilt,[9] Verbindungen zwischen den Streitkräften und militärisch-industriellen Komplexen beider Seiten dürften aber dauerhaft wirksam bleiben. Sie könnten angesichts der andauernd wichtigen Rolle des Militärs in der thailändischen Politik auch kurzfristig reaktiviert werden.

- 1988 nahm die birmanische Staatsführung mit der blutigen Niederschlagung der Demokratiebewegung in Birma das Massaker in China im Folgejahr vorweg. Vor dem Hintergrund ihrer weltweiten Isolation rückten beide Regimes enger zusammen. Im Dezember 1989 unterzeichneten China und Birma ein Abkommen über wirtschaftlich-technische Zusammenarbeit und Brückenbau in ihrem Grenzgebiet. Im November 1990 wurde ein Vertrag über die Lieferung chinesischer Kampfflugzeuge, Flak-Geschütze, Patrouillenboote etc.

---

7) Vgl. *The Nation* (Bangkok), 3.5.1987; *Bangkok Post*, 24.4.1988.

8) Vgl. *International Herald Tribune* (*IHT*), 28.10.1988.

9) Als Thailands Premier Chatichai 1989 in China für seine Formel von der Umwandlung indochinesischer Kriegsschauplätze in "Marktplätze" warb, insistierten seine Gesprächspartner, daß derlei nicht zur Stabilisierung der von Vietnam gestützten kambodschanischen Regierung führen dürfe. So etwa der chinesische Staatspräsident Yang Shangkun; vgl. Nachrichtenagentur Xinhua (XNA), engl., 15.3.1989, zitiert in *Summary of World Broadcasts* (*SWB*) der BBC in Reading, hier: FE/0411/A3/3 vom 17.3.1989.

bekannt.[10] 1991 trafen chinesische Militärberater in Rangoon ein.[11] Offiziere der birmanischen Marine und Luftwaffe werden in China ausgebildet.[12] Chinesische Waffen kamen 1992 sowohl gegen die Guerillaarmee der Karen-Minderheit an der Grenze zu Thailand als auch gegen birmanische Moslems an der Grenze zu Bangla Desh zum Einsatz. Im April 1992 wurde erstmals von aktiver logistischer Unterstützung Chinas bei einer Operation der birmanischen Armee gegen die Kachin Independence Army berichtet.[13] China hilft bei der Einrichtung einer Marinebasis auf der Insel Hain Gyi und dürfte dort Ankerrecht für die eigene Flotte beanspruchen.[14]

- Ebenfalls im Kontext der blutigen Unterdrückung der Demokratiebewegung auf dem Platz des Himmlischen Friedens vom Juni 1989 begann Peking eine Wiederannäherung an Vietnam. Anfang 1990 verhandelten beide Seiten über den teilweisen Ersatz entfallener sowjetischer Wirtschaftshilfe durch Peking.[15] Im Juni 1991 verlor der vietnamesische Außenminister, der sich für eine Westöffnung des Landes engagiert hatte, auf chinesischen Druck seine Partei- und Regierungsämter.[16] Im Oktober 1991 normalisierten beide Seiten ihre Beziehungen formell und bekundeten dabei übereinstimmende Auffassungen zur Frage einer "Neuen Weltordnung".[17] Drei Monate zuvor hatten sich die ASEAN-Außenminister angesichts dieser Annäherung besorgt über die Perspektive einer "roten Lösung" für Kambodscha geäußert.[18]

- China hatte seine Beziehungen zu Laos bereits Ende 1987 wieder aufgenommen, um Vientiane aus dem vietnamesischen Orbit zu lösen. Nach Tiananmen wurden auch die Parteibeziehungen reaktiviert. Ende 1990 vereinbarten beide Seiten eine Intensivierung ihrer wirtschaftlichen Zusammenarbeit und Bemühungen um die Lösung offener Grenzfragen. Ein Grenzvertrag wurde im Oktober 1991 unterzeichnet.

---

10) Vgl. *The Nation*, 27.11.1991.
11) Vgl. *Jane's Defence Weekly*, 15.6.1991, S. 1053.
12) Vgl. *Far Eastern Economic Review* (*FEER*), 3.10.1991, S. 24-25.
13) Vgl. *FEER*, 23.4.1992, S. 9.
14) Vgl. *The Economist*, 13.1.1991.
15) Vgl. Radio Hanoi, viet., 28.4.1990, zitiert vom Monitordienst der Deutschen Welle für Asien (DW), 30.4.1990.
16) Vgl. Kay Möller, China und Vietnam 1988-1992: Zurück zur Allianz?, unveröffentlichtes Manuskript, Stiftung Wissenschaft und Politik, Ebenhausen, April 1992.
17) Laut chinesisch-vietnamesischem Kommuniqué vom 10.11.1991 darf im Rahmen dieser Ordnung kein Land einem anderen "seine Ideologie, seine Werte oder Entwicklungsformen aufzwingen"; vgl. XNA, engl., 10.11.1991, zitiert in *SWB*, FE/1227/A3 1-2 vom 12.11.1991.
18) Vgl. *Asia-Pacific Defence Reporter*, Oktober 1991.

- Potentiellen Sprengstoff im sino-vietnamesischen Verhältnis und Pekings Beziehungen zu den ASEAN-Staaten und Japan beinhaltet Chinas Territorialanspruch auf fast das ganze Südchinesische Meer bis vor die Küste Borneos. 1974 vertrieb die chinesische Marine Saigon von den Paracel-Inseln, im März 1988 lieferten sich chinesische und vietnamesische Kriegsschiffe ein Seegefecht bei den Spratly-Inseln, in dessen Folge Peking sieben Inseln besetzte. Im Februar 1992 definierte China beide Archipele in einem Gesetz über seine Küstensee als Hoheitsgebiet der Volksrepublik und somit Ausgangspunkt für Zwölfmeilenzonen und "angrenzende Zonen", innerhalb derer die Passage ausländischer Schiffe chinesischer Zustimmung bedarf.[19] Im Mai 1992 vergab Peking westlich der Spratlys, etwa 80 Seemeilen östlich der südvietnamesischen Küste, eine Bohrkonzession an eine amerikanische Ölgesellschaft. Chinas Angebot an Vietnam, Malaysia, Brunei und die Philippinen, die ihrerseits partielle Ansprüche erheben, das Gebiet "gemeinsam zu erschließen",[20] hat bisher keinen Kompromiß ermöglicht, da die Volkrepublik hiermit eine grundsätzliche Anerkennung ihres Anspruchs durch die potentiellen Partner verbindet.[21] ASEAN-Sicherheitspolitiker lokalisieren die derzeit "größte Bedrohung des (regionalen) Friedens" im Spratly-Archipel.[22] Insbesondere Indonesien und Malaysia sahen die Ablösung der sowjetischen Gefahr durch chinesischen Expansionismus vorher.[23]

- Als Hongkongs Gouverneur Chris Patten 1992 eine Grauzone in den britisch-chinesischen Abkommen über die Rückgabe der Kolonie an China für bescheidene Verbesserungen des repräsentativen Charakters der Hongkonger Legislative nutzen wollte, erklärte Peking, man werde von der Kolonialverwaltung ohne chinesische Zustimmung eingegangene Verpflichtungen nach 1997 nicht honorieren.[24] China prüfte auch die Option, jenseits der Grenze in Shenzhen eine Parallelverwaltung für Hongkong einzurichten.[25] Implizit war damit die Drohung verbunden, die britische Verwaltung Hongkongs schon vor 1997 handlungsunfähig zu machen.

---

19) Vgl. XNA, chin., 25.2.1992, zitiert in *SWB*, FE/1316 C1/1 vom 28.2.1992.
20) Erstmals geäußert vom chinesischen Ministerpräsidenten Li Peng in Singapur im August 1990; vgl. Agence France-Presse (AFP), Hongkong, engl., 12.8.1990, zitiert in *SWB*, FE/0842/A3/2 vom 14.8.1990.
21) Außenminister Qian Qichen laut *Beijing-Rundschau* (BRu), 9.4.1991, S. 12.
22) Ergebnis einer zwischenstaatlichen Sicherheitskonferenz in Manila; vgl. *Financial Times*, 10.6.1991.
23) Vgl. *IHT*, 6.7.1988.
24) Vgl. *FEER*, 10.12.1992, S. 8-9.
25) Vgl. ebd., 7.1.1993, S. 8-9.

- Mit faktischer Aufgabe des taiwanesischen Alleinvertretungsanspruchs seit 1987/88 und Stärkung der Unabhängigkeitsbewegung auf Taiwan hat die Option einer gewaltsamen Wiedervereinigung in Peking zumindest rhetorisch wieder an Bedeutung gewonnen. Als die US-Regierung im September 1992 beschloß, F-16-Kampfflugzeuge an Taipei zu liefern, sprach China von einer "offenen Provokation gegenüber dem chinesischen Volk" und drohte mit Erhöhung der Spannungen in der Formosa-Straße.[26] Am 29. Oktober 1992 erklärte Politbüromitglied Li Ruihuan, Peking werde für den Fall einer taiwanesischen Unabhängigkeitserklärung "nicht zögern, Blut zu vergießen".[27] Im Dezember 1992 soll die Zentrale Militärkommission der KPCh die Wahrscheinlichkeit einer militärischen Lösung der Taiwan-Frage mindestens ebenso hoch eingeschätzt haben wie die Perspektive einer friedlichen Wiedervereinigung.[28] Peking lehnt Gewaltverzicht in seinen Beziehungen zu Taiwan bis heute ab.[29]

- Unmittelbar nach Tiananmen kam es zu einem vorübergehenden Schulterschluß zwischen Peking und Nordkorea, das die Niederschlagung der chinesischen Demokratiebewegung zur "inneren Angelegenheit" der Volksrepublik erklärt hatte.[30] Im November 1989 diskutierte Staatspräsident Kim Il-sung während eines Geheimbesuchs in China gemeinsame Abwehrstrategien gegen westliche "Einmischung". Der von Peking bis dahin geschnittene Kim-Sohn und designierte Nachfolger Chong-il wurde von KPCh-Chef Jiang Zemin anläßlich eines Pyöngyang-Besuchs im März 1990 demonstrativ protokollarisch aufgewertet.[31] Im März 1993 verhinderte China im Zusammenhang mit der nordkoreanischen Atomrüstung die Diskussion von Sanktionen durch den Weltsicherheitsrat.[32]

- Seit der Normalisierung der chinesisch-japanischen Beziehungen infolge der amerikanisch-chinesischen Annäherung 1972 hat Chinas Einfluß auf Japan ständig zugenommen. Aus wirtschaftlichen und regionalstrategischen Interessen, aber auch aufgrund einer geschickten Instrumentalisierung der Ge-

---

26) Vgl. Radio Peking, dt., 6.9.1992, zitiert in DW, 7.9.1992.
27) Vgl. Central News Agency (CNA), Taipei, engl., 30.10.1992, zitiert in DW, 10.11.1992.
28) Vgl. *Zhengming* (Hongkong), 1.2.1993, S. 12-14.
29) Vgl. Zhongguo Tongxun She (Hongkong), chin., 3.1.1993, zitiert in *SWB*, FE/1597/A2/1 vom 27.1.1993.
30) Vgl. Radio Pyöngyang, kor., 10.6.1989, zitiert in *SWB*, FE/0484/A3/1 vom 16.6.1989.
31) Vgl. *Le Monde*, 16.3.1990.
32) Vgl. *Süddeutsche Zeitung*, 14.3.1993.

schichte durch Peking ist Tokyo heute derjenige Industriestaat, der die Aus-
übung von Druck auf die Volksrepublik am entschiedensten ablehnt. Als erstes
"westliches" Land stellte Japan nur Monate nach der Niederschlagung der
Demokratiebewegung im Juni 1989 wieder volle Wirtschaftbeziehungen zu
China her. Peking liegt heute daran, Tokyo wirtschaftlich weiter an sich zu
binden, gleichzeitig aber eine Renaissance der japanischen Militärmacht mit
allen Mitteln zu verhindern. Dazu gehörten bisher anscheinend Akzeptanz des
japanisch-amerikanischen Verteidigungsabkommens und Hinnahme einer
gewissen amerikanischen Truppenpräsenz in Nordostasien.[33] Überlegungen in
Japan über eine eigenständige sicherheitspolitische Rolle in der Region sind
akut durch Korea, latent aber auch über Sorgen hinsichtlich der Entwicklung
Chinas begründet. Sollten sich etwa die USA als unfähig oder unwillig erweisen, die Sicherheit der Schiffahrtswege im Südchinesischen Meer zu gewährleisten, würde in Tokyo die bisherige Rücksichtnahme auf die Volksrepublik in
den Hintergrund treten.

Dem stehen auf der "vertrauensbildenden" Seite gegenüber:

- Einstellung der materiellen und moralischen Unterstützung für kommunistische Guerillas in Malaysia, Thailand und Birma seit Anfang der achtziger
  Jahre;

- Beteiligung an Friedensverhandlungen und Peacekeeping in Kambodscha;

- Aufnahme diplomatischer Beziehungen zu Indonesien, Singapur und Brunei
  (1991/92) sowie Südkorea (1992). Deutliche Zunahme des Handels mit Südkorea.

- Einwirken auf Nordkorea im Interesse atomarer Abrüstung und Entspannung
  auf der koreanischen Halbinsel.

Pekings konstruktives Kambodscha-Engagement entspricht, wie dargelegt, den
regionalpolitischen Interessen der Volksrepublik und hat Chinas Einfluß in
Südostasien eher verstärkt als geschwächt. Im Vorfeld des Pariser Abkommens
war die Einstellung der chinesischen Unterstützung für kommunistische Gueril-
laformationen Voraussetzung für die Herstellung von Interessenidentität mit den
ASEAN-Staaten. Die betroffenen Bewegungen waren aber zu dieser Zeit ohne-

---

33) Strategiepapier der chinesischen Akademie der Sozialwissenschaften, zi-
    tiert von NHK Television Tokyo, jap., 18.4.1992, zitiert in *SWB*, FE/
    1361/A1/2 vom 22.4.1992.

hin aufgrund der chinesischen Abkehr vom Marxismus und Pekings offener Feindschaft mit Hanoi in eine existentielle Krise geraten.[34] Die Normalisierung der Beziehungen zu Indonesien war eine Folge dieses Verzichts auf Subversion, mit der allerdings Jakartas traditionelles Mißtrauen gegenüber Chinas regionalen Ambitionen keineswegs ausgeräumt wurde. Chinas Beziehungen zu Südostasien sind also heute über eine temporäre Identität der Interessen in Hinblick auf Kambodscha formalisiert, gleichzeitig aber mit Zunahme chinesischen Einflusses auf Indochina als Konsequenz der Durchsetzung solcher Interessen wieder relativiert.

Ein etwas anderes Bild ergibt sich für Nordostasien. Hier sind einer Ausdehnung chinesischen Einflusses durch die andauernde Präsenz amerikanischer Truppen in Japan und Südkorea, Japans eigene militärische Kapazität und fortbestehendes russisches Potential sehr viel eindeutigere Grenzen gesetzt. China hat sich seit 1987 aktiv für Entspannung auf der koreanischen Halbinsel engagiert und zieht insbesondere seit Bekanntwerden der nordkoreanischen Atomrüstung im Frühjahr 1991 mit dem Westen grundsätzlich an einem Strang, kann seinen Einfluß auf die Region aber nur bewahren, wenn es nicht zu einem unkontrollierten Zusammenbruch des Kim-Il-sung-Regimes kommt. Peking hat es bisher abgelehnt, Tokyo und Moskau in diesem Zusammenhang durch Etablierung einer nordostasiatischen "KSZE" regional aufzuwerten.

Aus dieser Gegenüberstellung folgert weniger, daß "China meint, was es sagt", als daß China in Nordost- und Südostasien Felder besetzt, wo es kann. Ob solches in legitimer Wahrnehmung nationaler Interessen oder expansiv-destabilisierender Absicht geschieht, hängt nicht zuletzt von der Fähigkeit der Volksrepublik zu regionaler Machtprojektion ab.

1.2   Könnte China, wenn es wollte?

China hat seine Verteidigungsausgaben seit 1988 verdoppelt.[35] Während sich die

---

34) Vgl. Kay Möller, *The Thai Communist Movement and China-Vietnam Competition in Southeast Asia*, Berichte des Bundesinstituts für ostwissenschaftliche und internationale Studien, Köln, August 1981.

35) Vgl. *IHT*, 20.3.1993. Die Verteidigungsausgaben beliefen sich 1988 nach offiziellen Angaben auf 5,86 Mrd. US-Dollar; vgl. *The Military Balance 1991/92*, London 1992. Dabei wurden etwa Investitionen in den militärisch-industriellen Komplex nicht mitgerechnet.

Die zweite Grundüberzeugung des chinesischen Staatsnationalismus betrifft den Gründungsmythos der VR China selbst, nämlich den der "Befreiung" des chinesischen Volkes von "Ausbeutung und Unterdrückung durch den ausländischen Imperialismus". Nationale Unabhängigkeit, so die Botschaft, habe es erst mit der Errichtung der Volksrepublik am 1. Oktober 1949 und dem berühmten Ausruf Maos, "Das chinesische Volk ist aufgestanden!", gegeben. Es gibt wohl noch heute kaum einen jungen Chinesen, für den dieser Mythos nicht zum Urgrund des Nationalgefühls gehören würde. Tatsächlich war der "formelle Imperialismus" mit der Rückgewinnung der Zollautonomie, der Liquidation der letzten Vorrechte Großbritanniens und der USA im Jahre 1943 sowie der Kapitulation Japans vor China im August 1945 schon etliche Zeit vor der "Befreiung" kein Problem mehr.

Der antiimperialistische Aspekt des offiziellen Patriotismus führte darüber hinaus schon in den dreißiger und vierziger Jahren, wie Lucian Pye hervorhebt, zu einer systematischen Unterschätzung und Verzerrung der Modernisierungsleistungen der dynamischsten Elemente in der chinesischen Gesellschaft: nämlich der entstehenden Mittelklasse und nationalen Bourgeoisie in den Vertragshäfen, vor allem in Shanghai.[19] Diese wurden schon früh als "unpatriotisch" bzw. "unchinesisch", wenn nicht gar als "dekadent" verurteilt. Der Sieg des binnenländisch orientierten Nationalismus eines Mao Zedong beraubte die chinesische Gesellschaft nach 1949 nicht nur ihrer "innovativen Nischen" in den "dekadenten" Küstenstädten;[20] er prägte auch das Verhältnis der Partei zu den westlich ausgebildeten Intellektuellen in entscheidenden Phasen der chinesischen Modernisierung.

Diese hier nur knapp skizzierten Grundüberzeugungen prägten die Geschichte der VR China und die traumatischen Kampagnen der ersten zwanzig Jahre: Ihren konzentrierten Ausdruck erhielten sie in der Kulturrevolution ab 1966, als sich die Rotgardisten auf Geheiß der Partei anschickten, nicht nur die chinesische Tradition auszulöschen, sondern auch den "Antiimperialismus" auf seine höchste Stufe hoben: die Xenophobie.

Auf der Suche nach der "Substanz" des chinesischen Nationalismus hat Pye hervorgehoben, daß ein moderner Nationalismus sich aus der Spannung zwischen historischen Traditionen und Überlieferungen der eigenen Gesellschaft und weltverbindenden universalistischen Normen herausbilden müsse.[21] Zu

---

19)   Pye 1993, 121.
20)   Wagner 1981, 133.
21)   Pye 1993, 111.

russische Pazifikflotte nach Wladiwostok zurückgezogen hat,[36] die USA ihre philippinischen Basen aufgegeben und eine weitere Reduzierung ihrer Präsenz im Westpazifik vorgesehen haben,[37] baut China seit Mitte der achtziger Jahre eine Hochseeflotte auf.[38] Die Volksrepublik verfügt heute über 46 U-Boote und 54 Kriegsschiffe (zum Vergleich: Japan 17 bzw. 64, Taiwan 4 bzw. 33).[39] Die wichtigsten dieser Kriegsschiffe sind mit Raketensystemen ausgestattet.[40] Ende 1991 berichtete die Pekinger *Volkszeitung* von Fortschritten bei der Eigenentwicklung von Seekampfwaffen, Avionik, Laser, Seekampfelektronik und Nukleartechnik.[41] Zusätzlich zur Ausrüstung von Kriegsschiffen mit Hubschraubern wurde eine Einheit aus Helikopterträgern in Dienst genommen.[42] Haupthindernis für Manöver etwa im über tausend Seemeilen entfernten Spratly-Archipel ist mangelnde Luftunterstützung. Dieses Manko könnte allerdings in wenigen Jahren behoben sein: 1990 vermeldeten westliche Beobachter den Bau eines chinesischen Militärflughafens auf Woody Island in der Paracel-Gruppe, der auf Hainan stationierten Fencer-Kampfflugzeugen als Sprungbrett für Operationen über den Spratlys dienen soll.[43] Ende 1992 wurden 24 russische Su-27-Langstreckenjäger ausgeliefert; weitere Maschinen dieses Typs sind bestellt.[44] Bis Ende 1992 verhandelte China mit der ukrainischen Regierung über den Ankauf des 67.500-Tonnen-Flugzeugträgers Variag. Die Verhandlungen scheiterten vermutlich an den Preisvorstellungen der ukrainischen Seite. Derzeit soll Peking die Eigenentwicklung eines Flugzeugträgers verfolgen.[45] Kaufinteresse besteht ferner an russischen MiG-31-Abfangjägern,[46] AWACS-Frühwarnsystemen und Lizenzen zur Eigenproduktion der Su-27 und Su-27K.[47] Chinesische Piloten werden von russischen Spezialisten an diesen Maschinen ausgebildet.[48]

---

36) Vgl. Stephen W. Bosworth, "The United States and Asia", in: *Foreign Affairs*, 1/92, S. 113-129.

37) Vgl. Strategic Framework for the Pacific Rim, Department of Defense Report, 19.4.1990, S. 12f.

38) Vgl. Ji You/Xu You, "In Search of Blue Water Power: The PLA Navy's Maritime Strategy", in: *The Pacific Review*, 4 (1991) 2, S.137-149.

39) Vgl. *The Military Balance 1992/93*, London 1993.

40) Vgl. You/You, "In Search of Blue Water Power".

41) Vgl. *SIPRI 1992 Yearbook*, Stockholm 1992.

42) Ebd.

43) Vgl. *IHT*, 19.12.1990; *Aviation Week Space Technology*, 24.2.1992.

44) Vgl. *The Guardian Weekly*, 27.12.1992.

45) Vgl. *South China Morning Post* (Hongkong), 3.3.1993.

46) Vgl. *Der Spiegel*, 9.11.1992.

47) Vgl. *South China Morning Post*, 3.3.1993.

48) Vgl. *Der Spiegel*, 9.11.1992.

Eine seegerichtete Expansionsstrategie liegt auch einem geheimen Rundschreiben des Leiters der Logistikabteilung der Volksbefreiungsarmee, Zhao Nanqi, vom Frühjahr 1993 zugrunde. Darin ist von der Umstellung der bisherigen Doktrin der Küstensicherung auf "Hochseeverteidigung" die Rede; über die Süd- und Ostchinesische See hinaus soll künftig auch im Indischen Ozean Flagge gezeigt werden. "Kriegerische Auseinandersetzungen in der Region" werden einkalkuliert.[49] In dieser Zeit kam es mindestens dreimal zu Zwischenfällen in internationalen Gewässern zwischen Taiwan und Japan, wobei chinesische Küstenschutzboote das Feuer auf Frachter aus Drittstaaten eröffneten.[50]

Bis 1989 standen dieser Aufrüstung der See- und Luftstreitkräfte rückläufige Ausgaben und Personalkürzungen beim Heer gegenüber. Seit Einsatz der VBA zur Niederschlagung der Demokratiebewegung im Juni 1989 sind die Verteidigungsausgaben nach offiziellen Angaben auf etwa neun Prozent des Staatshaushaltes oder 1,8% des Bruttoinlandprodukts angestiegen.[51] Berücksichtigt man Einnahmen der VBA-Betriebe und verteidigungsrelevante Ausgaben anderer Ministerien, dürfte der tatsächliche Anteil eher bei 3,5% liegen.[52]

Chinas Aufstieg zur pazifischen Seemacht setzt mittelfristig den Erfolg des wirtschaftlichen Reformprogramms voraus. Extrapoliert man von derzeitigen ökonomischen Parametern, so wird die chinesische Volkswirtschaft im Jahr 2002 Japan, Taiwan und Südkorea, zehn Jahre später die USA eingeholt haben.[53] Ob solches Wachstum auch größere regionale Integration und damit weniger sicherheitspolitische Alleingänge verspricht, wird im folgenden Abschnitt erörtert. Aber was, wenn die Reform nicht gelingt? Wenn Widersprüche zwischen wirtschaftlicher Öffnung und politischer Abschottung unauflösbar werden, bevor eine ausgewogene Zunahme von Angebot und Nachfrage eine Evolution des politischen Systems ermöglicht? Wenn sich die Deng Xiaoping-Nachfolge in Peking nicht geregelt vollzieht und städtische Bevölkerung, Provinzen und ethnische Minderheiten den Zerfall der Autorität im Zentrum zur Erweiterung des eigenen Spielraums nutzen? Die Geschichte der Volksrepublik China liefert Hinweise darauf, daß gerade in solchen Umbruchzeiten einzelne Fraktionen in Peking,

---

49) Zitiert in *Der Spiegel*, 8.3.1993.
50) In einem Fall entschuldigte sich das chinesische Außenministerium und sprach von einem "Mißverständnis"; vgl. *FEER*, 18.3.1993, S. 20.
51) Vgl. *SIPRI 1992 Yearbook*. 1991/92 stieg der chinesische Verteidigungshaushalt um 50%; vgl. *IHT*, 19.3.1993. Der Haushaltsentwurf 1993 sieht eine Steigerung von 12,5% vor, während der Gesamtetat nur um 6,8% wachsen soll; vgl. *Süddeutsche Zeitung*, 17.3.1992.
52) Vgl. *SIPRI 1992 Yearbook*.
53) Vgl. *The Economist*, 28.11.1992.

Provinzführer oder Regionalkommandeure versucht sein könnten, ihren jeweiligen Anliegen durch Provokationen jenseits der Grenzen Nachdruck zu verleihen. China bleibt potentiell ein Faktor der Destabilisierung in Ostasien, ganz gleich, ob es zur Großmacht aufsteigt oder im Bürgerkrieg auseinanderbricht.

Diese Erkenntnis setzt sich insbesondere in Südostasien durch, wo expansiven Tendenzen der Volksrepublik derzeit am wenigsten Hindernisse im Weg liegen. Im folgenden wird untersucht, ob diesem Destabilisierungspotential besser durch regionale Integration oder präventive Eindämmung begegnet werden kann.

2 Regionale Kooperation in Nordost- und Südostasien

> Jetzt ist es wichtig, China nicht zu isolieren, sondern einzubinden. Anderenfalls könnte sich seine Haltung mit wachsender Macht verhärten, und China könnte zum regionalen Bösewicht werden, der Stabilität und Wirtschaftswachstum sabotiert.
>
> - Jusuf Wanandi,
> Zentrum für Strategische und Internationale Studien,
> Jakarta, Februar 1993

> China könnte Vietnam und die Sowjetunion als größte potentielle Bedrohung der Region ablösen.
>
> - Abu Hassan Omar,
> malaysischer Außenminister,
> Juni 1988

2.1 Einbinden?

Ostasiens Volkswirtschaften verzeichneten in den vergangenen dreißig Jahren etwa das doppelte Wachstum der Mitgliedstaaten der Europäischen Gemeinschaft. Bei anhaltendem Trend wird Ostasien Westeuropa im Jahre 2005, die Mitglieder der Nordamerikanischen Freihandelszone (NAFTA) im Jahre 2022 überholt haben.[54]

Chinas Wirtschaft war 1985-88 mit durchschnittlichem Bruttosozialprodukt-Wachstum von 8% die Lokomotive dieses Booms und hat diese Rolle 1993 erneut übernommen. Führend sind dabei die südöstlichen Küstenprovinzen Guangdong und Fujian, die ihre Märkte für Investitionen aus Hongkong, Taiwan, Japan und anderen Industriestaaten geöffnet haben. Guangdong verzeichnet jährliche Wachstumsraten von 20-30%, bindet nahezu die Hälfte aller Auslands-

---

54) Vgl. Gary Banks, *Trading Blocs in the Asia-Pacific Area*, Canberra 1990.

investitionen in China und produziert 20% der Gesamtexporte der Volksrepublik.[55] Angesichts einer spektakulären Zunahme taiwanesischer Investitionen
insbesondere in Fujian mußte das Wirtschaftsministerium in Taipei 1992 vor zu
großer Abhängigkeit von Enwicklungen auf dem Festland warnen.[56] Der bilaterale Handel stieg von 1,5 Milliarden US-Dollar 1987 auf über 12 Milliarden
1993.[57]

Die sich hier abzeichnende "Südchinesische Wirtschaftsgemeinschaft" verfügt
schon heute über ein kombiniertes Bruttosozialprodukt von 280 Milliarden US-
Dollar (das ist ein Zehntel des japanischen Bruttosozialproduktes) und könnte
einer der größten Handelsblöcke der Welt werden.[58] Hier liegt die Hauptursache für die Desintegration des chinesischen Zentralstaates, hier könnten aber
auch irrationale Entscheidungen in Peking eine ganze Subregion in Mitleidenschaft ziehen.

Die zunehmende Vernetzung ostasiatischer Volkswirtschaften wurde durch den
Europäischen Binnenmarkt und die Gründung der NAFTA beschleunigt, hat
sich aber bisher weitgehend ohne staatlich-institutionellen Rahmen vollzogen.
Der regionale Binnenhandel ist von 33% des ostasiatischen Gesamthandels 1980
auf 37% 1989 angewachsen; 1990 übertraf der innerasiatische Handel erstmals
jenen zwischen Asien und den USA.[59] 55% aller Exporte der Gemeinschaft
Südostasiatischer Nationen (ASEAN)[60], 53% derjenigen der Newly Industrial-
ized Economies (NIEs)[61], 57% derjenigen Chinas und 29% derjenigen Japans
blieben in Ostasien.[62]

Pekings Anteil verblieb vornehmlich in Nordostasien, wo sich Chinas Energie
und Rohstoffe sowie überschüssige Arbeitskraft und Modernisierungsbedarf
symbiotisch mit Japans (in jüngster Zeit auch Südkoreas) Konsum- und Kapital-

---

55)   Vgl. *Financial Times*, 7.4.1992.
56)   Vgl. Radio Taipei, engl., 10.5.1992, zitiert in DW, 25.5.1991. Seit Ende der
      achtziger Jahre sollen 10-15 Milliarden US-Dollar in über 10.000 Projekte
      auf dem chinesischen Festland investiert worden sein; vgl. *FEER*, 30.12.
      1993/6.1.1994, S. 14/15.
57)   Vgl. Central News Agency (Taipei), engl., zitiert in *SWB*/FE/0315/WI vom
      12.1.1994.
58)   Ebd.
59)   Vgl. Duk-Chhong Kim, Open Regionalism in the Pacific: A World of
      Trading Blocs?, in: American Economic Review, Mai 1992, S. 79-83.
60)   Thailand, Malaysia, Singapur, Brunei, Indonesien, Philippinen.
61)   Südkorea, Taiwan, Singapur, Hongkong.
62)   Vgl. Banks, *Trading Blocs...*

güterindustrie und Suche nach neuen Märkten vereint haben. Der bilaterale Handel mit Japan erreichte 1992 ein Volumen von über 25 Milliarden US-Dollar,[63] mit Südkorea von über fünf Milliarden US-Dollar.[64]

Verglichen damit, sind die Volkswirtschaften Chinas und der meisten ASEAN-Staaten weiterhin substitutiv (Export von Rohstoffen, Import von Kapitalgütern). Während es so mit weniger entwickelten ASEAN-Staaten wie Indonesien und den Philippinen zu einem Konkurrenzkampf um westliche Märkte kommt, zwingt die Entwicklung in Chinas Süden die ostasiatischen NIEs zu beschleunigtem Übergang auf ein höheres technologisches Niveau.[65]

Peking bejaht institutionelle Ansätze zur regionalen Wirtschaftszusammenarbeit, war 1980 Gründungsmitglied der informellen Pazifischen Konferenz für Wirtschaftliche Zusammenarbeit (PECC), trat 1991 der zwischenstaatlichen Asiatisch-Pazifischen Gruppe für Wirtschaftszusammenarbeit (APEC) bei[66] und befürwortet Malaysias Initiative für eine Ostasiatische Wirtschaftsgruppierung (EAEG; heute: Ostasiatischer Wirtschaftskaukus, EAEC).[67]

Seit 1991 ist China gemeinsam mit Rußland, Japan, der Mongolei und beiden Koreas an einem UNDP-Programm zur Entwicklung des Tumen-Deltas im Grenzgebiet zwischen Nordkorea, Rußland und China beteiligt.

Während die Wirtschaftszusammenarbeit in Ostasien erstmals unter den Vorzeichen größerer institutionalisierter Integration steht,[68] ist Chinas Interesse an solcher Kooperation bisher politischer Natur. Die Volksrepublik möchte als Mitglied einer ostasiatischen Interessengemeinschaft anerkannt werden, die ihre Identität und ihren Erfolg mit sogenannten "östlichen Werten" erklärt (Vorrang

---

63) Vgl. *China Trade Report*, April 1992, S. 4.
64) Ebd., Oktober 1992, S. 1.
65) Vgl. Fred Herschede, "Trade between China and Asean: The Impact of The Pacific Rim Era", in: *Pacific Affairs*, 64 (Sommer 1991) 2, S. 179-193.
66) Diese zwischenstaatliche Konsultativgruppe wurde 1989 durch Japan, Südkorea, die ASEAN-Staaten, Australien, Neuseeland, die USA und Kanada gegründet. 1991 traten neben China auch Taiwan und Hongkong bei.
67) Während Malaysia mit EAEG ursprünglich eine rein asiatische Gruppe unter Ausschluß Nordamerikas anstrebte, sprach sich Chinas Premier Li Peng für eine nichtexklusive Organisation aus; vgl. XNA, engl., 13.6.1992, zitiert in *SWB*, FE/1407/A2/1 vom 15.6.1992.
68) 1992 vereinbarten die ASEAN-Staaten die Errichtung einer Freihandelszone bis zum Jahr 2007.

Tabelle 1:   Chinas Außenhandel mit Nordost- und Südostasien, 1991

Land	Chin. Export*	Vorj. Vergl.	Chin. Import*	Vorj. Vergl.
(Welt	71,91	+ 17,5%	63,79	+ 19,5%)
Hongkong	32,14	+ 20,5%	17,46	+ 22,5%
Japan	10,25	+ 13,7%	10,03	+ 32,2%
Südkorea	2,18	+ 72,9%	1,06	+ 55,8%
Nordkorea	0,52	+ 46,5%	0,86	- 31,2%
ASEAN	4,13	+ 10,6%	3,82	+ 29,3%
Singapur	2,01	+ 2,0%	1,06	+ 24,9%
Indonesien	0,48	+ 26,9%	1,40	+ 74,7%
Malaysia	0,53	+ 54,9%	0,80	- 4,5%
Thailand	0,85	+ 2,9%	0,42	+ 13,6%
Philippinen	0,25	+ 20,6%	0,13	+ 53,4%
Brunei	0,01	+ 32,4%	0,002	+ 36,9%
Birma	0,29	+ 28,0%	0,11	+ 1,7%
Vietnam	0,02	+ 454,1%	0,01	+ 221,6%
Laos	0,01	+ 11,8%	0,002	- 64,2%
Kambodscha	0,002	- 29,1%	0,00005	+ 169,7%

* in Milliarden US-Dollar
Die hohen Werte für Hongkong erklären sich aus der Funktion der Kolonie als
Zwischenhändler. So wird z.B. der gesamte offizielle Handel zwischen China und
Taiwan über Hongkong abgewickelt.
Quelle: *China Trade Report* (Hongkong), Juni 1992.

der Gemeinschaft vor dem Individuum, Bejahung der Entwicklungsfunktion des
autoritären Staates). Ein solches Engagement ist auch präventiv mit Blick auf
kommende ökonomisch/politische Konflikte mit den USA zu verstehen. Westliche Beobachter haben darauf hingewiesen, daß die in Folge der Herstellung
diplomatischer Beziehungen zu Südkorea 1992 verzeichnete Zunahme des bilateralen Handels Einbußen im Falle amerikanischer Handelssanktionen entspro-
chen hätte, die dann in letzter Minute abgewehrt werden konnten.[69] Die Struktur

---
69)   Vgl. *FEER*, 8.10.1992, S. 10-11.

dieser Handelsströme ist allerdings unterschiedlich, und ein ostasiatischer Handelsblock in Reaktion auf EG-Binnenmarkt und NAFTA könnte Pekings westliche Exportmärkte heute noch nicht ersetzen. Dies gilt insbesondere bei weiterer Expansion der chinesischen Volkswirtschaft.

Weitaus dringlicher stellt sich die Frage nach Einbindung Chinas in regionale sicherheitspolitische Foren. Auch hier ergibt sich eine Unterscheidung in Nordostasien, wo andauernder Kalter Krieg auf der koreanischen Halbinsel weitere amerikanische Truppenpräsenz für die absehbare Zukunft wahrscheinlich macht, und Südostasien, wo mit Rückzug der Siebten Flotte aus ihrem philippinischen Stützpunkt Subic Ende 1992 zumindest in der Perzeption der Regionalstaaten ein Machtvakuum entstanden ist.

Im März 1990 forderte der australische Außenminister Evans die Einrichtung einer Konferenz für Sicherheit und Zusammenarbeit in Asien (KSZA).[70] Der Gedanke war bereits 1986 von Michail Gorbatschow formuliert worden[71] und fand in der japanischen Regierung insbesondere für Südostasien Zustimmung.[72] Er wurde jedoch von der Mehrzahl der übrigen Regionalstaaten unter Hinweis auf "besondere asiatische Bedingungen" verworfen, die Parallelen zum Europa der siebziger und achtziger Jahre ausschlössen.[73] Es war kein Zufall, wenn insbesondere China diesen Vorschlag ablehnte,[74] impliziert doch das KSZE-Modell die Festschreibung bestehender Grenzen, die Möglichkeit auswärtiger "Einmischung" in innere Angelegenheiten und somit partiellen Souveränitätsverlust.

Das hat nicht verhindert, daß sich rund um Korea aufgrund prinzipieller Einigkeit über die Notwendigkeit von Entspannung und Denuklearisierung zwischen China, Rußland, den USA und Japan eine Art Sicherheitsgemeinschaft gebildet

---

70) Vgl. *Asia 1991 Yearbook*, Hongkong 1991, S. 68.

71) Rede in Wladiwostok, 28.7.1986, zitiert in *Far Eastern Affairs* (Moskau), 1987/1, S. 3-21.

72) Während der Postministeriellen ASEAN-Außenministerkonferenz vom Juli 1991; vgl. Michael Antolik, "ASEAN's Singapore Rendezvous: Just Another Summit?", in: *Contemporary Southeast Asia*, 14 (September 1992) 2, S. 142-153.

73) Auf ähnlichen Widerstand stieß Anfang 1992 der Vorschlag des australischen Premiers Keating, das Wirtschaftsforum APEC um eine Sicherheitskomponente zu ergänzen; vgl. Leszek Buszynski, "ASEAN Security Dilemmas", in: *Survival*, 34 (Winter 92/93) 4, S. 90-107.

74) Außenminister Qian Qichen erklärte im April 1990, es sei "unangebracht für Asien, dem (europäischen Vorbild) zu folgen"; vgl. XNA, engl., 10.7.1990, zitiert in *SWB* FE/0891/A3/1 vom 13.8.1990.

hat, die das Kim-Il-sung-Regime zumindest bis 1991/92 von außenpolitischem Irrationalismus abhalten konnte. Zur Sicherung seines Einflusses auf Pyöngyang hat Peking allerdings seinen Beistandspakt aus dem Jahr 1961 beibehalten und dem Regime periodisch seine Solidarität bekundet.

Sicherung des eigenen Einflusses ist hierbei denn auch das Hauptkriterium; für Moskau und Tokyo sind keine gleichberechtigten Rollen vorgesehen. Als das russische Außenministerium Anfang 1992 Zusammenarbeit bei der Lösung der Koreafrage und der Beratung einer ostasiatischen KSZE vorschlug,[75] unterblieb jede chinesische Reaktion. Noch deutlicher auf Ablehnung stieß die gelegentlich in den USA erwogene Internationalisierung der Komplexe Hongkong und Taiwan.

Bessere Aussichten für institutionalisierte sicherheitspolitische Kontakte bietet gegenwärtig die ASEAN mit ihrem Konsultativmechanismus Postministerieller Konferenzen. Hatten die Sechs auf diesen Treffen mit ihren "Dialogpartnern" USA, EG, Japan, Australien, Kanada und Neuseeland (seit 1991 Südkorea) bis 1992 vornehmlich wirtschaftspolitische Fragen erörtert, so sind seit der Konferenz von Manila im Juli 1992 Sicherheitsfragen eingeschlossen. Erstmals waren zu dieser Begegnung auch China und Rußland als "Gäste" geladen. Aus dieser Konstellation hat sich mittlerweile unter Hinzuziehung anderer Akteure (Vietnam, Laos, Papua Neuguinea) ein eigenständiger Mechanismus in Gestalt des "ASEAN-Regionalforums" entwickelt.

Der in allen ASEAN-Staaten hinsichtlich intensiverer sicherheitspolitischer Zusammenarbeit registrierte Handlungsbedarf ist derzeit fast ausschließlich von Chinas Expansion im Südchinesischen Meer inspiriert. Ausgerechnet in dieser Hinsicht erwies sich allerdings das Experiment von Manila als nicht zufriedenstellend. Peking lehnte dort jede weitere Multilateralisierung des Konfliktmanagements und Kontrollregime für die umstrittenen Seegebiete ab und bot statt dessen ein "China-ASEAN-Konsultativforum" an, das vietnamesische, japanische und andere Interessen in dieser Frage unberücksichtigt ließ.[76]

Hatte Chinas konstruktive Mitarbeit an einer Kambodscha-Regelung ab 1990/91 in den ASEAN-Staaten Hoffnungen auf eine weitere regionale Integration der Volksrepublik begründet, so sind diese angesichts der unflexiblen Haltung Pekings zum Südchinesischen Meer zunächst wieder betrogen worden. Damit stellt sich die Frage einer implizit gegen die Volksrepublik gerichteten regionalen Zusammenarbeit.

---

75)   Vgl. ITAR-TASS, russ., 16.3.1992, zitiert in den *Ostinformationen des Bundespresseamtes*, 17.3.1992; *Le Monde*, 15.4.1992.

76)   Vgl. *Südostasien aktuell*, September 1992, S. 435.

2.2   Eindämmen?

1991 gingen 35% aller weltweiten Waffenverkäufe nach Fernost.[77] Einmal abgesehen von der andauernd kritischen Situation in Korea und dem behaupteten westpazifischen Machtvakuum, sind Befürchtungen der Regionalstaaten hinsichtlich chinesischer Ambitionen der wichtigste Einzelfaktor für einen zunehmenden Rüstungswettlauf in der Region, der angesichts der globalen Entspannungsprozesse anachronistisch wirkt.[78]

Tabelle 2:   Militärpotentiale in Ostasien, 1992

Land	Truppen-stärke	Haupts. Kriegs-schiffe	U-Boote	Kampfflugz. (Marine und Luftwaffe)
China	3.030.000	54	46	4 998
Taiwan	360.000	33	4	519
Japan	246.000	64	17	589
Südkorea	633.000	38	4	481
Nordkorea	1.132.000	3	26	732
Indonesien	283.000	17	2	99
Malaysia	127.800	4	-	67
Singapur	55.500	-	-	193
Thailand	283.000	8	-	192
Vietnam	857.000	7	-	185

Quelle: *The Military Balance 1992/93*, London 1993.

Chinesisch-russische Grundsatzerklärungen über die Notwendigkeit vertrauensbildender Maßnahmen haben entlang ihrer sibirischen Grenze bisher weder zu Tuppenverminderung noch zu Rückzug von Offensivwaffen geführt. Seit März

---

77) Vgl. *IHT*, 19.3.1993.
78) Vgl. *Newsweek*, 21.9.1992, S. 27-28. Die gelegentlich auch zur Erklärung angeführte maritime Expansion Indiens nach Südostasien wird angesichts der materiellen Möglichkeiten Neu-Delhis noch länger auf sich warten lassen. Japan verfügt (noch) nicht über Flugzeugträger u.a. Kapazität zur Machtprojektion über große Distanz.

1992 bekennt sich der GUS-Generalstab angesichts chinesischer Unbeweglich-
keit in den Verhandlungen zur "Aufrechterhaltung der Parität",[79] das heißt
chinesischer Überlegenheit bei der Truppenstärke, russischer Überlegenheit in
der Ausrüstung.[80] Im September 1992 begründete die Bush-Administration ihre
Entscheidung, F-16-Jagdflugzeuge an Taiwan zu verkaufen, mit chinesischen
Rüstungseinkäufen in Rußland.[81] Als Chinas Bemühungen um den Erwerb eines
ukrainischen Flugzeugträgers bekannt wurden, sprach Tokyo von einer ernst-
haften Gefährdung des ostasiatischen Friedens.[82] Mit Blick auf ihre Interessen
im Südchinesischen Meer haben Singapur, Malaysia und Brunei ihre Rüstungs-
beschaffungsprogramme auf Seeaufklärung umgestellt; Indonesien und die Philippinen werden demnächst nachziehen.[83] Alle ASEAN-Regierungen haben sich
mittlerweile für die Aufrechterhaltung der amerikanischen Militärpräsenz in der
Region ausgesprochen; Singapur und Washington vereinbarten Anfang 1992 die
Verlegung der Logistischen Unterstützungsgruppe der Siebten Flotte aus Subic
in den Stadtstaat.[84]

Nicht erst seit Ende des Kalten Krieges erörtern die ASEAN-Staaten die Frage
institutionalisierter verteidigungspolitischer Zusammenarbeit, aber auch solche
Überlegungen sind durch die Entwicklung im Südchinesischen Meer dringlicher
geworden. Aufbauend auf erfolgreicher Kooperation bei der grenzüberschrei-
tenden Bekämpfung kommunistischer Guerillas, führen Malaysia, Singapur und
Indonesien heute bi- und trilaterale Marinemanöver durch. Entsprechende
Aktivitäten gibt es im Rahmen des sogenannten ANZUK-Vertrags zwischen
Singapur, Malaysia, Australien und Neuseeland, Brunei erwog vorübergehend
den Beitritt. Uneinigkeit besteht weiter über die Zusammenführung solcher
Ansätze und Einbindung auswärtiger Partner. Während insbesondere Jakarta
Vorbehalte gegenüber einer institutionalisierten Zusammenarbeit mit westlichen
Staaten und Japan hat, befürchten die übrigen Mitgliedstaaten umgekehrt eine
dominierende Rolle Indonesiens, sollte man auf solche Außenbindungen verzichten. Alle Ansätze wurden bis Ende 1992 durch die Ablehnung kollektiver Mechanismen durch die USA erschwert; Washington scheint insbesondere eine

---

79)   Generalstabschef Samsonow nach ITAR-TASS, russ., 2.3.1992, zitiert in
      DW, 9.3.1992.
80)   Seit Ende 1990 stehen sich in Sibirien ca. 480.000 sowjetische - bzw. russi-
      sche - und 650.000 chinesische Soldaten gegenüber; vgl. *The Military Bal-
      ance*, IISS, London 1991/92 und *FEER*, 27.6.1991, S. 23.-26.
81)   Vgl. *IHT*, 5.9.1992.
82)   Ebd., 4.7.1992.
83)   Vgl. *Newsweek*, 21.9.1992, S. 27-28.
84)   Vgl. *Financial Times*, 13.3.1992.

prominentere militärpolitische Rolle Japans in Südostasien verhindert zu haben.[85] Diese Haltung wurde unter der Clinton-Administration modifiziert. Mit Teilnahme am "ASEAN-Regionalforum" haben die USA eine multilaterale Komponente als Ergänzung zu ihrer bisherigen uni- und bilateralen Politik akzeptiert. Im Januar 1993 warb Japans Premier Miyazawa in Bangkok für einen sicherheitspolitischen Dialog zwischen Japan und der ASEAN.[86]

Chinas vor dem Hintergrund des Kambodschakonflikts fast schon überschwengliche Würdigung der Gemeinschaft und ihrer regionalpolitischen Aktivitäten hat seit Ende des Kalten Krieges und der völkerrechtlichen Beilegung dieses Konflikts merklich nachgelassen. Als die ASEAN auf ihrem Gipfel in Singapur im Januar 1992 erstmals bescheidene Schritte in Richtung auf koordinierte Verteidigungsaktivitäten unternahm,[87] blieben diese in den chinesischen Medien unkommentiert. Auch der in den achtziger Jahren in Peking noch gern unterstützte ASEAN-Plan zur Einrichtung einer "Zone des Friedens, der Freiheit und Neutralität" (ZOPFAN) inklusive nuklearwaffenfreier Zone findet heute in China keine Presse mehr. (Die Volksrepublik wäre als einer der Garanten für eine solche Zone gefordert.) Auf die Miyazawa-Initiative vom Januar 1993 war keine chinesische Reaktion feststellbar.

Dahinter steht auf chinesischer Seite deutliches Unbehagen über die Vision eines antichinesischen Bündnisses, das Amerikanern, Japanern oder gar Russen die Rückkehr in die von China beanspruchte Einflußzone ermöglichen könnte. Solches Unbehagen auszusprechen, hieße jedoch, ASEAN in seinen Befürchtungen hinsichtlich chinesischer Ambitionen weiter zu bestärken. Zweifellos ist allerdings eine Entwicklung in Gang gekommen, die tendenziell gegen chinesische Interessen arbeitet. Mit dem langfristig avisierten Beitritt der drei indochinesischen Staaten zu der Gemeinschaft[88] würde sich die Interessenfront der von Chinas Südexpansion betroffenen Nachbarn schließen. Indochina könnte zwar unter günstigen Bedingungen als Brücke der ASEAN nach China fungieren, wahrscheinlicher wird jedoch eine Rolle als Pufferzone. Gemeinsame Abwehr

---

85) Vgl. Ernst-Otto Czempiel, "Die USA und Asien", in: *Aus Politik und Zeitgeschichte*, Beilage zur Wochenzeitung *Das Parlament*, B27/92 (26.6.1992), S. 3-11.

86) Vgl. *FEER*, 28.1.1993, S-10-11.

87) Vgl. *FEER*, 6.1.1992, S. 10f.

88) Vietnam und Laos erhielten im Juli 1992 mit ihrem Beitritt zum ASEAN-Vertrag über "Freundschaft und Zusammenarbeit in Südostasien" Beobachterstatus. Kambodscha steht dieser Weg seit Durchführung allgemeiner Wahlen im Mai 1993 offen, König Sihanouk hat sich allerdings zurückhaltend geäußert.

chinesischer Expansion könnte der Gemeinschaft gar zu jener Identität verhelfen, die mit der völkerrechtlichen Beilegung des Kambodschakonflikts vorerst verlorengegangen scheint.

3 Die Pax sinica verhindern

Warum soll das größte ostasiatische Land mit einem Viertel der Weltbevölkerung und gewaltigem Wirtschaftspotential keinen bestimmenden Einfluß auf eine Region nehmen, in der die Intervention Dritter in der Vergangenheit oft Destabilisierung und menschliches Leid verursacht hat?

Weil das vorkoloniale Suzeränitätssystem, die koloniale Unterdrückung und die artifizielle Zweiteilung der Region durch den Kalten Krieg der Vergangenheit angehören. Weil die Staatengemeinschaft aus solchen Erfahrungen gelernt hat, daß die rücksichtslose Geltendmachung nationaler Interessen unter Berufung auf Souveränität und historische Ansprüche regionale und globale Sicherheit gefährdet. Weil Staaten, in denen Partei und Regierung die einzige vertikale Verbindung zwischen Führung und Basis darstellen, eher bereit sind, ihre politischen Ziele gegebenenfalls unter Hintanstellung ökonomischer, sozialer, rechtlicher, humanitärer und anderer Erwägungen durchzusetzen, und deshalb auf weltweit verbindliche Normen und institutionalisierte Integration eher ablehnend reagieren. Weil die betroffenen kleineren Staaten der Region in dieser Hinsicht zumeist weiter fortgeschritten sind als China und globale und regionale Zusammenarbeit auch als Schutz vor hegemonialen Aspirationen auswärtiger Mächte verstehen.

China selbst steht mit seiner wirtschaftlichen Öffnung erst am Anfang dieses Anpassungsprozesses. Die Einparteiendiktatur wird diese Entwicklung nicht überleben und letztlich einem auch regional verträglicheren Regime Platz machen. Fraglich bleibt, wie lange dieser Prozeß dauern wird und ob die einhergehenden Friktionen auch außenpolitisch zu Krisen führen können.

Für die Übergangszeit bleibt Ostasien gut beraten, die wirtschaftliche Öffnung der Volksrepublik nach Kräften zu unterstützen und dabei auf größere Akzeptanz internationaler Normen, etwa des GATT, zu drängen. Gleichzeitig sollte Vorkehr gegen den weiteren Ausbau einer chinesischen Einflußzone getroffen werden. Die oben angestellten Überlegungen haben immer wieder strukturelle Unterschiede zwischen Nordost- und Südostasien ergeben, aus denen nützliche Lehren gezogen werden können. In der Koreafrage hat Peking seit Mitte der achtziger Jahre (mit Unterbrechungen) ein weitgehend konstruktives Engagement gezeigt, weil hier vor der Haustür der mandschurischen Industrieregion vitale Interessen Japans, Rußlands und der USA, also gleichrangiger oder stärke-

rer Mächte, involviert sind. Chinas bisher mangelnde Bereitschaft zu institutio-
nalisiert-kollektiven Bemühungen um Konfliktminderung müßte angesichts
jüngster Rückschläge in Korea eigentlich einer Überprüfung unterzogen werden.
In jedem Fall ist Korea der Lackmustest für den künftigen regionalpolitischen
Kurs der Volksrepublik.

Im Südchinesischen Meer hingegen ist derzeit kein ebenbürtiger Dritter militärisch so eindeutig engagiert, daß sich die Volksrepublik zu Kompromissen oder
auch nur zu Verhandlungen genötigt sähe. Sie könnte sich damit zufriedengeben,
monatlich ein weiteres Spratly-Riff unter ihre Kontrolle zu bringen. Die
ASEAN-Staaten haben diese Gefahr durchaus erkannt; nötig ist jetzt, daß sie
verteidigungspolitische Schlußfolgerungen ziehen und aus solchen Überlegungen
heraus die zügige Aufnahme der indochinesischen Staaten in die Gemeinschaft
betreiben, bevor diese wieder in den chinesischen Orbit gezogen werden. Nötig
ist aber auch, daß die USA solche Zusammenarbeit entweder aktiv unterstützen
oder Japan grünes Licht für eigenes Engagement geben. Parallelen zur Südostasiatischen Verteidigungsorganisation (SEATO) des frühen Kalten Krieges
drängen sich auf, nur stünden diesmal die genuinen Interessen der Regionalstaaten im Vordergrund.

Lucian Pye hat das von China ausgehende Risiko hauptsächlich mit dem "eiser-
nen Griff des Patriotismus" begründet.[89] Nationalismus ist die letzte Barriere auf
dem Weg zum Zerfall des leninistischen Zentralstaates. Darum sind Themen wie
Hongkong oder Taiwan leicht zu innenpolitischen Zwecken instrumentalisierbar,
und darum gehen expansive Tendenzen in China über herkömmliche Vormachtansprüche anderer Großmächte hinaus.

Chinas Parteiführung hat die Einführung der Marktwirtschaft im Oktober 1992
mit der Absicht begründet, die kommunistische Diktatur für noch mindestens
einhundert Jahre aufrechtzuerhalten. Wenn ihr dies gelingt und die Volksrepublik ohne politischen Systemwandel zur wirtschaftlichen Supermacht wird, ist die
Renaissance der *pax sinica* in Ostasien kaum zu verhindern. Das wäre ein Rück-
schlag für jene Neue Weltordnung, die die Charta der Vereinten Nationen als
Grundgesetz versteht.

---

89)   Lucian W. Pye, "On Chinese Pragmatism in the 1980s", in: *The China Quar-
      terly*, Juni 1986, Nr.106, S. 207-234.

Nationalismus auf Taiwan: chinesisch oder taiwanesisch?

Hermann Halbeisen

I.

Unter den Staaten Ostasiens nimmt die Republik China auf Taiwan eine eigenartige Sonderstellung ein. Als Beispiel einer erfolgreichen wirtschaftlichen Entwicklung, die zudem weitgehend gemäß marktwirtschaftlichen Prinzipien erfolgte, wird sie von den Staaten der westlichen Welt als Vorbild herausgestellt und als Handelspartner geschätzt. Diese Wertschätzung erstreckt sich jedoch nicht auf den Staat und seine außenpolitischen Ambitionen. Die Bemühungen des Inselstaates um eine Intensivierung und Normalisierung seiner auswärtigen Beziehungen stoßen vielmehr auf konsequente Ablehnung.

Seit den siebziger Jahren, in denen sich als Folge der Veränderungen in der internationalen Konfliktstruktur die Außenpolitik der westlichen Staaten von der Republik zur Volksrepublik China umorientierte, ist die Republik China auf Taiwan in eine profunde diplomatische Isolation geraten. Dem Verlust der UN-Mitgliedschaft folgten der Abbruch der diplomatischen Beziehungen fast aller Staaten der Welt und der Ausschluß aus dem Gros der relevanten internationalen Organisationen.

Diese Isolation war auch eine Folge taiwanesischer Außenpolitik. Nach ihrer Niederlage im chinesischen Bürgerkrieg führten die jetzt auf Taiwan herrschenden Nationalisten ihre Auseinandersetzung mit den chinesischen Kommunisten auf dem Feld der Außenpolitik fort und suchten das kommunistische Regime international zu isolieren. Ihr Festhalten am Alleinvertretungsanspruch für ganz China auch unter den veränderten internationalen Rahmenbedingungen beschleunigte die politische Isolierung Taiwans. Angesichts geänderter Kräfteverhältnisse akzeptierten zahlreiche Staaten die Position der VR China bezüglich des Status Taiwans. Die Bestrebungen der Republik China auf Taiwan nach einer Verbesserung ihrer internationalen Stellung wurden als Störfaktor beim Ausbau der eigenen Beziehungen zu Peking angesehen.

In der Hoffnung darauf, daß Taiwan zukünftig nur eine unbedeutende Rolle in der internationalen Politik spielen würde, haben die Staaten der westlichen Welt sich außenpolitisch auf die VR China ausgerichtet. Angesichts dieser Orientierung erstaunt es nicht, daß in ihre Perzeption Taiwans primär jene Faktoren eingegangen sind, die die genannten Erwartungen bekräftigen. Dies hat entweder dazu geführt, bei der Formulierung der eigenen Asienpolitik von der Existenz

Taiwans vollständig abzusehen[1] oder lediglich jene Äußerungen und Entwicklungen herauszuheben, die auf eine konfliktfreie Lösung des Taiwan-Problems hinzuweisen scheinen.

Angesichts dieser kognitiven Vorgaben sind eine Reihe von Veränderungen, die die politische Entwicklung in Taiwan selbst, aber auch seine Position in den zwischenstaatlichen Beziehungen Ostasiens betreffen, kaum wahrgenommen worden. Die Fixierung auf die VR China, die als regionale Vormacht angesehen wird, hat eine objektive Bewertung der Konsequenzen von Taiwans wirtschaftlicher und technologischer Potenz für seinen globalen und regionalen Einfluß nicht zugelassen.[2] Noch weniger Beachtung ist den innenpolitischen Veränderungen und ihren Auswirkungen auf die Ziele der Außenpolitik, ihrer Formulierung und ihren Strategien geschenkt worden.

Eine Fassade personeller Kontinuität und ideologischer Starrheit in Sachen nationaler Identität und außenpolitischer Strategie verbarg lange Zeit tiefgreifende Wandlungsprozesse. Unter dem Einfluß der sozioökonomischen Veränderungen der vergangenen Dekaden und der Umgestaltung der politischen Strukturen seit der zweiten Hälfte der achtziger Jahre haben sich die Bedingungen, unter denen Außenpolitik formuliert und implementiert wird, grundlegend gewandelt. Mit der Liberalisierung der Innenpolitik entstanden Freiräume, die zur Reflexion und Diskussion über die politischen Orientierungen, besonders in jenen Bereichen, die bislang durch die Doktrinen des nationalistischen Regimes eindeutig bestimmt zu sein schienen, genutzt wurden. Die vollständige Anwendung demokratischer Prinzipien bei der Vergabe von Mandaten auch auf der nationalen Ebene bewirkte tiefgreifende Veränderungen in der Machtstruktur wie in der Zusammensetzung der politischen Elite. Ausdruck dieser Veränderungen sind unter anderem die anhaltenden Debatten über die nationale Identität Taiwans, aber auch der neuerwachte Elan, mit dem die Republik China auf Taiwan ihre internationale Stellung zu wahren und zu verbessern trachtet.

Angesichts der geringen Aufmerksamkeit, die der Herausbildung konkurrierender Identitätsentwürfe wie der Entstehung eines neuen Selbstbewußtseins innerhalb der Bevölkerung Taiwans gewidmet wurden, wird sich die nachfolgende Untersuchung zunächst mit diesem Aspekt befassen und kurz die Vorstellungen

---

1) Vgl. hierzu die Behandlung Taiwans im neuen Konzept der Bundesregierung für eine Asienpolitik: Asien-Konzept der Bundesregierung, in: *Aktuelle Beiträge zur Wirtschafts- und Finanzpolitik*, Nr. 24/1993.

2) Besonders aufschlußreich sind in dieser Hinsicht die Arbeiten des australischen Analytikers Klintworth, der Taiwan schon geraume Zeit als neue Mittelmacht sieht. Vgl. Gary Klintworth: "Taiwan's New Role in the Asia-Pacific Region", *Pacific Focus* 7:2 (1992), S. 67-90.

über die Identität Taiwans und die Rolle, die es in der internationalen Gemeinschaft spielen sollte, umreißen. Hieran schließt sich eine kurze Analyse der Veränderungen in den politischen Institutionen und der Auswirkungen, die sie auf die Formulierung und Implementierung der Außenpolitik haben, an. Ein dritter Teil untersucht die Schwerpunkte und Ziele der taiwanesischen Außenpolitik unter dem derzeitigen Präsidenten Lee Teng-hui.

Die Untersuchung des folgenden Abschnittes befaßt sich mit zwei Phänomenen, die, obwohl inhaltlich nicht miteinander verknüpft, wegen ihres - potentiellen oder tatsächlichen - Einflusses auf die Außenpolitik Taiwans im Zusammenhang erörtert werden. Die Untersuchung der konkurrierenden Identitätsentwürfe und ihrer Konzipierung nationaler Zugehörigkeit orientiert sich an Andersons Verständnis der Nation als einer "imaginierten Gemeinschaft".[3] Sie beschäftigt sich daher mit den wichtigsten Merkmalen der postulierten Identitäten und ihren konstituierenden Erfahrungen. Ein ebenso relevantes Verständnis von Nationalismus, das auf Taiwan ebenfalls intensiv diskutiert und propagiert wird, nämlich die Wahrung oder Stärkung der wirtschaftlichen Interessen der eigenen Bevölkerung gegenüber den Forderungen anderer Staaten oder internationaler Organisationen, muß aus Platzgründen unberücksichtigt bleiben.[4] Dem Dissens über die Identität Taiwans steht innerhalb der Bevölkerung jedoch ein Konsens über die Rolle, die die Insel in der internationalen Politik spielen soll, gegenüber.

II.

Mit der Auflösung der autoritären Strukturen des nationalistischen Regimes entfielen die Rahmenbedingungen, die dem Verständnis des Regimes von der Identität Taiwans innen- wie außenpolitisch eine Monopolstellung ermöglicht

---

3) Die relevanten Aussagen dazu finden sich in Benedict Anderson: *Die Erfindung der Nation. Zur Karriere eines erfolgreichen Konzeptes*, Frankfurt/M. 1988. Vgl. dazu auch die umfassende Diskussion der Entwicklung und Inhalte verschiedener Konzepte von Nation und Nationalismus in Eric J. Hobsbawm: *Nationen und Nationalismus. Mythos und Realität seit 1780*, Frankfurt/M. 1991. Eine interessante Erklärungsvariante, die die Artikulation neuer nationaler Identitäten als Ausdruck wirtschaftlichen Interesses interpretiert, wird hier nicht weiter verfolgt. Vgl. dazu die Studie von John A. Hall: "Nationalism: Classified and Explained", in: *Daedalus* 122:3 (1993), S. 1-28.

4) Eine bemerkenswerte Formulierung dieser Auffassung samt einer daraus folgenden außenpolitischen und -wirtschaftlichen Strategie Taiwans findet sich in Hsü Chieh-lin, Hsiao Ch'üan-cheng: *T'ai-wan ti Ya-T'ai chan-lüeh*, Taipei 1991.

hatten. Zwar war diese Position niemals vollständig von der Bevölkerung akzeptiert worden; oppositionelle Kreise hatten bereits im Laufe der siebziger Jahre damit begonnen, die Identität Taiwans und sein Verhältnis zu China zu einem Topos ihres Diskurses zu machen. Die Kontrolle der Medien durch das nationalistische Regime sorgte jedoch dafür, daß die Wirkung abweichender Positionen auf kleine Personengruppen auf Taiwan begrenzt blieb.

Die Überlegungen der Oppositionellen standen zwar im Gegensatz zur offiziellen Position der Nationalisten, ihre Argumente blieben jedoch gemäßigt.[5] Mit der fortschreitenden innenpolitischen Liberalisierung fanden auch radikalere Positionen, die bis dato lediglich unter den im Ausland lebenden Taiwanesen diskutiert worden waren, ein Forum auf der Insel. Die Beschäftigung mit der Identität gewann zudem einen anderen Charakter. An die Stelle eines Disputes zwischen oppositionellen Intellektuellen trat die Instrumentalisierung der Idee zum Zwecke politischer Mobilisierung zugunsten der Opposition. Als Folge dieser Entwicklung gewann die doppelte Frage der Identität Taiwans und seines Verhältnisses zu China an innenpolitischer Brisanz und löste sowohl auf der politischen wie auf der ideologischen Ebene zahlreiche, teilweise hitzige Kontroversen aus.[6]

Im Zentrum der Auseinandersetzungen stehen zwei entgegengesetzte Annahmen. Die eine geht davon aus, daß eine chinesische Nation fortbestehe, die auch Taiwan umfasse, während die andere die Entstehung einer eigenständigen taiwanesischen Nation postuliert. Die potentielle Sprengkraft der konkurrierenden Nationalismen resultiert aus ihren Implikationen für die Kontinuität der bestehenden staatlichen Ordnung wie für die außenpolitische Orientierung der Insel. Ihren Ursprung hingegen hat diese Konkurrenz in Entwicklungen in der zweiten Hälfte des vergangenen Jahrhunderts: nämlich einerseits in der chinesischen

---

5) So bewegt sich die erste umfassende Auseinandersetzung mit diesem Thema durch Chang Chün-hung noch innerhalb des Rahmens einer chinesischen Identität, die jedoch in eine kontinentale und eine maritime ausdifferenziert wird. Vgl. Chang Chün-hung: "Ts'ung Ta-lu wen-hua ho hai-yang wen-hua t'an tao tang-ch'ien jen-t'ung wen-t'i", in: *Ching-han hsüan-chi*, Taipei 1977, S. 472-494.

6) Ein Aspekt dieser Entwicklung, die Herausbildung eines taiwanesischen Bewußtseins und seiner Charakteristika, wird in einer anderen Studie des Verfassers ausführlich untersucht. Vgl. dazu Hermann Halbeisen: "Taiwanese Consciousness (T'ai-wan i-shih): Facets of a Continuing Debate", in: E.K.Y. Chen, Jack F. Williams, and John Wong, eds.: *Taiwan. Economy, Society and History*, Hong Kong 1991, S. 235-250.

Auseinandersetzung mit dem Eindringen des westlichen Imperialismus, der sowohl den Zusammenbruch der traditionellen konfuzianischen Ordnung und, in Reaktion darauf, die Herausbildung eines chinesischen Nationalismus bewirkt hat,[7] und andererseits in der Abtretung Taiwans an Japan im Jahre 1895 als Folge der chinesischen Niederlage im vorangegangenen Krieg. Sie bildet die Grundlage für die Sonderentwicklung der Insel samt den daraus resultierenden Erfahrungen der Bevölkerung auf Taiwan, die von denen der Chinesen des Festlandes in einer Reihe von Punkten beträchtlich divergieren.

Es ist hier nicht der Ort, die Entstehung und Entfaltung des chinesischen Nationalismus im Detail zu verfolgen. Unter den verschiedenen Spielarten, die diese Ideologie in China hervorgebracht hat, sind für unsere Untersuchung nur die jener politischen Parteien von Bedeutung, die nach 1949 auf Taiwan weiterhin die Position eines chinesischen Nationalismus vertreten haben. Dies betrifft in erster Linie die nationalistische Partei, die Kuomintang (KMT), und - mit Einschränkungen - die Jugendpartei (*Chung-kuo Ch'ing-nien-tang*).[8]

Der Nationalismus der vom Festland nach Taiwan übergesiedelten Parteien beruht weitgehend aus den Erfahrungen des kontinentalen China. Im Falle der KMT stützt er sich auf die politische Theorie Sun Yat-sens und die Summe intensiver Debatten über verschiedene Spielarten des Nationalismus innerhalb der Partei. Nach langwierigen Auseinandersetzungen setzte sich schließlich die ausgeprägt konservative, konfuzianische wie anti-imperialistische Elemente integrierende Auffassung Chiang Kai-sheks als offizielle Doktrin durch.

Für die Bevölkerung Taiwans waren die ersten Erfahrungen mit dem Nationalismus der KMT schmerzhaft. Obwohl in ihrer Mehrzahl prochinesisch orientiert, wurden sie nach der Rückkehr Taiwans zu China im Jahre 1945 aus einer Reihe von Gründen von den festländischen Chinesen nicht als gleichberechtigt akzeptiert. Waren bereits in der Kaiserzeit die Einflüsse der traditionellen Kultur

---

7) Der Zusammenbruch der traditionellen Ordnung und die Etappen der Entstehung eines neuen Nationalismus als identitätstiftender Ideologie werden im Detail von Levenson untersucht. S. Joseph R. Levenson: *Confucian China and Its Modern Fate. A Trilogy*, Berkeley and Los Angeles ²1972. Zur Problematik des Nationalismus in China und seiner Rezeption durch westliche Beobachter s. die Studie von James Townsend: "Chinese Nationalism", *Australian Journal of Chinese Affairs* 27 (1992), S. 97-130.

8) Auf die politischen Doktrinen der Jungendpartei wird hier wegen der Bedeutungslosigkeit dieser Partei für die Gestaltung der Entwicklung Taiwans nicht weiter eingegangen. Zur Geschichte der Partei vgl. Chan Lau Kit-sing: *The Chinese Youth Party, 1923-1945*, Hong Kong 1972.

auf der an der Peripherie des Reiches gelegenen, mehr von Rebellionsfreude denn von Orthopraxis geprägten Insel nicht sehr ausgeprägt, so entfernten sich die Orientierungen und Erfahrungen der Bevölkerung unter der japanischen Kolonialherrschaft noch weiter von jenen ihrer festländischen Landsleute. Von der Kolonialregierung wurde sie weitgehend von den politischen Entwicklungen auf dem Festland abgeschirmt und einer intensiven Japonisierungspolitik unterworfen.

Die Verhältnisse, die die KMT 1945 auf der Insel vorfand, bestärkten die nationalistische Führung in ihrer Auffassung, daß Taiwan "sinisiert" werden müsse. Dies schien aus pragmatischen Gründen angebracht, sprachen und verstanden doch große Teile der einheimischen Bevölkerung nicht die chinesische Hochsprache; zugleich sollte die jahrzehntelange Indoktrination mit japanischen Werten kompensiert und die Bevölkerung stärker in das Wertesystem der Nationalisten eingebunden werden.

Nach der Flucht der chinesischen Nationalisten in den Jahren 1949-50, in deren Zug der Großteil der Partei- und Staatsführung auf die Insel übersetzte, begann die ideologische Entwicklung des Nationalismus zu stagnieren. Unter der verschärften Kontrolle des Regimes wurden intellektuelle Auseinandersetzungen innerhalb der KMT selten. Die Themen, um die in den wenigen Polemiken gestritten wurde, waren nur zu häufig Paraphrasen jener Debatten, die in den zwanziger und dreißiger Jahren auf dem Festland geführt worden waren. Geprägt von der konservativen Orientierung Chiang Kai-sheks, beschränkte sich die nationalistische Ideologie auf Bekundungen des Antikommunismus und Beschwörungen des letzten Zieles, der Rückeroberung des Festlandes. Abscheu gegenüber den antitraditionalistischen Zügen der Kulturrevolution wie die zunehmende Überalterung des nationalistischen Regimes verstärkten die rückwärtsgewandten Züge der Ideologie. Diese Tendenz fand ihren abschließenden Höhepunkt in der "Bewegung für eine kulturelle Renaissance" (*Wen-hua fu-hsing yün-tung*)[9], die in den sechziger und siebziger Jahren vom nationalistischen Regime mit dem Ziel der Wahrung und stärkeren gesellschaftlichen Beachtung traditioneller chinesischer Werte betrieben wurde.

Nach Jahren der Stagnation gewann der chinesische Nationalismus erst im Laufe der achtziger Jahre neue Relevanz als Reaktion auf die zunehmende Taiwanisierung der KMT und den wachsenden Einfluß der taiwanesischen Opposition auf die Politik. Dieses "Risorgimento" führte bislang nicht zu neuen theoretischen

---

9)   Zu Entfaltung und Erfolg dieser Bewegung s. den Beitrag von Warren Tozer: "Taiwan's 'Cultural Renaissance': A Preliminary View", *China Quarterly* 43 (1970), S. 81-99.

Leistungen. Äußerungen mit expliziter Orientierung an Vorstellungen von einem China und Bezug auf die Theorien Sun Yat-sens haben in der KMT jedoch eine legitimierende Funktion für verschiedene Gruppen im innerparteilichen Macht-kampf gewonnen. Sie bilden darüber hinaus eine ideologische Basis für neue konservative Gruppierungen von nationalistischen Politikern, wie der *Ai-kuo t'ung-meng*, einer Organisation, in der zahlreiche jüngere Abgeordnete der KMT engagiert sind.

In dem Maße, in dem die Konsequenzen der von Chiang Ching-kuo begonnenen Reformpolitik deutlich wurden, insbesondere jedoch seit der Übernahme von Präsidentschaft und Parteivorsitz durch Lee Teng-hui, einem gebürtigen Taiwa-nesen, haben Gruppen, die einen chinesischen Nationalismus vertreten, inner-halb der KMT bemerkenswert an Bedeutung gewonnen. Eine große Minderheit unter der Mitgliedschaft teilt die Auffassung, der von Präsident Lee eingeschla-gene Kurs in der China-Politik wahre lediglich die Form und lasse ein ernsthaftes Engagement für die Verwirklichung dieses Zieles vermissen. In dieser Kritik artikuliert sich ein wachsendes Gefühl der Heimatlosigkeit, von dem große Teile der älteren Festländer erfaßt worden sind, sie ist aber auch ein Versuch der alten festländischen Elite, einem vollständigen Machtverlust wie einem als Verrat verstandenen Kurswechsel der Partei vorzubeugen. Innerhalb dieses in der Presse als Kampf von Haupt-(*chu-liu*) und Nebenströmung (*fei chu-liu*) darge-stellten Konfliktes (wobei die Anhänger Lee Teng-huis als Hauptströmung bezeichnet wurden, während die Nebenströmung im wesentlichen die älteren Festländer umfaßte) hat sich auch eine Gruppe von jungen Politikern, in der Mehrzahl Angehörige des Legislativyuan, formiert, die weitgehend unbelastet von den Erfahrungen der älteren Politiker eine stark an den Lehren Sun Yat-sens orientierte chinesische politische Linie propagiert. Nach unüberbrückbaren Meinungsverschiedenheiten mit der Parteiführung hat diese Gruppe im Vorfeld des 14. Parteitages die Partei verlassen und eine neue Partei, die *Hsin-tang* (HT), gegründet.[10]

Der taiwanesische Nationalismus hingegen speist sich aus den Erfahrungen der Unterdrückung durch die von außen gekommenen Herrscher, seien es nun Holländer, Manchus, Japaner oder Festlandchinesen. Den unmittelbaren An-knüpfungspunkt für die Artikulierung einer besonderen, sich vom festländischen China unterscheidenden Identität Taiwans bilden die Erfahrungen der taiwane-sischen Bevölkerung nach ihrer Rückkehr unter chinesische Souveränität, von denen die Ereignisse in der Folge des 28. Februar 1947 besonders schwer

---

10) Vgl. dazu auch die Berichterstattung in *The Journalist* (*Hsin Hsin-wen*) im Jahre 1993.

wiegen.[11] Um sich vor der nach der Niederschlagung der Rebellion einsetzenden Welle von Repressionen in Sicherheit zu bringen, verließ eine Reihe taiwanesischer Intellektueller die Insel und suchte Zuflucht in Hong Kong und Japan. Hier formulierten sie zum erstenmal Vorstellungen von einer eigenständigen taiwanesischen Identität, Überlegungen, die in den folgenden Jahrzehnten von zahlreichen Gruppierungen in der Diaspora fortgesponnen wurden.[12] Auf Taiwan selbst fanden diese Vorstellungen nur sporadisch Resonanz. Die Zensur verhinderte ihre Verbreitung, lediglich von heimkehrenden Auslandsstudenten wurden Informationen über die oft lebhafte überseeische Debatte auf der Insel verbreitet.

Zwei Entwicklungen schufen die Voraussetzungen dafür, daß sich der taiwanesische Nationalismus auch auf Taiwan selbst zu verbreiten vermochte. Eine wird durch die Entstehung einer Zivilgesellschaft, die sich in zunehmendem Maße gegenüber staatlichen Institutionen zu behaupten vermochte, markiert. Dieser Prozeß begann als Folge anhaltenden wirtschaftlichen Wachstums zu Beginn der sechziger Jahre langsam Form zu gewinnen. Der rasch fortschreitende Verfall der internationalen Position der Republik China auf Taiwan bildet die zweite dieser Entwicklungen. Angesichts der wachsenden internationalen Probleme der Republik China, deren Status gefährdet schien und die es kaum noch vermochte, sich in der Konkurrenz mit der VR China zu behaupten, verloren die überkommenen Interpretationen der Identität Taiwans beständig an Überzeugungskraft. Der Verlust der UN-Mitgliedschaft markierte den krisenhaften Höhepunkt dieser Entwicklung.[13]

Die Bemühungen um eine Selbstvergewisserung von Taiwans Identität und Status zeitigten erste Resultate in den Schriften Chang Chün-hungs. Chang modifizierte eine von Fairbank geprägte Unterscheidung zwischen einem maritimen (*hai-yang Chung-kuo*) und einem kontinentalen China (*ta-lu Chung-kuo*),

---

11) Die bislang umfassendste Studie über die Ereignisse vom Februar 1947, ihre Vorgeschichte und Auswirkungen findet sich in: Lai Tse-han, Ramon H. Myers, and Wei Wou: *A Tragic Beginning. The Taiwan Uprising of February 28, 1947*, Stanford 1991. Zu einer anderen Bewertung der Ereignisse kommt Günter Whittome: *Taiwan 1947. Der Aufstand gegen die Kuomintang*, Hamburg 1991.

12) Arbeiten über die frühen Artikulationen eines taiwanesischen Nationalismus sind rar. Vgl. David Wurfel: "Taiwanese Nationalism. Problem for United States Policy", in: Robert Sakai, ed.: *Studies on Asia, 1963*, Lincoln, NE 1963, S. 101-119, und Douglas Mendel: *The Politics of Formosan Nationalism*, Berkeley 1970.

13) Zu den geistigen Strömungen dieser Zeit s. Mab Huang: *Intellectual Ferment for Political Reforms, 1971-1973*, Ann Arbor, MI 1976.

um die Unterschiede zwischen China und Taiwan herauszuarbeiten. Fairbanks These, daß das kontinentale China durch seine negativen Erfahrungen mit Invasoren und sonstigen Eindringlingen fremden Erfahrungen ablehnend gegenüberstünde und Kontakte mit Ausländern eher zu vermeiden versuche, während sich das maritime China solchen Einflüssen öffne und von Handel und Austausch mit anderen Ländern profitiere, schien Chang auch die unterschiedlichen Erfahrungen der festländischen Elite und der Bevölkerung Taiwans wiederzugeben.[14]

Diese ersten vorsichtigen Diskussionen gewannen im Laufe der achtziger Jahre an Intensität und mündeten in eine weitschweifende Polemik über chinesische und taiwanesische Identität. Im Verlauf dieser Auseinandersetzungen bemühten sich zahlreiche Autoren um den Nachweis einer eigenständigen taiwanesischen Identität und ihrer konstitutiven Merkmale.[15] Unter den vielfältigen, einander teilweise widersprechenden Auffassungen schält sich ein - von vielen Befürwortern mit zum Teil konträren Sichtweisen geteiltes - Verständnis heraus, das als das konstitutive Element der taiwanesischen Identität die Erfahrung der Unterdrückung ansieht. Nach diesem Verständnis ist die Geschichte der chinesischen Besiedlung der Insel durch die Unterdrückung ihrer vom Festland zugewanderten Einwohner geprägt. Als illegale Auswanderer ohne Schutz durch die Behörden gerieten die Siedler in der späten Ming-Zeit unter niederländische und spanische Kolonialherrschaft. Weder unter der Verwaltung der Ch'ing-Dynastie noch unter der japanischen Kolonialverwaltung bestanden Möglichkeiten zur Selbstentfaltung. Selbst nach der Rückkehr zu China setzte sich die Unterdrückung fort, Festländer übernahmen die Schlüsselpositionen in Politik und Wirtschaft, lokale Kultur und Sprache wurden zugunsten einer von ihnen als überlegen angesehenen nationalen, d.h. festländischen Kultur unterdrückt.

Die Gründung der Demokratischen Fortschrittspartei (*Min-chu Chin-pu-tang/* DPP) im Jahre 1986 und die durch die innenpolitische Liberalisierung ermöglichte Rückkehr zahlreicher Aktivisten der Taiwan-Unabhängigkeitsbewegung gaben den bislang vornehmlich kulturellen Debatten über Identität eine unmittelbar politische Wendung. Zu den wichtigsten Forderungen der DPP gehörte von Beginn an die nach einer Selbstbestimmung der Bevölkerung Taiwans über ihre nationale und politische Identität. Sie wurde Anfang der neunziger Jahre durch die Forderung nach nationaler Unabhängigkeit und Rekonstituierung der politischen Ordnung abgelöst.

Zwar scheint derzeit die Wahrscheinlichkeit, daß die DPP in absehbarer Zeit eine für die Verwirklichung ihrer Ziele ausreichende Mehrheit findet, gering zu sein. Es bleibt jedoch festzuhalten, daß die Auseinandersetzungen über die

---

14)   Vgl. dazu Chang Chün-hung, *op.cit.*
15)   Vgl. Anm. 6.

nationale Identität wie über die Grundlagen der politischen Ordnung in Taiwan andauern. Dadurch wird die Identitätskrise sowohl der Gesellschaft wie ihrer politischen Institutionen vertieft, grundlegende Veränderungen in Richtung auf eine Unabhängigkeit und die Aufgabe des bisherigen politischen Kurses sind nicht mehr auszuschließen.

Derzeit stehen sich auf Taiwan also zwei gegensätzliche Entwürfe nationaler Identität gegenüber - mit unterschiedlichen Konsequenzen für die Außen- und Chinapolitik der Insel. Besteht somit in der grundlegenden Orientierung der politischen Ordnung kein Konsens innerhalb der Bevölkerung, herrscht jedoch in einem anderen Komplex weitgehende Übereinstimmung: in der Unzufriedenheit über den gegenwärtigen internationalen Status Taiwans wie in der Forderung, dieser Status müsse schnell und umfassend verbessert werden.

In dieser Haltung artikuliert sich ein neues Selbstbewußtsein der Bewohner Taiwans. Es basiert auf einer Reihe von Erfahrungen, u.a. den unbestreitbaren Erfolgen in der Entwicklung der wirtschaftlichen Leistungsfähigkeit der Insel, aber auch auf den Ergebnissen des politischen Reformprozesses. In den Worten eines taiwanesischen Politologen: "The Taiwan miracle has fostered a new sense of identity and pride among the island's people, and they have begun to demand commensurate status and respect in the world community. Moreover, they feel that it is the responsibility of the government to achieve this for the country."[16]

Taiwans Selbstbewußtsein wurde zwar in den vergangenen Jahren in vielfacher Weise bestätigt, durch die Resultate der weitgehend konfliktfreien Transformation des autoritären Regimes in eine demokratische Herrschaftsordnung, durch das wachsende wirtschaftliche Gewicht Taiwans, vor allem aber durch seine Rolle als Kapitalexporteur und bedeutender Investor in der Region[17] oder als Finanzier von Entwicklungshilfe. In dem Maße, wie sich seit den achtziger Jahren dank innenpolitischer Liberalisierung und wachsendem Wohlstand die Möglichkeiten zu Auslandsreisen vergrößerten, wurde dieses Selbstbewußtsein jedoch mit Erfahrungen von Geringschätzung und Ausgeliefertsein kontrastiert. Taiwanesische Touristen und Geschäftsleute konnten im Kontakt mit anderen Staaten auf vielfältige Weise erleben, daß aus der Zugehörigkeit zu einem international nicht anerkannten Staat zahlreiche Benachteiligungen erwachsen. Hier-

---

16)   Michael Y.M. Kao: "The ROC's Diplomatic Impasse and New Policy Initia-
       tives", in: Chu Yun-han, ed.: *The Role of Taiwan in International Economic
       Organizations*, Taipei 1990, S. 14.
17)   Vgl. dazu Sanjaya Lall: "Direct Investment in South-East Asia by the NIEs:
       Trends and Prospects", in: *Quarterly Review*, Banco Nazionale del Lavoro,
       No. 179 (1991), S. 463-480.

aus resultierte ein nachdrückliches Bestreben der Bevölkerung wie der politischen Elite Taiwans, angemessen in der internationalen Gemeinschaft vertreten zu sein und als legitimer Staat anerkannt zu werden. "Both the political elite and ordinary citizens feel strongly that their country should be granted legitimate status in the family of nations."[18]

Diese individuellen Erfahrungen im Kontakt mit dem Ausland sind seit Anfang der neunziger Jahre durch solche kollektiver Benachteiligung verstärkt worden. In ihrem Bemühen, Lösungen für globale Probleme zu finden, haben sich Regierungen und Internationale Organisationen über eine Reihe von Regelungen verständigt. Zunehmend fordern sie nun von Taiwan die Befolgung dieser Regeln, begleitet von der Androhung von Repressalien im Falle der Nichtbefolgung, von Regeln also, an deren Beratung und Beschlußfassung der Inselstaat keinen Anteil hatte. Als Beispiel sei hier nur auf die Bemühungen der beteiligten Organisationen verwiesen, mit Hilfe amerikanischer Sanktionen Taiwan zur Befolgung der Bestimmungen zum Schutz gefährdeter Tierarten zu veranlassen.[19]

Dieses komplexe Gemisch aus Erfahrungen des Stolzes wie der Demütigung hat dem Verlangen nach international anerkannter nationaler Würde innerhalb der Bevölkerung Taiwans starken Auftrieb gegeben und den Druck auf die Regierung in Taipei, außenpolitische Erfolge und eine Verbesserung der internationalen Position Taiwans zu erzielen, beträchtlich erhöht. Die Erwartungen richten sich jedoch nicht nur auf die eigene Regierung. Sie richten sich ebenso auf die Regierungen jener Staaten, denen sich Taiwan in einer politischen und ökonomischen Wertegemeinschaft verbunden fühlt, um so mehr, als einige dieser Staaten in der Vergangenheit unter Berufung auf diese Werte Veränderungen in der politischen und ökonomischen Ordnung der Insel eingefordert haben.

Gegenwärtig muß Taiwan jedoch die Erfahrung machen, daß politische Werte für die Außenpolitik westlicher Staaten weniger Gewicht haben als wirtschaftliche Interessen. Sollten sich die Staaten der internationalen Gemeinschaft, und insbesondere die westlichen Industriestaaten, an deren ökonomischen und politischen Ordnungskonzepten sich Taiwan orientiert, den Hoffnungen der taiwanesischen Bevölkerung, ein anerkanntes Mitglied dieser Gemeinschaft zu werden, verschließen, erscheinen Reaktionen unvermeidlich. Die langfristigen außen- und

---

18) Lin Bih-jaw: "Taipei's Search for a New Foreign Policy Approach", in: Steven W. Mosher, ed.: *The United States and the Republic of China: Democratic Friends, Strategic Allies and Economic Partners*, New Brunswick, NJ 1992, S. 31.

19) Su Chi: "International Relations of the Republic of China during the 1990s", in: *Issues & Studies* 29:9 (1993), S. 19-20.

innenpolitischen Konsequenzen einer Enttäuschung über dieses Verhalten, für deren Vorhandensein bereits erste Anzeichen vorliegen,[20] sind schwer abzuschätzen.

III.

Die Auswirkungen der in den achtziger Jahren begonnenen politischen Reformen auf die Formulierung und Implementierung der taiwanesischen Außenpolitik sind weitreichend, da sie sowohl das Verhältnis der politischen Institutionen zueinander als auch die Herkunft und Orientierung der politischen Eliten nachhaltig verändert haben.

Vor dem Beginn der Reformen, unter den Bedingungen des autoritären Regimes, war die Formulierung der Leitlinien der Außenpolitik die Prärogative des Präsidenten, ihre Implementierung oblag einer kleinen Gruppe von Personen innerhalb der Führungselite, zu denen auch der Außenminister gehörte. Neben ihrer uneingeschränkten Loyalität zur Person des Präsidenten Chiang Kai-shek verbanden diesen Personenkreis ein langjähriges Engagement in der nationalistischen Bewegung samt den daraus resultierenden gemeinsamen Erfahrungen und politischen Überzeugungen. Die Außenpolitik zählte ebenso wie die Verteidigungspolitik zu den unmittelbar sicherheitsrelevanten Bereichen der Politik und unterlag somit einer weitgehenden Geheimhaltung. Der Kurs der Außenpolitik wurde vornehmlich von den ideologischen Prämissen der KMT, ihrer unbeugsamen Gegnerschaft zur Kommunistischen Partei Chinas und der Aufrechterhaltung und Durchsetzung des Alleinvertretungsanspruches für China bestimmt. Ungeachtet der aus diesem Kurs resultierenden zahlreichen außenpolitischen Rückschläge, blieb er innerhalb von Regierung und KMT, aber auch innerhalb der Parlamente[21] unumstritten. Dies lag unter anderem daran, daß die in den Fraktionen der KMT im Legislativyuan wie in der Nationalversammlung dominierenden "senior representatives" (*tzu-shen tai-piao*)[22] die politischen Überzeu-

---

20) So spricht ein taiwanesischer Autor bereits von einem "sense of frustration and alienation felt by the population in Taiwan toward the international community", in: Su Chi, *op.cit.*, S. 7.

21) Bis zur 2. Verfassungsänderung im Jahre 1991 nahmen 3 Institutionen in der Republik China die Aufgaben wahr, die in Staaten mit einer Dreigewaltenteilung das Parlament ausübt, nämlich die Nationalversammlung, der Legislativ- und der Kontrollyuan. Vgl. dazu Hermann Halbeisen: *Politische Reformen in Taiwan*, Bochum 1992.

22) Der Begriff bezeichnet jene Abgeordneten, die in den Wahlen der Jahre 1947 und 1948 auf dem chinesischen Festland gewählt worden waren. Da

gungen der Regierung uneingeschränkt teilten. Da sie sich nicht in regelmäßigen Abständen einer Wiederwahl stellen mußten, konnten sie den Kurs der Regierung stützen, ohne Rücksicht auf Änderungen des Wählerwillens oder in der öffentlichen Meinung nehmen zu müssen.

Unter der Präsidentschaft Chiang Ching-kuos erfolgte eine gewisse Modifikation dieses Musters, ohne allerdings grundlegende Veränderungen nach sich zu ziehen. Angesichts der wachsenden internationalen Isolierung der Insel war es jedoch nicht zu vermeiden, daß die Außenpolitik und die sich aus ihr ergebenden Konsequenzen für Taiwan Gegenstand parlamentarischer Erörterung und öffentlicher Diskussionen wurden.

Die Demokratisierung des politischen Systems auf Taiwan hat die Rahmenbedingungen, innerhalb derer Politik formuliert wird, grundlegend verändert. Im Zuge der politischen Reformen haben sich die Machtverhältnisse sowohl innerhalb der Exekutive, zwischen dem Präsidenten und dem Premier[23], als auch zwischen der Exekutive und der Legislative gewandelt. Die Legislative ist endgültig in eine Schlüsselposition innerhalb des Herrschaftssystems aufgerückt. Nach dem vollständigen Ausscheiden der "senior representatives" haben sich die Bemühungen der Parlamentarier intensiviert, diese Schlüsselstellung zu nutzen und ihren Einfluß auf die Gestaltung der Politik auszudehnen. Die KMT stellt zwar weiterhin die größte Fraktion im Legislativyuan, nach den Wahlen vom Dezember 1992, in denen zahlreiche Kandidaten der oppositionellen DPP Mandate erringen konnten, und der Abspaltung der *Hsin-tang* verfügt sie jedoch nur noch über eine knappe Mehrheit und ist auf Kooperation mit den anderen Fraktionen angewiesen.

Mit den personellen Veränderungen in den politischen Eliten der Insel ist die in der Vergangenheit bestehende weitgehende Übereinstimmung in den politischen Überzeugungen zerbrochen. Seit dem Tode Chiang Ching-kuos sind die Anhänger des überkommenen politischen Kurses aus den führenden Positionen in der

---

Forts. von letzter Seite
    nach der Niederlage der KMT im Bürgerkrieg in diesen Wahlkreisen keine Wahlen mehr abgehalten werden konnten, konnten sie gemäß einem Urteil des Obersten Gerichtes ihre Mandate so lange ausüben, bis Neuwahlen möglich sein würden.
23) Bis zu einer eindeutigen Regelung in einer geplanten Verfassungsreform bleiben das Verhältnis zwischen Präsident und Premier ebenso wie die Kompetenzen beider Ämter offen für gegensätzliche Interpretationen und abhängig von der persönlichen Macht der jeweiligen Amtsinhaber. Vgl. dazu Halbeisen, Anm. 21.

Regierung und weitgehend auch der KMT ausgeschieden. Ihre Nachfolger in den öffentlichen Ämtern, ob Festländer oder Taiwanesen, gehören anderen politischen Generationen an und sind durch Alter und regionale Herkunft von anderen politischen Erfahrungen geprägt. Als Folge einer intensiven Sozialisierung durch parteiinterne Schulungseinrichtungen vertreten jedoch auch die neuen Leiter des administrativen Apparates (*hsing-cheng hsi-t'ung*), die Minister und Vorsitzenden der Kommissionen, weiterhin die chinesische Orientierung der KMT, ungeachtet der Tatsache, daß nur noch wenige von ihnen das chinesische Festland aus eigener Anschauung kennen. Anderen ideologischen Legaten der Partei stehen sie hingegen indifferent gegenüber.

Weitreichender sind die Veränderungen in einem anderen Teil der politischen Elite, unter den Parlamentariern in Legislativyuan und Nationalversammlung, die sich in ihren Orientierungen deutlich sowohl von der administrativen Elite wie von den ehemaligen "senior representatives" unterscheiden. Überwiegend taiwanesischer Herkunft, haben sie schon unter dem Regime der "Ergänzungswahlen" in erster Linie die partikularen Interessen ihrer Wählerschaft gegen die übergeordnete Orientierung der Regierung vertreten. Selbst unter den Abgeordneten der KMT, deren parteiinterne Sozialisierung schwächer als die der administrativen Elite ist, dominieren - mit wenigen Ausnahmen - die Repräsentanten lokaler Interessen und Sichtweisen. Angesichts dieser Konstellation sind die Möglichkeiten der Fraktions- und Parteiführung, die Abgeordneten auf die Parteilinie zu verpflichten, sehr begrenzt.

Die Beschäftigung mit außenpolitischen Fragen ist nicht länger auf wenige Institutionen - Regierung, Parlamente, Parteien, staatliche Forschungsinstitute - beschränkt. Neben den Medien, die in beträchtlichem Umfang und in großer Offenheit über außenpolitische Fragen berichten, sind eine Reihe von privaten Think-tanks entstanden, die sich kontinuierlich mit diesem Politikfeld befassen. Von verschiedenen politischen und gesellschaftlichen Gruppen gefördert, analysieren sie die Außenpolitik der Regierung im Hinblick auf ihre jeweilige Interessenlage und suchen die politische Diskussion durch die Publikation eigener Studien zu beeinflussen. Mit der Entstehung einer "demanding civil society"[24] auf Taiwan haben sich auch eine Reihe von Bürgerbewegungen gebildet, die außenpolitische Forderungen artikulieren und die Bevölkerung für ihre Anliegen zu mobilisieren trachten. So wurde z.B. die Forderung nach einer Aufhebung des Verbotes für Reisen auf das chinesische Festland oder für die Rückkehr Taiwans in die Vereinten Nationen zunächst von Bürgerbewegungen artikuliert und propagiert.

---

24) Der Begriff wurde von dem taiwanesischen Soziologen Hsiao geprägt. Vgl. Hsin-huang Michael Hsiao: "The Rise of Social Movements and Civil Protests", in: Tun-jen Cheng and Stephan Haggard, eds.: *Political Change in Taiwan*, Boulder, CO 1992, S. 57.

Im Unterschied zu den Zeiten des Kriegsrechtes, als die Beschäftigung mit Fragen der Außenpolitik auf einen kleinen Personenkreis beschränkt war, sind die
Ziele und Mittel taiwanesischer Außenpolitik heute in hohem Maße politisiert.
Mit der Öffnung des politischen Systems gegenüber Forderungen aus der Gesellschaft wurden zahlreiche Forderungen von Interessengruppen und gesellschaftlichen Bewegungen an die Entscheidungsträger herangetragen, Forderungen, die
zudem häufig im Widerspruch zueinander stehen. So bestehen, um nur ein Beispiel anzuführen, deutliche Konflikte zwischen den Wünschen ökonomischer
Interessengruppen nach einer weiteren wirtschaftlichen Öffnung gegenüber dem
chinesischen Festland, der Einrichtung direkter Verkehrsverbindungen u.a.m. auf
der einen Seite und den politischen Zielen, Taiwans internationalen Status zu
verbessern und Einflußmöglichkeiten der Regierung in Peking so gering wie
möglich zu halten auf der anderen.

Die parlamentarischen Gremien wie die politischen Parteien sind nur eingeschränkt in der Lage, diese gegenläufigen Interessen aufzunehmen und zu politischen Alternativen zu bündeln. Sensibilisiert für die Erwartungen ihrer Wählerschaft, fließen bei der Bewertung außenpolitischer Aktionen der Regierung
zunehmend die im vorhergehenden Abschnitt behandelten Präferenzen als Kriterien ein und verdrängen u.U. andere, sachdienlichere Überlegungen. So stießen mehrere Projekte der Regierung zur Beschaffung von Rüstungsgütern,
denen angesichts der Sicherheitslage Taiwans allgemein hohe Priorität zugebilligt
wird, auf heftige Kritik im Legislativyuan, weil die Verfahren wie die Inhalte der
Übereinkommen Taiwans nationale Würde nicht hinreichend berücksichtigt
hätten.[25]

Außenpolitik ist somit heute auf Taiwan eine höchst kontroverse Angelegenheit,
die ständiger Rechtfertigung im Legislativyuan und vor der Öffentlichen Meinung bedarf. Komplizierend für die KMT und der von ihr gebildeten Regierung
kommt hinzu, daß sich außenpolitische Konzeptionen zu einem wesentlichen

---

25) Das Abkommen zwischen Taiwan und den USA über die Lieferung von
    F-16-Kampfflugzeugen ist in Taiwan u.a. deswegen auf heftige Kritik gesto-
    ßen, weil sich die USA nur zur Lieferung einer alten Version bereit erklärt
    hatten, den Verkauf des "state-of-the-art"-Modells jedoch verweigert hatten.
    Galt lange Zeit der erfolgreiche Abschluß eines außenpolitischen Projektes
    als entscheidend und das Verfahren, auf dem dies erreicht wurde, als se-
    kundär, so gewinnen in den letzten Jahren die Begleitumstände und die in
    ihnen zum Ausdruck kommenden Einstellungen der Verhandlungspartner
    gegenüber Taiwan an Bedeutung. Eine als unzureichend beurteilte Wert-
    schätzung Taiwans kann u.U. zur Ablehnung einer Übereinkunft durch den
    Legislativyuan führen.

Faktor bei der Vergabe der Wählergunst entwickelt haben und die Legitimität der Regierung in hohem Maße von außenpolitischen Erfolgen abhängt. Gerade in diesem Politikfeld sind die Erfolge der KMT-geführten Regierung nach dem Urteil der Bevölkerung eher mager, eine Einschätzung, die sich auch in den Arbeiten taiwanesischer Analytiker wiederfindet. So sieht Lin Bih-jaw in der Außenpolitik die Achillesferse der herrschenden KMT,[26] während Wu Hsin-hsiung sogar davon spricht, die langjährige Isolation Taiwans von der internationalen Gemeinschaft habe die Autorität der Regierung nachdrücklich geschwächt "and causes the people to despise the government."[27]

Angesichts dieser Einschränkungen, zu denen noch der anhaltende Konflikt zwischen Legislativyuan und Regierung über die politische Dominanz wie die an kurzfristigen publikumswirksamen Handlungen orientierten Erwägungen der Parlamentarier treten, ist in der Formulierung der Ziele der Außenpolitik wie in der Behandlung einzelner politischer Entscheidungen ein gravierender Wandel zu verzeichnen. An die Stelle einer beständigen, an der Verwirklichung der vom Regime als vital angesehenen Interessen orientierten Außenpolitik ist ein Prozeß der Konsensbildung und des Aufgreifens parlamentarischer Wünsche durch das Außenministerium getreten.[28]

Die Außenpolitik Taiwans steht, wie wir gesehen haben, unter starkem innenpolitischen Druck. Maßstab für eine erfolgreiche Außenpolitik ist, ob es gelingt, die staatliche Eigenständigkeit Taiwans langfristig zu sichern und dem Inselstaat einen gleichberechtigten Platz unter den Staaten dieser Welt zu verschaffen.[29] Die gegenwärtige Außenpolitik der Regierung, die an der Ein-China-Prämisse festhält, aber eine eigenständige internationale Vertretung Taiwans anstrebt,

---

26) Lin Bih-jaw, *op.cit.*
27) Lee Wen-lang: "The Multi-Diplomacy Principle and Our Country's Situation in the World", in: *Chung-kuo Shih-pao*, 1.9.1988, 2 (in chinesischer Sprache).
28) Die Haltung des Außenministeriums gegenüber einer an den Wünschen der Öffentlichkeit orientierten Außenpolitik umreißt der Außenminister, Ch'ien Fu, folgendermaßen: "...we can do it only if there is a consensus among the general public. This is very important. We don't want to do anything that will not be supported by the Legislature, the media and the public." Siehe *Free China Review* 43:2 (1993), S. 20.
29) Nach Ansicht des taiwanesischen Politologen Wu Hsin-hsiung bildet die Frage "How to break through the isolation of diplomacy (...) one of the most hottest public issues in the ROC in the 1990s." Wu Hsin-hsiung: Taiwan: The Emergence of New International Identities in the 1990s, unveröff. Manuskript.

erfährt derzeit als erfolgversprechende Lösung Unterstützung. Sollte sie nicht die erhofften Erfolge bringen, wird sie ihre Akzeptanz verlieren und durch andere, radikalere Konzeptionen abgelöst werden.

IV.

Taiwans Außenpolitik wurde im Inland wie im Ausland als dogmatisch und unbeweglich wahrgenommen. Diese Einschätzung ist jedoch nicht ganz zutreffend. Bereits im Laufe der siebziger Jahre wurden, ungeachtet der weiterhin gültigen "Grundlagen der nationalen Politik" (*chi-pen kuo-ts'e*), erste Überlegungen über eine flexiblere Handhabung der Außenpolitik angestellt und vereinzelt auch in den Medien erörtert. Diese Überlegungen schlugen sich in den folgenden Jahren in einer Reihe von Konzepten nieder; zu diesen zählen die Entwicklung "substantieller Beziehungen" und die Verfolgung einer "totalen Außenpolitik".[30]

Unter den Bedingungen des Kriegsrechtregimes boten die "Grundlagen der nationalen Politik" eine hinreichend kohärente konzeptionelle Grundlage der Außenpolitik, wenn auch ihr Verständnis der Lage Taiwans noch an den Kategorien des Kalten Kriegs orientiert war. Mit dem Ende des Kriegsrechtregimes und der umfassenden Demokratisierung der politischen Institutionen entfielen jedoch diese Voraussetzungen. Bevor neue Konzepte für die taiwanesische Außenpolitik formuliert werden konnten, waren zunächst eine Neubestimmung der Interessen Taiwans, eine Bewertung seines neuen Status als junger Industriestaat und der Konsequenzen, die sich aus den Erwartungen der Bevölkerung ergaben, vonnöten.

Um größere Handlungsspielräume für die Außenpolitik zu gewinnen, mußten angemessene Lösungen für zwei Problembereiche gefunden werden. Diese Lösungen mußten darüber hinaus sowohl innenpolitisch konsensfähig wie außenpolitisch praktikabel sein. Dies betraf zum einen den bislang von der Republik China erhobenen Alleinvertretungsanspruch, der aufgegeben werden sollte, ohne daß durch diesen Schritt das Ein-China-Prinzip in Frage gestellt würde. Das andere Problem bestand darin, Drittstaaten die Aufnahme diplomatischer Beziehungen mit Taiwan zu ermöglichen, ohne deren bereits bestehende Verbindungen zur VR China zu tangieren.

---

30) Vgl. dazu Hsieh Chiao-chiao: *Strategy for Survival. The Foreign Policy and External Relations of the Republic of China on Taiwan, 1949-79*, London 1985.

Einen wesentlichen Beitrag zur Lösung dieser Schwierigkeiten lieferten die Arbeiten des Politologen Wei Yung.[31] Seine Konzeptionalisierung der Probleme wie der Lösungsansätze wurde zwar zum Zeitpunkt ihrer Veröffentlichung höchst kontrovers diskutiert, die ihnen zugrundeliegenden Gedanken prägten jedoch die Debatten wie die tatsächliche Formulierung der außenpolitischen Strategie.

Als eine Möglichkeit, um das Ein-China-Prinzip auch nach Aufgabe des Alleinvertretungsanspruches beizubehalten, wurde das Konzept der "Multi-System Nation" von Wei erneut in die Debatte eingeführt.[32] Den politisch entscheidenden Aspekt von Weis umfänglichen Untersuchungen der geteilten Nationen bildet seine Erkenntnis, daß sich innerhalb dieser Nationen nicht mehrere neue Nationen gebildet hätten, sondern daß auf dem Territorium einer Nation zwei oder mehr politische Systeme entstanden seien als Folge außen- oder innenpolitischer Entwicklungen. Träfe diese Unterscheidung Weis zu, wäre zum einen die nationale Frage geklärt, die Nation China bestünde fort, wenn sie auch mehrere politische Systeme umfasse. Darüber hinaus böte das Konzept auch außenpolitische Vorteile, da sich die Probleme der Anerkennung eines existierenden Staates von den Fragen einer Wiedervereinigung trennen ließen und so die Möglichkeit für Drittstaaten geschaffen würde, während der Phase der Teilung einer Nation ihre politischen Teilsysteme anzuerkennen.

Auch für die daraus folgende Politik prägte Wei die griffige Formel von der "dual recognition". Ebenso wie sein Konzept der Multi-System-Nationen stieß auch dieser Begriff auf vielfältige Kritik,[33] er beeinflußte jedoch die öffentliche Debatte ebenso wie die konzeptionellen Überlegungen der Regierungspolitik nachhaltig.

Die Formulierung eines neuen außenpolitischen Kurses und seine Umsetzung in konkrete Politik gewann mit dem Amtsantritt Präsident Lee Teng-huis zu Beginn des Jahres 1988 an Konturen und intensivierte sich nach seiner Wiederwahl im Jahre 1990. Seine Anstrengungen konzentrierten sich auf zwei zentrale Probleme

---

31) Vgl. dazu Wei Yung: "A New World Perspective for the Republic of China", in: *Issues & Studies* 28:7 (1992), S. 1-24.

32) Dieses Konzept wurde Anfang der achtziger Jahre zum erstenmal von Wei formuliert. Vgl. dazu Wei Yung: "The Unification and Division of Multi-System Nations. A Comparative Analysis of Basic Concepts, Issues, and Approaches", in: Hungdah Chiu and Robert Downen, eds.: *Multi-System Nations and International Law. The International Status of Germany, Korea and China*, Baltimore 1981, S. 59-74.

33) Ein Beispiel findet sich in Lin Bih-jaw, *op.cit.*, S. 32-34.

der Außenpolitik Taiwans: die Etablierung einer eigenständigen Existenz Taiwans und Lösung der Insel aus dem Schatten des übermächtigen China sowie die Rückkehr in die Organisationen der internationalen Gemeinschaft. Die Grundzüge dieser neuen Außenpolitik, die rasch die Bezeichnung "pragmatische Diplomatie" erhielt, bestehen zum einen in der Bereitschaft Taiwans, diplomatische Beziehungen zu allen befreundeten Staaten aufzunehmen, ungeachtet bereits bestehender diplomatischer Beziehungen zur VR China. Die Republik China auf Taiwan strebt die Mitgliedschaft in Internationalen Organisationen an, auch wenn die VR China dort bereits Mitglied ist, solange einige aus der Sicht Taiwans unverzichtbare Prinzipien gewahrt bleiben: Gleichheit, Parallelität und Verzicht auf gegenseitige Unterordnung.[34]

Eine zentrale Rolle für die Verwirklichung dieser außenpolitischen Ziele spielt die Regelung des Verhältnisses zur VR China. Dies betrifft sowohl die Wahrnehmung dieses Verhältnisses durch die internationale Gemeinschaft als auch die Etablierung von Institutionen und Prozeduren für die Regelung der zwischen beiden Staaten anstehenden ökonomischen und sozialen Angelegenheiten.

Da die Taiwan-Problematik derzeit von vielen Staaten als ein innenpolitisches Problem Chinas betrachtet wird, besteht ein Ziel der Außenpolitik Taiwans darin, diesen Konflikt zu internationalisieren, um auf diese Weise zusätzliche Unterstützung zu gewinnen. Diese Unterstützung, sowohl für seine eigene Position in der China-Frage wie für den Fall, daß die VR China ihren Anspruch gegenüber Taiwan mit Waffengewalt durchzusetzen versucht, erhofft sich Taiwan durch die Anwendung des Völkerrechtes, aber auch durch die Einflußnahme wichtiger Staaten auf die Regierung in Peking. Um dieses Ziel zu erreichen, muß Taiwan jedoch die Zahl seiner diplomatischen Beziehungen vergrößern. Die Politik, die dieses Ziel verwirklichen soll, wird im ersten Regierungs-Blaubuch zur Außenpolitik als "aggressiv, flexibel und pragmatisch" charakterisiert, um so auf der Basis des Prinzips "ein China, zwei politische Entitäten" eine Verbesserung der Beziehungen zur internationalen Gemeinschaft zu verwirklichen.[35]

Nach langwierigen innenpolitischen Auseinandersetzungen, in denen sowohl Widerstand von seiten konservativer Gruppierungen in der KMT wie von seiten der oppositionellen DPP überwunden werden mußte, schuf die Regierung seit Beginn der neunziger Jahre die konzeptionellen und institutionellen Voraussetzungen für den Aufbau von Beziehungen zwischen den beiden chinesischen

---

34) Wei Yung: "A New World Perspective for the Republic of China", *op.cit.*, S. 15.

35) Vgl. Wai-chiao-pu, ed.: *Tui-wai kuan-hsi yü wai-chiao hsing-cheng*, Taipei 1992, zitiert nach *Free China Journal*, 18.8.1992, S. 1.

Staaten. Nach der Einrichtung von Gremien für Fragen der Festlandpolitik innerhalb der KMT wie des Exekutivyuans wurde Anfang 1992 mit der Gründung der privatrechtlichen "Straits Exchange Foundation" (SEF) die institutionelle Grundlage für künftige halboffizielle Kontakte mit der VR China gelegt. Die Einbindung dieser Kontakte in den Kontext nationaler Wiedervereinigung erfolgte durch die "Richtlinien für die nationale Wiedervereinigung", die die Einrichtung inoffizieller Beziehungen zwischen Taiwan und Festlandchina als einen Aspekt der ersten Stufe eines insgesamt dreistufigen Einigungsprozesses vorsah.[36] Seitdem fanden mehrere Gespräche zwischen Vertretern der SEF und der von seiten der VR China eingerichteten halboffiziellen Einrichtung statt; die Ergebnisse dieser Gespräche standen nach Auffassung der taiwanesischen Seite in keinem Verhältnis zu der ihnen von den internationalen Medien zugesprochenen symbolischen Bedeutung.[37]

Mit der Aufgabe zentraler außenpolitischer Positionen der Vergangenheit und der Formulierung eines kohärenten neuen Konzeptes, das sowohl Regelungen für das Verhältnis zur VR China wie für die Gestaltung der Beziehungen zu jenen Staaten, die bereits diplomatische Beziehungen zur VR China unterhalten, umfaßt, hat sich die Regierung Taiwans neue Handlungsspielräume eröffnet. Erste Erfolge blieben nicht aus.[38] Ob sie jedoch ausreichen, um die Erwartungen der Bevölkerung nach einem gesicherten internationalen Status und einer Veränderung der bisherigen Rolle des Insel als eines "price-takers" zu einer des "price-makers" zu verwirklichen, bleibt abzuwarten.[39] Aufkeimende Kritik an unzureichenden Erfolgen der neuen Konzeption konnte der Präsident bislang abwehren und durch die Formulierung eines neuen, sehr hochgesteckten außenpolitischen Zieles, der Mitgliedschaft der Republik China auf Taiwan in den Vereinten Nationen, in Unterstützung seines Kurses ummünzen.[40]

---

36) *Free China Journal*, 11.3.1991, S. 1.
37) Vgl. dazu u.a. Hungdah Chiu: "The Koo-Wang Talks and their Prospect of Building Constructive and Stable Relations across the Taiwan Straits", in: *Issues & Studies* 29:8 (1993), S. 1-36.
38) Vgl. dazu die Erörterungen in Françoise Mengin: Taiwan's External Relations Dynamics in the Early 1990s: Principles, Processes and Limits, unveröffentl. Paper für die Konferenz "China and Europe: Defining a New Relationship within the Search for a New World Order", Leiden, 15.-18. September 1993.
39) Die Begriffe wurden von Su Chi geprägt. Vgl. Anm. 19.
40) Aus Platzgründen kann dieser Aspekt hier nicht weiter verfolgt werden. Vgl. dazu Frederick Chien: "UN Should Welcome Taiwan", in: *Far Eastern Economic Review*, 5.8.1993, S. 23.

Resümée

Die Außenpolitik der Republik China hat sich seit den achtziger Jahren durch eine größere Flexibilität ausgezeichnet. Zahlreiche Tabus, die die Außenpolitik seit den fünfziger Jahren belastet hatten, wurden aufgegeben.

Im Laufe der innenpolitischen Reformen haben sich die Voraussetzungen wie die Ziele der Außenpolitik verändert. Das wachsende Selbstbewußtsein der Bevölkerung setzt die Regierung unter einen wachsenden Erfolgszwang. Der Drang nach einer verbesserten internationalen Position, der dem wirtschaftlichen Gewicht der Insel entspricht, zieht auf seiten Taiwans keine Bedenken gegen eine Partizipation an regionalen Organisationsbestrebungen nach, eher ist das Gegenteil der Fall. Durch eine stärkere Präsenz in internationalen Organisation wie durch die Aufwertung der zwischenstaatlichen Beziehungen hofft die Regierung in Taipei, Druck von seiten der VR China besser abwehren zu können. Spannungen dürfte der Drang nach stärkerer internationaler Präsenz jedoch im Verhältnis zwischen Taipei und Peking hervorrufen.

Der künftige außenpolitische Kurs Taiwans, abgesehen von dem Bemühen, die wachsende Wirtschaftskraft der Insel außenpolitisch zu nutzen, wird jedoch in hohem Maße von innenpolitischen Entwicklungen bestimmt. Die Auseinandersetzungen über die Identität der Insel werden sich eher noch verschärfen, da wichtige Gruppen innerhalb von KMT und DPP sich Vorteile von einer weiteren Ideologisierung dieser Frage versprechen. Zudem besteht in beiden einander entgegenstehenden Lagern das Gefühl, jegliche Entscheidung in die eine oder andere Richtung besitze den Charakter einer Vorentscheidung und müsse dementsprechend gehandhabt werden. Die wachsende Abhängigkeit der Regierung von der öffentlichen Meinung wie von den Vorstellungen des Legislativyuan setzt die Außenpolitik in Einzelfragen stärker, als dies in der Vergangenheit der Fall war, nationalistischen Reaktionen aus.

Koreanischer Nationalismus:
Stimulans zur Wiedervereinigung?

Werner Sasse

A   Erinnerung an einige auch in Deutschland bekannte Tatsachen

Südkorea ist spätestens seit den Olympischen Spielen 1988 in Seoul in der deutschen Öffentlichkeit kein gänzlich unbekanntes Land mehr, und in jüngster Zeit wird es verstärkt wahrgenommen, vor allem als Faktor in der Weltwirtschaft und als Handelspartner.

Als die Ausrichtung der Spiele an Seoul vergeben worden war, forderte die politische Führung der Republik das Volk auf, für deren erfolgreiche Durchführung außergewöhnliche wirtschaftliche Anstrengungen zu tolerieren, damit "Korea" sich der "Welt" von seiner besten Seite zeige. In einer über ein Jahr gehenden, das gesamte öffentliche Leben bestimmenden innenpolitischen Kampagne gelang es der Regierung, dem Großteil der Südkoreaner deutlich zu machen, daß diese Spiele Korea aus dem Ruch, ein Entwicklungsland zu sein, befreien werden und daß alle Kräfte auf dieses Ziel konzentriert werden müßten.

Im Ausland - und hier insbesondere in Deutschland - dagegen waren sofort nach der Vergabe der Spiele Stimmen laut geworden, die Südkorea wegen der innenpolitischen Unruhen für extrem risikoreich hielten. Die innerkoreanischen Oppositionsbewegungen aber, die seinerzeit noch in einem geradezu militanten Kampf gegen die Regierung engagiert waren, gerieten untereinander in einen erbittert ausgefochtenen Streit, ob der Nutzen der Spiele ("Wir Koreaner präsentieren uns der Welt - ... und machen noch schönere Spiele als die in Tokyo ...") größer sei als der Nachteil, daß erfolgreich durchgeführte Spiele auch der Regierungspartei innenpolitisch helfen; das Ergebnis war ein Stillhalten der Opposition für die Dauer der Spiele!

Während der Spiele wurde in der deutschen Presse über dieses Verhalten der Koreaner mit Recht unter den Schlagworten "Nationalismus" und "Nationalstolz" berichtet und diskutiert, so daß heute diese Begriffe zum "Schatz" unserer unreflektierten (wenn auch nicht notwendigerweise in jedem Falle falschen) Vorurteile - neben "Konfuzianismus", "Traditionalität", "Wirtschaftswunder" usw. - gegenüber Südkorea und den Koreanern gehören.

Über Nordkorea dagegen ist in Deutschland kaum etwas bekannt; vielleicht noch, daß dort seit über dreißig Jahren einer der letzten "Stalinisten" herrsche, daß in Nordkorea versucht werde, einen "dynastischen Kommunismus" zu errich-

ten, indem der Sohn Kim Il-Sungs als sein designierter Nachfolger mehr und
mehr die Staatsgeschäfte übernimmt, und daß das Land sich extrem gegen außen
abschirmt und eine größtmögliche politische und wirtschaftliche Unabhängigkeit und Ungebundenheit das oberste Staatsziel zu sein scheinen.

In bezug auf das heutige Thema ist gerade dieser letztgenannte "Nationalismus"
insofern besonders interessant, als er in einem gewissen Widerspruch zu der
Ideologie des ansonsten beschworenen Kommunismus und dem damit zumindest
idealiter verbundenen Internationalismus steht. Dieser Widerspruch wird immer
wieder von Kim Il-Sung angesprochen und innerhalb der nordkoreanischen
Ideologie derart aufgelöst, daß das "Volk" zum Souverän erklärt wird, das unter
der Führung von Kim Il-Sung und der Partei die Revolution durchführen soll,
wobei dem Klassenkampf gleichgewichtig (wenn nicht gar stärker) der antiimperialistische Kampf als nationaler Befreiungskampf, als Kampf gegen Fremdbestimmung, zur Seite gestellt wird. Im emotionalen Bereich werden dazu immer
wieder auch der "Nationalstolz" und der Stolz auf die koreanische Geschichte
und Kultur angesprochen.

Man kann also festhalten, daß in beiden koreanischen Staaten Nationalismus und
Nationalstolz stark ausgeprägt sind und in der Innenpolitik bewußt als Argumente eingesetzt werden. Auf diesem Hintergrund ist die Frage, ob und inwieweit
der historisch gewachsene Nationalismus (oder der gefühlsmäßige Nationalstolz)
Stimulans zur Wiedervereinigung sei, berechtigt, und die Antwort auf diese
Frage ist möglicherweise bedeutsam für die Beurteilung der Entwicklungen auf
der Halbinsel.

B   Worauf gründet der koreanische Nationalismus?

Es wäre bequem, aus einer gängigen Definition für "Nationalismus" allgemeingültige Kriterien und Merkmale abzuleiten und dann zu untersuchen, ob und
inwieweit diese zur Beschreibung einer koreanischen Variante herangezogen
werden können. Leider gibt es keine derartige Definition, und die meisten Versuche in der einschlägigen wissenschaftlichen Literatur, den Begriff genauer zu
fassen, enden in einer historischen Darstellung, die im allgemeinen mit der
Bildung von Nationalstaaten im 18. Jh. in Europa beginnt und mit den Befreiungsbewegungen in der Dritten Welt im 20. Jh. endet.

Auch die Versuche, Typologien von Nationalismen aufzustellen, führen immer
wieder nur zu Klassen, die letztlich aus der Beobachtung beschrieben werden,
denen aber kein für jede der Klassen geltender Kriterien- und Merkmalkatalog
zugrunde liegt, so daß sie eigentlich auch nicht untereinander vergleichbar sind.

In dieser Situation bleibt bis auf weiteres nur übrig, den Begriff "Nationalismus" ohne Definition stehen zu lassen und darauf zu hoffen, daß eine Verständigung dennoch möglich ist, und statt dessen beschreibend darzustellen, welche der in der wissenschaftlichen oder der politischen Diskussion auftretenden Kriterien und Merkmale als Stichworte geeignet sind, die spezifischen koreanischen Verhältnisse einigermaßen deutlich werden zu lassen.

Eine für die koreanischen Verhältnisse recht brauchbare Zusammenfassung derartiger Merkmale findet sich im *Politisch-Pädagogischen Handwörterbuch*, wo unter Verweis auf Boyd C. Shafer zehn Kriterien zusammengestellt sind, die, wenn zumindest mehrheitlich vorhanden, zum Entstehen einer Nation führen (können). Sie sollen im folgenden als Wegweiser dienen, um zunächst einmal vorzustellen, auf welche Grundlagen der koreanische Nationalismus zurückführbar ist und worauf koreanische Nationalisten in Nord- und Südkorea sich berufen. Es wird sich zeigen, daß alle diese Kriterien in Korea zutreffen, und zwar in beiden Staaten auf politischer Ebene und auch in den beiden Bevölkerungen.

1   Vorhandensein einer irgendwie begrenzten Territorialeinheit

Die beiden Koreas liegen auf einer Halbinsel, so daß die Grenzen im Osten, Westen und Süden durch die Küste natürlich vorgegeben sind.

Die Nordgrenze liegt seit ca. 1000 Jahren in etwa, wenn auch erst seit ca. 500 Jahren unumstritten, wo sie heute auch liegt, und wird gebildet von den beiden im Paektu-Gebirge entspringenden Flüssen Tumen und Yalu. Die Fragen, wo und seit wann die Grenzen Koreas endgültig feststehen, werden für das letzte Jahrtausend in Nord- und Südkorea auch gleich beantwortet, und diese Antworten entsprechen dem Bild, das sich aus den Berichten der Geschichtsschreibung ergibt.

Für das 1. Jahrtausend dagegen wird unterschiedlich beurteilt, ab wann man zum erstenmal von einem geeinten "Korea" sprechen kann.

In Südkorea gilt die Eroberung der Reiche Paekche im Südwesten (18 v.Chr. ? - 660) und Koguryŏ im Norden (37 v.Chr. ? - 668) durch Silla (ab 57 v.Chr. ?), ursprünglich im Südosten der Halbinsel, zum "Vereinigten Silla" (668-935) als Abschluß des Einigungsprozesses, wohingegen in Nordkorea die Koryŏ-Zeit (918-1392) als die Zeit der Einigung angesehen wird. Im ersteren Falle - die Grenze lag etwa auf der Höhe der heutigen Hauptstadt Nordkoreas, Pyongyang - wäre Pohai (kor.: Parhae, 698-926), das territorial weit in die Mandschurei reich-

te, kein koreanisches Staatsgebilde, obwohl die Führungsschicht der dort lebenden Bevölkerung von Angehörigen des Koguryŏ-Adels gestellt wurde. Im zweiten
Falle kann Pohai als Teil der koreanischen Geschichte angesehen werden. Die
heutige Nordgrenze Koreas wäre nach südkoreanischer Ansicht also eine später
erfolgte Erweiterung nach Norden, während nach nordkoreanischer Ansicht ein
Schrumpfungsprozeß mit einer Verlagerung der Grenzen nach Süden angenommen werden muß.

Da diese Frage aber letztlich nur die Zeit der Bildung des späteren Korea betrifft
und die letzten 1000 Jahre koreanischer Geschichte in der Beurteilung beider
Seiten (und faktisch) als in etwa in den Grenzen von heute stattgefunden habend
gedacht werden, spielt die Diskussion um die frühe Geschichte für das Nationalgefühl keine entscheidende Rolle, so daß das Kriterium "Territorialeinheit" für
das Bewußtsein aller Koreaner als gegeben angesehen werden kann.

2 Gemeinsame kulturelle Charakteristika wie Sprache, Sitten, Gebräuche und Literatur

Mit das wichtigste Element koreanischen Nationalbewußtseins bildet die koreanische Sprache. Das Koreanische ist eine eigenständige Sprache, die verwandtschaftliche Beziehungen zu den mandschurisch-tungusischen Sprachen besitzt
und möglicherweise auch zum Japanischen (Ostzweig der "altaischen Sprachen").
Im Laufe des ca. 2000 Jahre dauernden kulturellen Einflusses Chinas sind viele
Lehnwörter aus dem nicht verwandten und auch strukturell völlig verschiedenen
Chinesischen in das Koreanische übernommen worden, der Einfluß beschränkt
sich aber fast ausschließlich auf die Lexik und erstreckt sich nicht auf die Sprach-
struktur.

Spätestens seit der Mitte des ersten Jahrtausends wurde in Korea Chinesisch für
offizielle Belange zur Schriftsprache, allmählich auch zur darüber hinausgehen-
den Zweitsprache. Im 15. Jahrhundert wurde dann ein eigenes Alphabet entwik-
kelt, und es begann eine allmähliche Verdrängung des Chinesischen als Schriftsprache, die allerdings erst in diesem Jahrhundert zum ausschließlichen Gebrauch des Koreanischen als Schriftsprache geführt hat. Die Schaffung des Al-
phabets, das die Konsonanten systematisch, d.h. aufgrund einer phonologischen
Analyse, gliedert und graphisch die Artikulation nachbildet, sowie die Vokale
aufgrund philosophischer Überlegungen ebenfalls systematisch wiedergibt, wird
mit Recht in beiden Koreas als herausragende schöpferische Leistung der koreanischen Kulturgeschichte angesehen.

Im Kampf gegen die Besetzung und spätere Kolonisierung durch Japan (1905/ 1910-1945) bildete die Erhaltung der koreanischen Sprache, die in offiziellen Zusammenhängen, aber z.b. auch in der Schule als Unterrichtssprache durch Japanisch ersetzt worden war, eines der Zentren patriotischen Handelns. Von besonderer Bedeutung waren vor allem über Jahre geführte Alphabetisierungs-Kampagnen, in denen der nicht gebildeten Bevölkerung das koreanische Alphabet beigebracht wurde. Nach der Befreiung wurden diese Bewegungen in beiden Koreas staatlicherseits fortgesetzt, was nicht nur zu der heute weltweit mit erfolgreichsten Literarisierung der Bevölkerung geführt hat, sondern darüber hinaus wesentliche Gemeinsamkeiten in der Kultur- und Schulpolitik beider Länder schuf.

Auch Sitten und Gebräuche können trotz aller regionalen Unterschiede, die z.T. schon klimatisch bedingt sind, als einer auf der ganzen Halbinsel verteilten einheitlichen koreanischen Kultur zugehörig betrachtet werden. Sie sind gewachsen als die einer Agrargesellschaft mit einem relativ kleinen Zentrum bei Hofe, ohne nennenswerte Städte und mit nur geringer Bedeutung von Märkten. Die Basis aller Religion und Weltanschauung ist ein in dieser Agrargesellschaft wurzelnder Volksglaube mit schamanistischen Elementen, zu dem später der Buddhismus und das konfuzianische Denken (und seit über hundert Jahren das Christentum) hinzugetreten sind.

Die von dieser Glaubensvielfalt beeinflußten Sitten und Gebräuche beginnen erst heute an Bedeutung zu verlieren, obwohl im Norden alle religiöse Tätigkeit rigoros unterdrückt wird, im Süden sich mit dem Wirtschaftsaufschwung immer mehr eine materialistische Weltanschauung durchsetzte und ohnehin die Religionen in der koreanischen Kultur meist einen erfrischend undogmatischen und pragmatischen Charakter tragen.

Trotz der unterschiedlichen Ideologien in Nord- und Südkorea sind viele Verhaltensweisen aber auch heute noch in gleicher Weise stark geprägt von Vorstellungen, die sich aus der langen gemeinsamen Kulturgeschichte ergeben und die daher auch von westlichen Beobachtern als Kultur- und Traditionsgebundenheit empfunden werden (in der populären Darstellung in den Massenmedien meist fälschlicherweise mit dem Schlagwort "Konfuzianismus" belegt).

Die Literaturgeschichte - die ersten bis heute überlieferten Zeugnisse nichtchinesischer Dichtung stammen aus der zweiten Hälfte des 1. Jahrtausends - wird in beiden Koreas im wesentlichen gleich geschildert. Die wenigen sich aus den unterschiedlichen Ideologien ergebenden abweichenden Beurteilungen betreffen nicht die Hochschätzung der jeweiligen Werke selbst, auch nicht den Ablauf der

Literaturgeschichte und nur marginal die Einordnung der wichtigsten Werke, sondern beschränken sich auf oberflächliche Verlagerungen in der Betonung nur weniger inhaltlicher Schwerpunkte. In beiden Staaten wird zugleich - auch hier das gleiche Bild - der größere Teil der koreanischen Literatur, nämlich der in chinesischer Sprache und Schrift, stark vernachlässigt zugunsten der Literatur in koreanischer Sprache.

Aus diesen Andeutungen kann vielleicht deutlich werden, daß "gemeinsame kulturelle Charakteristika wie Sprache, Sitten und Gebräuche und Literatur" nicht nur objektiv vorhanden sind, sondern vor allem auch subjektiv in Nord- wie auch in Südkorea in gleicher Weise wertgeschätzt werden und insofern so etwas wie eine "kulturelle Einheit" nach wie vor vorhanden ist.

3   Gemeinsame soziale und wirtschaftliche Institutionen

Es gibt derzeit nur wenige gemeinsame Institutionen, die sich auf einige, im Zuge der jüngst von beiden Seiten betriebenen Wiedervereinigungspolitik eingerichtete gemeinsame Kommissionen und Kontaktstellen beschränken. Aufgrund der Jahrzehnte dauernden getrennten Entwicklung der beiden Staaten und der Tatsache, daß beide Staaten die Verteufelung des jeweils anderen Staates als wichtiges Element innenpolitischer Argumentation mißbraucht haben, wird es auch nicht leicht sein, während eines Einigungsprozesses unterhalb der obersten politischen Ebenen derartige Institutionen zu schaffen.

Wenn allerdings gemeinsame Institutionen geschaffen werden können, kann bei den Entscheidungsabläufen durch die gemeinsame historische Entwicklung vor der Teilung wiederum mit gleichen kulturgebundenen Verhaltensweisen gerechnet werden.

Oberflächlich gesehen, sind zwar heute auch die Entscheidungsabläufe innerhalb der Institutionen der beiden Länder völlig unterschiedlich, und diese spiegeln die jeweiligen ideologischen Vorbilder wider, Amerika mit seiner Art von Demokratie und Kapitalismus bzw. die frühere Sowjetunion und China mit ihren Varianten von Kommunismus.

Bei genauerer Betrachtung gibt es aber doch Gemeinsamkeiten, die sich wiederum aus den Institutionen im Laufe der gemeinsamen Geschichte und der schon vor der Zeitenwende einsetzenden kontinuierlichen Auseinandersetzung mit den Institutionen des chinesischen Vorbildes ergeben. Spätestens seit der Mitte des zweiten Jahrtausends erreichten koreanische Institutionen den Grad der Komplexität der chinesischen, teils als Kopien, teils als Adaptionen an koreanische Verhältnisse und teils auch mit eigenständigen Elementen.

Der heute noch zu beobachtende starke Gegensatz zwischen städtischer und ländlicher Kultur, der ausgeprägte Zentralismus, Hierarchienbewußtsein, gruppenbezogenes Sozialverhalten, Betonung des Formalen usw. spiegeln die sinophile höfische Aristokratie historischer Zeiten bzw. das daraus abgesunkene Kulturgut im dörflichen Zusammenhang, und viele sich aus den alten Institutionen ergebende historische Erfahrungen finden sich als gewachsene Verhaltensweisen in ähnlicher Form in den Institutionen beider Länder.

4   Gemeinsame souveräne Regierung, gleich welchen Typs, oder das Verlangen nach einer solchen

Seit beinahe 1500 Jahren, seit der Zeit des "Vereinigten Silla", wurde Korea zentralistisch regiert, und die Bevölkerung wurde zur geradezu persönlichen Loyalität dem König - und weniger dem Staat - gegenüber erzogen. Der koreanische König war im Tributverhältnis Repräsentant des chinesischen Kaisers, der wiederum als "Sohn des Himmels" Repräsentant an der Verbindungsstelle zwischen Kosmos und irdischer Welt - und damit auch der Gesellschaft und des Individuums - war. In diesem Tributverhältnis stand China im Zentrum, die Souveränität Koreas nach außen war auch an China abgegeben, nach innen aber war Korea weitgehend unabhängig. Damit war bis zum Beginn dieses Jahrhunderts die Bedingung einer gemeinsamen souveränen Regierung weitgehend erfüllt, und erst nach dem Zweiten Weltkrieg kam es zur Teilung. Die alternative Bedingung, der Wunsch nach einer gemeinsamen souveränen Regierung, ist in beiden Koreas heute noch ebenfalls erfüllt, und zwar ohne Einschränkung sowohl in der Bevölkerung als auch in beiden Regierungen.

Dennoch haben die internationale Lage nach der Befreiung, der "Kalte Krieg" und die interne, vor allem wirtschaftliche Schwäche dazu geführt, daß beide Koreas zunächst einmal zu ihren jeweiligen Befreiern - die Sowjetunion im Norden und die USA im Süden - erneut in ein Abhängigkeitsverhältnis gerieten. Dieses war sogar noch enger als das traditionelle Tributverhältnis zu China, da beide Schutzmächte, anders als bis gegen Ende des 19.Jh. China, nicht nur außenpolitisch bestimmend waren, sondern darüber hinaus auch massiv innenpolitisch mitbestimmten bzw. anfangs sogar selbst regierten.

Durch den Koreakrieg trat für Nordkorea zu der Sowjetunion noch das kommunistische China als Schutzmacht und Verbündeter. Das Land konnte dadurch allmählich eine etwas größere Unabhängigkeit erringen, indem es - vor allem, nachdem die beiden Verbündeten ihrerseits in Rivalität geraten waren - die beiden Mächte gegeneinander ausspielte. Auch in Südkorea begann ein Prozeß allmählich wachsender Unabhängigkeit, der vor allem in der wirtschaftlichen Erstarkung und aktiven Teilnahme im Vietnamkrieg begründet war.

In beiden Koreas ist der Wunsch nach einer gemeinsamen souveränen Regierung stark ausgeprägt, nicht nur in der Bevölkerung, auch in den jeweiligen Regierungslagern. Es sind die unvereinbaren ideologischen Gegensätze, die eine politische Annäherung verhindern und Kompromisse nahezu unmöglich machen.

5 Glaube an eine gemeinsame Geschichte - "die auch erfunden sein kann" - und an eine gemeinsame Abstammung

Schon unter dem ersten Stichwort, Territorialeinheit, wurde angedeutet, daß Korea bis 1945 eine gemeinsame, ca. anderthalb Jahrtausende dauernde Geschichte hatte, so daß diese Bedingung faktisch gegeben ist und mehr als einen "Glauben" darstellt. Im Bewußtsein der meisten Koreaner ist die gemeinsame Geschichte sogar noch länger, und bei Vielen geht sie gar bis zur mythischen Gründung durch Tan'gun, den Sohn des Himmelskönigs und einer Bärin im Jahre 2333 v.Chr. zurück. Wir finden daher bei der historischen wie der mythischen Geschichte die notwendige Gemeinsamkeit in bezug auf die Ereignisketten, auch wenn bei der Epocheneinteilung der Geschichte im Norden das marxistische Gliederungsschema zugrunde gelegt wird und interpretatorische Unterschiede vorhanden sind. Jedenfalls kann erst seit der Teilung nicht mehr von gemeinsamer Geschichte gesprochen werden.

6 Eine gewisse Wertschätzung zwischen den Nationszugehörigen, die sich nicht zuerst auf die einzelnen Personen bezieht

Trotz der ideologischen Gegensätze ist auch die gegenseitige Wertschätzung der Menschen in beiden Bevölkerungen gegeben. Es gibt sogar ein emotional stark aufgeladenes Wort für diese Wertschätzung, Uri-chŏngsin, "Wir-Bewußtsein", das normalerweise nur auf kleinere Gruppen angewendet wird, durchaus aber in Diskussionen gegenüber Ausländern alle Koreaner umfassen kann. In der Bevölkerung, z.T. aber auch in der jeweiligen Propaganda, werden die ideologischen Gegensätze und das feindliche politische Handeln der anderen Seite meist nicht den Menschen selbst, sondern den Regierungen angelastet. Die Koreaner der jeweils anderen Seite, die Menschen selbst, werden im Gegenteil als mitleidswürdige Opfer sie unterdrückender verbrecherischer Machthaber betrachtet.

Sehr deutlich wird diese gegenseitige Wertschätzung z.B. auch im Zusammenhang mit der koreanischen Sprache. Überzeugt von der Unverwechselbarkeit, Einmaligkeit und Besonderheit des Koreanischen, wird in beiden Koreas der koreanischsprechende Ausländer immer wieder darauf hingewiesen, daß ein tiefes Verständnis bestimmter - natürlich auch "unübersetzbarer" - Wörter und Konzepte nur einem Koreaner möglich sei, wobei hier unterschiedslos alle Koreaner gemeint sind.

7   *Hingabe an ein Ganzes, welches das gemeinsame Territorium, die gemeinsame*
     Kultur, soziale und wirtschaftliche Institutionen, die Regierung und die Lands-
     leute umfaßt, "zugleich aber mehr ist als die Summe" dieser Faktoren

Hingabe, Opferbereitschaft für ein geeintes Korea, ein Gefühl, in dem ohne
weitere konkrete Zukunftsvorstellung die gegenwärtigen Schwierigkeiten quasi
von selbst überwunden gesehen werden, für die Wiedervereinigung als Selbst-
zweck und zunächst ohne weiterführende Vision, für ein Korea, das in einem
trivialmythischen Sinne "mehr ist als die Summe der Teile", ist in beiden Bevölkerungen stark ausgeprägt. Es wird auch von den jeweiligen Regierungen ge-
nährt, die ein solches Gefühl als ein patriotisches Denken in öffentlichen Reden
ansprechen und in der politischen Propaganda als Utopie nutzen.

Sogar in Handlungen und Reden einzelner Oppositioneller in Südkorea trat es in
der Vergangenheit auch öffentlich in Erscheinung, indem in den Gerichtsprozes-
sen bewußt begangene Verletzungen bestehender antikommunistischer Gesetze
nicht nur allgemein als gegen die Regierung gerichtet begründet wurden, sondern ausdrücklich auch immer wieder der Wunsch nach einem aktiveren Wirken
in Richtung auf die Wiedervereinigung als Triebfeder angegeben wurde.

Erst in jüngster Zeit, und zwar vor allem, nachdem man beobachtet hat, daß die
Wiedervereinigung Deutschlands durchaus auch Probleme wirtschaftlicher und
sozialer Art nach sich zog, beginnt in Südkorea ein Nachdenken darüber, ob man
sich so unbedingt auf eine baldige Wiedervereinigung einlassen sollte.

8   *Ein gemeinsamer Stolz über die Errungenschaften sowie eine gemeinsame*
     Trauer über Mißerfolge dieses Ganzen

Alle Koreaner sind sehr stolz auf ihre Geschichte und beschreiben gerne, wie sie
als ein kleines Land im Schatten Chinas sich ständig gegen Aggressoren von
außen hätten verteidigen müssen, die Mongolen, die Dschurdschen, vor allem die
Japaner, dann gegen den Einfluß des Westens. Vor allem die Erfahrung der
Kolonisierung in diesem Jahrhundert und der im Anschluß erfolgten Teilung des
Landes statt der Befreiung haben bisher kaum innerlich aufbereitet werden
können und nehmen inzwischen die Züge traumatischer Erlebnisse an - wiederum in beiden Koreas.

Auch Errungenschaften und positive Erfahrungen sind beiden Koreas gemeinsam: Die schon erwähnte Schaffung eines eigenen Alphabetes auf wissenschaftlicher Grundlage, die *Silhak* (etwa: "pragmatische Schule") genannte koreanische
Philosophie, Erfindungen in der Waffenkunst, das hohe Niveau traditioneller

Kartographie, der in ganz Ostasien gerühmte hohe Stand der Papierherstellung, die Erfindung des Druckens mit beweglichen Metallettern, die Qualität der Keramik und vieles mehr werden auf beiden Seiten in gleicher Weise hochgeschätzt.

9 Geringschätzung oder Feindseligkeit gegenüber anderen, ähnlich gearteten Gemeinschaften

Schon nach den wenigen Hinweisen auf die Kolonialzeit braucht kaum noch einmal auf den gemeinsamen "Feind" Japan eingegangen zu werden, auch wenn in einer Art Haßliebe das entwickeltere Japan in nahezu allen Bereichen im Entwicklungsprozeß als Vorbild dient.

Aber auch gegenüber den im Norden angrenzenden Völkern besteht eine tiefe Mißachtung; der Name eines dieser Völker ist geradezu ein Schimpfwort für Ungebildete: "Barbaren". Auch Andersfarbigen, vor allem Afrikanern, begegnet man mit einem bisher kaum überwundenen negativen Kulturvorurteil, wogegen einigen anderen Völkern, unter ihnen vor allem den Deutschen, ein ebenfalls kaum erschütterbares positives Vorurteil entgegengebracht wird (wenn auch in jüngster Zeit in Südkorea gelegentlich auch westlichen Ausländern gegenüber eine ablehnende Haltung spürbar wird).

Jedenfalls gelten diese Stereotypen in beiden Koreas und entstammen den gleichen Wurzeln.

10 Hoffnung auf eine glänzende Zukunft und den Machterwerb der eigenen Gemeinschaft

Ein wiedervereinigtes Korea, auch als Wiedergeburt nach der von Japan zugefügten Erniedrigung, wird von beiden Regierungen als einzige vernünftige und sozusagen "natürliche" Voraussetzung für eine Zukunft in Frieden und Reichtum angesehen, und diese Haltung spiegelt auch die Vorstellungen der jeweiligen Bevölkerungen. Probleme werden oft zunächst auf die Teilung und die noch nicht überwundenen Folgen der Kolonisierung durch Japan zurückgeführt, und die Wiedervereinigung kann tatsächlich auch heute noch als letztes Ziel aller Politik in beiden Koreas angesehen werden.

C Gemeinsamkeiten der beiden Nationalismen

Die aufgeführten Grundlagen gelten mit nur selten unterschiedlicher Gewichtung für den Nationalismus beider Koreas, auch wenn beide Seiten der jeweiligen anderen Seite vorwerfen, diese Grundlagen zu verraten.

Südkoreanische Nationalisten sehen diesen Verrat im nordkoreanischen Kommunismus und der Diktatur Kim Il-Sungs und erklären, daß sich aus der koreanischen Geschichte und Tradition schlüssig nur die Demokratie als politisches System und nur der Kapitalismus als Wirtschaftsform ableiten ließen, wobei vor allem auf die Entwicklungen während der Modernisierungsphase gegen Ende des letzten Jahrhunderts und auf den Kampf für die Unabhängigkeit Koreas während der Kolonisierung durch Japan verwiesen wird. (Es gibt zwar neuerdings auch in Südkorea in den Oppositionsbewegungen andere Meinungen, dabei handelt es sich aber um Anhänger des nordkoreanischen Nationalismus. Sie sind der Zahl nach gering und berufen sich selbst offen oder verdeckt auf den Nationalismus nordkoreanischer Spielart.)

Nordkoreanische Nationalisten dagegen werfen der südkoreanischen Regierung vor, durch eine projapanische Haltung und die angebliche Unterwerfung unter den "amerikanischen Imperialismus" die nationale Unabhägigkeit zu verraten, und erklären, daß nur eine wirtschaftliche Autarkie und die politische Bündnislosigkeit Korea als eigenständige Nation retten könne. Auch hier wird unter Rückgriff auf die Modernisierungsperiode und den antijapanischen Kampf argumentiert, wobei allerdings auf den Versuch einer historischen Objektivität zugunsten der uneingeschränkten Glorifizierung Kim Il-Sungs und seiner angeblich unvergleichlichen Führungsrolle im Partisanenkampf verzichtet wird.

Daß beide Seiten sich auf den antijapanischen Kampf während der Zeit als Kolonie berufen, ist vor dem Hintergrund der angeführten Beispiele zu den zehn Kriterien der Sache nach nicht weiter erklärungsbedürftig und liegt auch zeitlich nahe. Die Tatsache, daß dieser antijapanische Kampf zwar heroisch war, die Befreiung aber dann doch nicht aus eigener Kraft erreicht wurde, sondern das Ergebnis der Niederlage Japans im Zweiten Weltkrieg ohne koreanisches Dazutun war, scheint auf keiner der beiden Seiten zu einer Abschwächung der Glaubhaftigkeit dieser Argumentation geführt zu haben.

Für die Wertschätzung der Modernisierungsphase auf beiden Seiten spielt eine besondere Rolle, daß der Sozialdarwinismus in dieser Zeit einen wesentlichen Einfluß auf die nationalistischen Denker Koreas ausübte. Er tat dies mit einer speziellen (offensichtlich in ganz Ostasien ausgeprägten) Interpretation. Es wurde nämlich nicht der resignierende Schluß gezogen, daß man als Schwächerer sozusagen naturgesetzlich mit der Niederlage gegenüber den stärkeren Nationen oder Kulturen zu rechnen habe, wie dies bei vielen pessimistischen Philosophen und Kulturwissenschaftlern in Europa um die Jahrhundertwende der Fall war. Ganz im Gegenteil führte die Beobachtung der eigenen wirtschaftlichen und politischen Schwäche, darwinistisch beeinflußt, zu der optimistischen Interpretation, daß man nur alle Kräfte auf die Modernisierung aller Bereiche der Staatsverwaltung, der Wirtschaft, der Technik und allgemein der Kultur und Bildung zu konzentrieren brauche, um auf der Seite der Gewinner im Sinne Darwins zu stehen.

Nationalisten beider Koreas zehren noch heute stark von dieser Tradition, und viele sonst schwer verständliche politische Entscheidungen oder die Inhalte und die erstaunliche Wirksamkeit staatlicherseits initiierter Kampagnen in beiden Systemen auf der Halbinsel können vor diesem Hintergrund erklärt werden. Auch die in der Anfangsphase erstaunlichen Erfolge beim Wiederaufbau nach dem Koreakrieg und die zunächst positive Entwicklung Nordkoreas oder das "Wunder am Han-Fluß", d.h. der Aufstieg Südkoreas von einem armen Entwicklungsland zu einer der entwickelten Handelsnationen heute (errungen in nur einer Generation!), müssen auch u.a. im Lichte dieser optimistisch auf die Zukunft gerichteten Interpretation des Sozialdarwinismus betrachtet werden. Der Fleiß und die Opferbereitschaft der Bevölkerung, die mit Zukunftsvisionen, gerichtet auf klar umrissene Ziele, angefacht werden können, gründen nicht zuletzt auch in diesem Modernisierungs-Nationalismus, in dem der einzelne seine persönlichen Lebensziele denen der Gemeinschaft in einem hohen Maße unterzuordnen bereit ist und in dem z.B. das Argument, die gegenwärtige Generation müsse sich für das Wohlergehen der nächsten Generation opfern, Verständnis findet und politisch akzeptabel wird.

D   Nationalismus als Stimulans?

Der Nationalismus spielt in der Wiedervereinigungsfrage in beiden Koreas insofern eine bedeutende Rolle, als durch die fast 2000jährige Geschichte in einem im wesentlichen unveränderten geographischen Raum alle Koreaner im Gefühl leben, zu einem homogenen Volk zu gehören, das gleichsam schicksalsbedingt in einer ungeteilten Nation seinen politischen Raum finden muß. Nationalisten in beiden Staaten gründen sich auf die gleichen Beobachtungen, Erfahrungen und Erinnerungen, die politischen Verhaltensweisen ähneln einander, aber die hierdurch unterstützten Systeme unterscheiden sich.

Die Teilung des Landes wird also auch vertieft durch eine Teilung des nationalistischen Lagers. Diese "innere Teilung" war schon in der Zeit der Kolonisierung durch Japan angelegt, als in der UdSSR, in China und in Amerika Exilregierungen gebildet wurden, die sich ideologisch bekämpften. Aus diesen stammten die wesentlichsten Politiker der ersten Stunde nach der Befreiung, die dann zunächst eine erneute Besetzung in Kalten Krieg wurde, dessen schlimmster Auswuchs der bei uns gerne als Koreakrise bezeichnete Stellvertreterkrieg (1950-1953) war.

Die beiden heute noch unversöhnlich feindlichen Systeme leiten ihre Berechtigung daher mit fast den gleichen nationalistischen Begründungen ab, und dadurch wirkt der Nationalismus - von beiden Seiten als Waffe gegen die jeweils andere Seite eingesetzt - im Wiedervereinigungsprozeß eher hinderlich.

Nationalistische Argumente werden auch heute noch immer wieder zur Legitimierung tagespolitischer Entscheidungen herangezogen, und das Bekenntnis zur Wiedervereinigung als oberstem Staatsziel, als einzige Möglichkeit einer rosigen Zukunft und als das "natürlichste Bedürfnis" aller Koreaner, fehlt in keiner grundsätzlichen Rede und in keinem Dokument. Tatsächlich aber bestimmt der Wunsch nach Wiedervereinigung nur selten das politische Handeln, er dient vielmehr propagandistisch den verschiedensten Zielen, die sich aus anderen Zusammenhängen ergeben haben. Er trägt insofern als nicht weiter begründungsbedürftige Argumentation, an der ein "guter Koreaner" nur unter Inkaufnahme einer Selbstisolierung zu zweifeln in der Lage ist, mehr die Züge einer politischen Mythologie.

Da beide Systeme ihre alleinige Berechtigung unter Rückgriff auf die gleichen nationalen Gefühle und Denkweisen ableiten, diese Systeme aber grundverschieden sind, kann die Antwort auf die Frage dieses Beitrags nur lauten: Stimulans zur Wiedervereinigung ist der Nationalismus nicht, er wird bisher vielmehr zur Vertiefung des Grabens zwischen beiden Koreas benutzt.

Nachdem die Frage in der gestellten Form also negativ beantwortet wurde, kann in einem abschließenden Gedanken das Thema erweitert werden, indem man die Wiedervereinigung nicht als Zeitpunkt eines einmaligen politischen Ereignisses ansieht, sondern - gerade auch vor dem Hintergrund der jüngsten deutschen Erfahrung - als längeren Prozeß, der letztlich mit der politischen Vereinigung nur seinen Anfang nimmt. Bei einer solchen Betrachtungsweise kann die Antwort durchaus positiv ausfallen, indem die Möglichkeit und - nach der bisherigen Erfahrung mit koreanischer Innenpolitik in beiden Staaten - sogar die Wahrscheinlichkeit bejaht wird, daß der Nationalismus in einem solchen Prozeß eine große Rolle spielen wird. Da er tief gegründet ist und von keinem Koreaner in Frage gestellt wird, kann er nach einer eventuellen Wiedervereinigung weit mehr als dies z.B. in Deutschland in unseren Tagen möglich ist, instrumentalisiert werden, um die für eine Entwicklung nach einer Wiedervereinigung zu erwartenden notwendigen Opfer erträglicher zu machen.

Bei der politischen Wiedervereinigung ist der koreanische Nationalismus eher hinderlich, bei der "inneren Wiedervereinigung" kann er zu einem soliden Grundpfeiler der gesellschaftlichen und wirtschaftlichen Gesundung werden.

Literatur:

Chung, Chong-Shik u. Jae-Bong Ro (Hrsg.): *Nationalism in Korea*, Seoul 1979

Gutjahr-Loeser, Peter u. Klaus Hornung (Hrsg.): *Politisch-Pädagogisches Handwörterbuch*, München 1980

Macdonald, Donald S.: "Nationalism in Korea", *Canadian Review of Studies in Nationalism* XVII/1-2 (1990), S. 43-60

Shafer, Boyd C., *Nationalism: Myth and Reality*, New York/Washington 1963

Shin Yong-ha, *Formation and Development of Modern Korean Nationalism*, Seoul 1987

Chongji-yongŏ-sajon (Wörterbuch der politischen Terminologie), Pyongyang: Sahoe-kwahak-ch'ulp'an-sa 1970

Nationalismus in Japan:
Historische Reminiszenz oder latente Gefahr?

Manfred Pohl

1 Japanischer Nationalismus im 20. Jahrhundert: Wurzeln und politisches Spektrum eines ideengeschichtlichen Phänomens

Spätestens seit Ausformung des "modernen" japanischen Zentralstaates 1889 als direkte Konsequenz der Meiji-Restauration von 1868 ist das Phänomen des Nationalismus als abstraktes Ideengebäude, Rechtfertigungslehre politischen Handelns und Legitimationsideologie aggressiver Expansionspolitik untrennbarer Teil der politischen Kultur Japans. Die Bezeichnung "Restauration" leitete sich dabei von der bewußten Zielsetzung der politischen Reformer in der ersten Hälfte des 19. Jahrhunderts ab, die den Tenno wieder in seine angeblich angestammte, durch göttlichen Auftrag legitimierte Herrschaft einsetzen wollten. Die Feudalherren (*daimyo*) aus dem Südwesten Japans (Kyushu), deren Rebellion die Herrschaft der Tokugawa-Shogune beendete, sahen in der (angeblichen) Wiederherstellung eines göttlich legitimierten Familienstaates mit dem Tenno als "Familienoberhaupt" die Möglichkeit, den Tenno aus der politischen Abgeschiedenheit Kyotos zu befreien und ihm wieder die politische Zentralgewalt zu geben; zugleich aber instrumentalisierten sie die Tenno-Verehrung als Staatsideologie nach innen zur Mobilisierung von Abwehrkräften in den japanischen Eliten gegen massive Vorstöße westlicher imperialistischer Mächte: *Sonno - joi*, "Verehrt den Tenno - vertreibt die Barbaren!" wurde zum politischen Kampfruf nationaler Eigenständigkeit. Später schufen die politisch Mächtigen mit immer neuen Facetten aus der Lehre von der einzigartigen Tenno-Herrschaft die Legitimationsideologie eines Staates, der im Zuge rücksichtsloser Industrialisierung (nicht: Modernisierung!) besonders der bäuerlichen Bevölkerung enorme Opfer abverlangte. Der "Modernisierung" des staatlichen Organismus durch Schaffung von "modernen" Institutionen (Parlament, Kabinett, Zentral- und Regionalverwaltung) wurde dabei nur so viel Raum gegeben, wie zum Aufbau einer Wirtschaft nötig war, die Kräfte zur Abwehr ausländischer Bedrohung bereitstellte. Gänzlich konnte Japan sich westlicher Dominanz nicht erwehren: Die Meiji-Regierung mußte wie auch China sog. "ungleiche Verträge" abschließen; aber anders als China konnte Japan schon nach wenigen Jahrzehnten aus diesen Verträgen ausbrechen und nun selbst imperialistische Strategien verfolgen, so im Falle Taiwans, der Ryukyu-Inseln und besonders in Korea: Der anfänglich "introvertierte" japanische Nationalismus (s.u.) war in der Form einer ethnozentrierten Überlegenheitslehre in aggressiven Expansionismus umgeschlagen.

In den vergangenen hundert Jahren floß der Strom nationalistischen Gedankenguts teils im intellektuellen Untergrund, teils wurde der Nationalismus also gezielt als konstituierender Teil der Staatsideologie instrumentalisiert. Seine ideengeschichtliche Spannbreite und tagespolitische Aktualität umgreift Elemente des japanischen Ethnozentrismus wie im 20. Jahrhundert auch des Panasiatismus (unter japanischer Führung), Sozialutopien ebenso wie religiös begründete Staatstheorien. "Except for anarchists and certain communists, nearly all modern Japanese political thinkers have been nationalists in that they have felt deep emotional attachment to their fellow countrymen."[1] Die Wurzeln des japanischen Nationalismus machten es möglich, daß er sich politisch wie auch religiös manifestierte: Im 13. Jahrhundert verband der Mönch Nichiren unter dem Eindruck mongolischer Invasionsgefahren nationalistische Ideen ethnozentrisch mit buddhistischen Lehren, siebenhundert Jahre später suchte Kanzo Uchimura christliche Lehren mit einem schwülen "Nipponismus" zu verschmelzen und konnte der Gründer der riesigen buddhistischen Laienorganisation *Soka gakkai* die Nichiren-Lehren wiederbeleben und damit eine Organisation aufbauen, die vielen Japanern zeitweise als "faschistoid" erschien.[2] Einige japanische Sozialisten gar suchten den Sozialismus mit japanischem Nationalismus auszusöhnen.[3] Schon im 13. Jahrhundert tauchten bei Nichiren Wertvorstellungen, Staatsutopien und politische Zielsetzungen auf, die seither unverändert Kernelemente des japanischen Nationalismus blieben:

---

1) T.R.H. Havens, "Nationalism", in: *Kodansha Encyclopedia*, Tokyo 1983, vol.5, S.342/3.

2) Der frühere Ministerpräsident Tanaka bezeichnete den Sektengründer Ikeda Daisaku einmal als "sutren-rezitierenden Hitler". Die Missionstätigkeit der Sekte war in den sechziger Jahren rigoros, und noch heute erscheint die Soka gakkai den meisten Japanern als "hart".

3) Die Wende japanischer Sozialisten vom internationalistischen, revolutionären Ansatz zum "nationalen Sozialismus" vollzog sich zu Beginn der 30er Jahre, als z.B. Katsumaro Akamatsu, Rikizo Hirano u.a. im Geist des Slogans "Ein Herrscher - ein Volk" das "neue Japan" bauen wollten. Vgl. Toyama, Shigeki u.a., *Showa-shi*, Tokyo 1970, S. 94. Interessant ist auch die Zwiespältigkeit, mit der Japans Sozialisten die jungen Offiziere des FebruarPutsches von 1932 bewerteten: "Reformer oder Faschisten?" war ihre brennende Frage, wie der Altsozialist Mosaburo Suzuki in seiner Selbstbiographie *Aru shakaishugisha no hansei*, Tokyo 1958, S. 212 ff. darlegte (s. auch Anm.12).

- Beseitigung politischer Korruption und Errichtung eines Idealstaates einzigartiger japanischer Ausprägung, geführt von einem makellosen Herrscher.[4]

- Wiederherstellung eines idyllisch gezeichneten "Urzustands" des Staates ("Restauration"!) und

- Abwehr ausländischen, "fremden" Gedankenguts bzw. Japonisierung als "richtig" erkannter Lehren in ihren Wurzeln, z.B. des Buddhismus.[5]

Die japanischen Begriffe, die für das deutsche Wort "Nationalismus" verwendet werden, schwanken in ihrer Nuancierung außerordentlich stark und unterstreichen so die begriffliche Ambivalenz. Verwendet werden die japanischen Begriffe *kokkashugi* (Nationalismus), *minzokushugi* (völkischer Nationalismus) oder auch *nipponshugi* (Nipponismus als bewußt antiwestliche Einzigartigkeitslehre. Ein neuer "Wirtschaftsnationalismus" entstand aus dem Gegensatz der Wirtschaftsinteressen zwischen Japan und den USA, gepaart mit dem Aufkommen antijapanischer Emotionen in Nordamerika; dieser neue "Ishihara-Nationalismus" (s.u.) wird mit dem Begriff *aikokushugi* belegt, der sich vielleicht als "Patriotismus" übersetzen ließe.[6]

Im allgemeinen verbindet sich jede Ausprägung des japanischen Nationalismus mit der Lehre von der Einzigartigkeit Japans, einer Vorstellung, die ihren sichtbaren Ausdruck in der Gott-Herrschaft des Tenno findet; die Staatsideologie des Ultranationalismus (*cho-kokkashugi*) formte daraus die Lehre von der einzigartigen und einmaligen Wesenheit des japanischen Staates und Volkes, das *kokutai*

---

4) Nichiren führte bereits in seiner Zeit Klage über "Korruption", die er ausrotten wollte, ein (politisches) Ziel, das seither zum Grundinventar des japanischen Nationalismus gehört - bis in die Gegenwart. Tsunoda, Ryusaku, Theodore de Bary, Donald Keene (eds.), *Sources of Japanese Tradition*, vol.1, New York, London 1964, S. 224 (zit. fortan: *Sources of Japanese Tradition*).

5) Nichiren wurde mit seiner Lehre zum ersten Vertreter der auch heute noch verbreiteten *Nihonjin-ron*, der Theorie, nach der Japanern etwas zu eigen ist, was andere Völker nicht haben; vgl. Dale, Peter N., *The Myth of Japanese Uniqueness*, London, Sydney, Oxford 1986, S.48 (zit. fortan: Dale). Wie Nichiren chinesische und indische Lehren "japonisierte", so versuchte auch der Christ Uchimura eine "Nationalreligion" zu schaffen: "I love two J's and no third; one is Jesus, and the other is Japan. I do not know which I love more, Jesus or Japan." *Sources of Japanese Tradition*, Bd.2, S.349.

6) So K. Kracht, "Nationalismus", in: Hammitzsch, Horst, Lydia Brüll (Hrsg.), *Japan Handbuch*, Stuttgart 1981, Sp.455-58.

(s.u.). Das *Tenno-sei*, also das Tenno-Regime (auch: System),[7] begründet danach die herausgehobene, von anderen Nationen gänzlich verschiedene Wesenheit Japans und der Japaner. Zwei ideologische Hauptströmungen in den Lehren zum Tenno-System lassen sich in der ersten Hälfte des 20. Jahrhunderts erkennen, die den Hauptströmungen des Nationalismus zuzuordnen sind:

- Der emotionale, "völkische" (diffuse) Nationalismus, der die Verehrung des Tenno als integralen Teil des politischen Systems mit der historischen Einzigartigkeit der Priesterfunktion des Tenno im Shinto und seiner Mittlerrolle zwischen dem japanischen Volk und den *kami* (nur unvollkommen: "Götter") begründete. Dieser "Populär"-Nationalismus mag eine Erklärung für die hohe Opferbereitschaft der Japaner in den späteren Kriegsentbehrungen - "im Namen des Tenno" - gewesen sein; diese Form des Nationalismus wäre der *minzokushugi*. Aus diesem Nationalismus entwickelte sich ein Zusammengehörigkeitsgefühl, das sich nach dem Krieg zu einem Gefühl des "Andersseins" (engl. "separateness") reduzierte.

- Der aggressive, zentralistische Staatsnationalismus, der im 19. Jahrhundert gezielt zur Rechtfertigungsideologie eines "harten" Staates mit pseudo-"familistischem" Aufbau entwickelt (!) worden war. Diese Form des Nationalismus bildete die ideologisch-staatsrechtliche Voraussetzung, in der Japans Militärkaste ohne zivile Kontrolle, nur dem Tenno Rechenschaft schuldig, ihre Aggressionsakte beginnen konnte: der *kokkashugi* im engeren Sinne. Aus diesem Lehrgebäude entstand in den dreißiger Jahren der Ultranationalismus, dessen Vertreter Japan in den Pazifischen Krieg trieben.

2 Nationalismus heute

Die modernen Erscheinungsformen des japanischen Nationalismus müssen noch weiter differenziert werden als seine Vorläufer in der ersten Hälfte des 20. Jahrhunderts. Die amerikanische Besatzung Japans und die "Umerziehung" der Japaner durch die USA zur Demokratie haben zweifellos den aggressiven Natio-

---

7) Dieser Begriff "Tenno-Regime" (auch: System) hat bewußt einen negativen Beiklang, denn mit Aufkommen anarchistischer, sozialistischer und kommunistischer Strömungen wurde die Abschaffung des Tenno-Regimes zum wichtigsten politischen Ziel, während umgekehrt die Staatsmacht eben diese Zielsetzung mit der Todesstrafe bedrohte. Vgl. "Tennosei", in: *Nihon kindai-shi jiten* (Lexikon zur Neueren Geschichte Japans), Tokyo 1958, S.404/5.

nalismus zurückgedrängt. Aber die Entscheidung der amerikanischen Sieger, den Tenno nicht als Kriegsverbrecher vor Gericht zu stellen, wie es z.b. Australien, Indien und China (Taiwan) forderten, hat den Fortbestand einer Institution gesichert, die den Kern jeder Form des japanischen Nationalismus bildet. Die japanische Verfassung, die wesentlich von amerikanischen Demokratievorstellungen geprägt wurde, schreibt eine strikte Trennung von Religion und Politik vor, um jeden Versuch, den Tenno wieder zur politischen Zentralinstitution zu machen, als von vornherein verfassungswidrig einzustufen. Der Tenno ist heute "Symbol des Staates und der Einheit des japanischen Volkes", aber als Oberpriester im (Shinto-)Kult für seine angeblich göttliche Ahnin, die Sonnengottheit Amaterasu, übt er noch heute religiöse Funktionen aus. So entbrannte z.B. um die staatliche Finanzierung der Feierlichkeiten anläßlich der Thronbesteigung des jetzigen Tenno Akihito ein heftiger Streit: Liberale Politiker und Publizisten sahen in der Übernahme der Kosten durch die Regierung (gezahlt durch das staatlich finanzierte Haushofamt) einen Verfassungsbruch.[8] Ein weiteres sichtbares Symbol des weiterlebenden "Tenno-Nationalismus" ist der Yasukuni-Schrein (Tokyo), in dem die Seelen aller gefallenen japanischen Soldaten seit 1894 eingeschreint sind; als selbstverständlich wird dabei angesehen, daß sie ihren Tod für den Tenno und die japanische Nation fanden. Der Kult um den Yasukuni-Schrein wurde in den dreißiger und vierziger Jahren als Mittel ultranationalistischer und militaristischer Propaganda eingesetzt. Seit 1984 sind auch die Seelen von sieben 1945 hingerichteten Kriegsverbrechern dort eingeschreint, die damit nachträglich als - zumindest religiös - voll rehabilitiert erscheinen müssen. Nahezu jedes Jahr flammen heftige Debatten um die "offiziellen" Besuche japanischer Regierungschefs oder von Kabinettsmitgliedern an dem Schrein auf, besonders heftig 1985, als der damalige Ministerpräsident Yasuhiro Nakasone sich in das Besucherbuch mit seiner offiziellen Amtsbezeichnung "Ministerpräsident von Japan" eintrug und so den Besuch zu einer regierungsamtlichen Zeremonie machte. Aus Sicht der Kritiker hatte er damit die Verfassung verletzt, die eben streng die Trennung von Staat und Religion vorschreibt.[9]

---

8) Vgl. dazu Fischer, Peter, "Zwischen Politik und Religion: Der Streit um die Thronfolgeriten in Japan", in: Pohl, M. (Hrsg.), *Japan 1990/91 - Politik und Wirtschaft*, Hamburg 1991, S.100-115.

9) Die Finanzierung zur Unterhaltung des Schreins wird ebenfalls immer wieder zu einem Politikum: So entschied 1991 das Oberlandesgericht Sendai auf Antrag des Gouverneurs und einer Gruppe von Abgeordneten aus der Präfektur Iwate, daß offizielle Zeremonien von Regierungsmitgliedern am Yasukuni-Schrein verfassungswidrig seien, desgleichen auch keine Zahlungen der Präfektur für Opfergaben geleistet werden dürfen. *Mainichi shimbun*, 21.9.91.

In jedem Falle aber ist heute die zentrale Bedeutung des staatlichen "Tenno-Nationalismus" geschwunden, obwohl sich zahlreiche ultrakonservative Politiker und Organisationen (s.u.) auf die Institution des Tenno berufen, wenn sie ihre Ideen und Aktionen rechtfertigen wollen. Der moderne japanische Nationalismus zeigt vier Erscheinungsformen, die sich teilweise überschneiden:

- Der aktionistische, "terroristische" Nationalismus, der als politischer Rechtsradikalismus in der Grauzone zwischen organisiertem Verbrechen und ultrakonservativer Politik existiert. Ideologisch suchen die Vertreter dieser Form des rechtsradikalen Nationalismus eine Revision des Geschichtsbildes, d.h. sie leugnen japanische Kriegsverbrechen während des Pazifischen Krieges und interpretieren die japanischen Aggressionen 1937-45 als "Befreiungskampf gegen den westlichen Kolonialismus". In den Gruppen dieser Richtung gibt es ein relativ hohes Maß an Gewaltbereitschaft.

- Der ethnozentrische Wirtschaftsnationalismus, der ein ausgeprägtes japanisches Überlegenheitsgefühl speist und die wirtschaftlichen Erfolge des Landes mit spezifisch (und ausschließlich) japanischen Eigenschaften begründet. Diese Form des Nationalismus wurde lange als innengerichtete Motivationsideologie japanischer Opferbereitschaft im wirtschaftlichen Wiederaufbau eingesetzt, heute ist er die Hauptquelle einer verdeckten, aber virulenten "antiwestlichen", besonders antiamerikanischen Strömung. Nach dem erzkonservativen LDP-Politiker Shintaro Ishihara wäre er auch als "Ishihara-Nationalismus" zu bezeichnen.

- Das Überlegenheitsgefühl des ethnozentrischen Wirtschaftsnationalismus gegenüber "dem Westen" paart sich mit einem stets vorhandenen Bedrohungsgefühl und läßt Japan näher "an Asien heranrücken"; dabei wird latent der alte Panasiatismus unter japanischer Führung wiederbelebt, der seine ideologische Ausprägung in der "Groß-Ostasiatischen Wohlstandssphäre" (*Dai-toa kyoeiken*) der dreißiger und vierziger Jahre hatte. Diese Form des Nationalismus wird besonders in den Nachbarländern Japans beargwöhnt, wenn er sich in Äußerungen von Politikern niederschlägt, die Japans vergangene Kriegsverbrechen schlicht leugnen.[10]

- Ein antidemokratischer Nationalismus, der in der japanischen Demokratie nur eine korrupte Regierungsform sieht und eine gründliche "Reinigung", eine

---

10) 1993/94 mußten allein drei Minister verschiedener Kabinette ihre Hüte nehmen, weil sie rundweg japanische Kriegsverbrechen bestritten hatten und auch den Pazifischen Krieg als "gerechten" Krieg gegen westliche Kolonialregimes bezeichnet hatten.

"echte japanische" Regierungsform anstrebt. In extremer Ausprägung träumen Vertreter dieser Richtung von einer *Showa ishin*, also einer "Showa-Restauration" analog zur Meiji-Restauration. Dieser Nationalismus ließe sich als politisches Phänomen vielleicht mit dem italienischen Neo-Faschismus vergleichen.[11]

Für alle vier Formen des Nationalismus ist zu sagen, daß sie zwar Teil der politischen Kultur Japans sind, aber nie die Kraft haben werden, Japans Innenpolitik zu bestimmen. Dennoch ist festzustellen, daß insbesondere der organisierte Rechtsradikalimus immer wieder zu einem ernstzunehmenden Faktor der japanischen Innenpolitik werden kann. Es ist deshalb ungerechtfertigt, rundweg die Existenz einer "rechten Szene" des aggressiven Nationalismus - also des "Rechtsradikalismus" - in Japan zu bestreiten. Zwei Hauptformen von den vier genannten sollen näher betrachtet werden, wobei immer zu bedenken ist, daß Elemente aller vier Formen sich mischen.

2.1 Der "terroristische" Nationalismus: Zwischen angemaßter Heroik und simpler Kriminalität

Die politisch motivierte Gewalt hat in Japan eine lange Tradition, aber Attentate als Mittel politischer Aktion nahmen besonders in den dreißiger Jahren zu, als junge, ultranationalistische Offiziere Putsche versuchten.[12] Ihr Nationalismus war antikapitalistisch und zielte auf einen japanischen "Agro-Sozialismus", da viele der Putschisten aus verarmten Bauernfamilien stammten. Sie glaubten, im Namen des Tenno zu handeln, als sie 1932 und 1936 ihre Aufstände begannen - der Tenno aber verweigerte ihnen beide Male seine Unterstützung. Noch kurz vor der Kapitulationserklärung 1945 versuchten ultranationalistische Offiziere den Tenno zu ermorden und die Schellackplatte mit der Kapitulationserklärung

---

11) Im Oktober 1992 schlug ein Dozent der japanischen Militärakademie, Major Yanai, vor, die Korruption und eine angebliche Krise der Demokratie durch einen Militärputsch zu beenden, wieder einmal war von einer *Showa ishin* (Showa-Restauration) die Rede. Der Offizier wurde zwar sofort gemaßregelt, aber in den Nachbarländern war der Schaden schon angerichtet. "Coup idea embarrases Japanese", *Financial Times* 16.10.92; "Call for a Coup Shatters Postwar Taboo in Japan", *International Herald Tribune*, 16.10.92.
12) Vgl. die reportagehafte Darstellung des "2.26."-Zwischenfalls (d.h. des Putsches vom 26.2.1936) von Shoji, Kichiro, *Ni-niroku to kakyu heishi* (Der 26.2. und die rangniedrigen Soldaten), Tokyo 1974. Auch: Havens, Th.R.H., *Farm and Nation in Modern Japan*, Princeton, London 1974.

an sich bringen - an seine Stelle sollte ein Verwandter treten und Japan in den kollektiven Selbstmord führen.[13] Ein kurzer Blick auf die Liste der Attentate zwischen 1930 und 1990 (nur politische Gewalttaten, bei denen Opfer zu beklagen waren) verdeutlicht die hohe Gewaltbereitschaft in der rechtsradikalen, nationalistischen Szene Japans:

1929: Mord an dem sozialistischen Reichstagsabgeordneten Yamamoto Genji, der sich gegen die zunehmende Unterdrückung der Freiheit wandte. Tatwaffe: Kurzschwert.

1930: Mord an dem Ministerpräsidenten Hamaguchi; der Täter nannte als Motiv Hamaguchis Zustimmung zum Londoner Flottenvertrag, der Japans Marinestärke unter die der USA und Großbritanniens stellte.

1932: Sog. *Ketsumeidan*-Morde. Mitglieder dieser "Blutsbrüderschaft" ermordeten den früheren Finanzminister Inoue. Motiv: Die Blutsbrüder machten ihn für die Not der Bauern verantwortlich.

1932: Mord an dem Chef des Mitsui-Konzerns, Motiv: Haß auf den Kapitalismus. Die *Ketsumeidan* strebte eine "Showa-Restauration" an, die Mitglieder der ultranationalistischen Organisation standen unter dem Einfluß Kita Ikkis und Okawa Shumeis.[14]

1932: Junge Offiziere putschen und ermorden Ministerpräsident Inukai; auch sie stehen unter national-"sozialistischen" Einflüssen und wollen eine "Showa-Restauration".

1934: Der Industrielle Muto Sanji stirbt an den Folgen eines Attentats.

1934: Messerattentat auf einen Redakteur der *Asahi shimbun*.

---

13) Vgl. The Pacific War Research Society (ed.), *Japan's Longest Day*, Tokyo, New York, San Francisco 1965. Ausführliche Darstellung der politischen Rolle, die die kaiserliche Armee bis 1945 spielen konnte, bei Lony, Hillis, *Japan's Military Masters. The Army in Japanese Life*, New York 1943.
14) Kita Ikki (1883-1937) hatte durch seine Theorie von einem agrozentrischen National-Sozialismus starken Einfluß unter jungen Offizieren. Er war in den Putschversuch vom 26.2.36 unmittelbar verwickelt und wurde nach dessen Scheitern von einem Militärgericht zum Tode verurteilt und hingerichtet.

1936: Der Staatsrechtler Minobe Tatsukichi, Verfechter der sog. "Organtheorie"
       (der Tenno ist Teil des Staatsorganismus und nicht sein Kern bzw. We-
       sen), wird von Rechtsradikalen angeschossen.

1935: Mord an General Nagata, dem führenden Vertreter der sog. *tosei-ha* in
       der Armee, also dem zentralistischen Staatsnationalismus, durch einen
       Offizier der rivalisierenden *kodo-ha*, d.h. der "Tenno-Richtung" des völki-
       schen Nationalismus.

1936: Junge Putschoffiziere ermorden u.a. den Finanzminister Takahashi, um
       eine "Showa-Restauration" auszulösen; der Tenno zeigte sich äußerst
       erzürnt, und der Putsch brach schnell zusammen.

1939: Der Chef der bürgerlichen Partei *Seiyukai* wird von einem Rechtsradika-
       len angeschossen.

1941: Innenminister Hiranuma wird von einem Rechtsradikalen schwer verletzt.
       Rechtsradikale versuchen, Admiral Yamamoto zu ermorden, der gegen
       den Krieg mit den USA war; er hatte dort gelebt und schätzte einen Krieg
       gegen Amerika als aussichtslos ein.

1945: Wiederum junge ultranationalistische Offiziere wollen gegen den Tenno
       (!) putschen, um die Kapitulation zu verhindern; sie ermorden zwei Gene-
       räle, der sich den Putschplänen widersetzen.

1947: In der Nachkriegszeit prallen linke und rechte Aktivisten aufeinander;
       zwei Rechtsradikale verletzen einen Gewerkschaftsführer schwer. Tatwaf-
       fe: Kurzschwerter.

1948: Der Chef der KPJ, Tokuda Kyuichi, wird auf einer Kundgebung von
       einem Rechtsradikalen angeschossen und schwer verletzt.

1960: Anläßlich der gewalttätigen Auseinandersetzungen um die Verlängerung
       des Amerikanisch-Japanischen Sicherheitsvertrages strömen Rechtsradi-
       kale in Tokyo zusammen; die LDP setzt Schlägertrupps aus diesen Grup-
       pen gegen politische Gegner ein; der prominente Sozialist Kawakami
       Jotaro wird von einem rechtsradikalen Jugendlichen schwer verletzt.

1960: Ein Rechtsradikaler verletzt Ministerpräsident Nobusuke Kishi durch
       einen Messerstich.

1960: Der Chef der Sozialistischen Partei, Inajiro Asanuma, wird von einem
       jungen Rechtsradikalen vor laufenden Kameras ermordet. Tatwaffe:
       Kurzschwert.

1961: Junge Rechtsradikale überfallen das Haus des Chefs des *Chuo Koron*-Verlags, sie töten die Haushälterin und verletzen die Gattin des Verlegers schwer.

1989: Ein Rechtsradikaler schießt auf den Bürgermeister von Nagasaki und verletzt ihn schwer; der Politiker hatte gefordert, auch nach der Kriegs-verantwortung des Tenno zu fragen.[15]

Die genannten Beispiele unterstreichen ein Phänomen, das seit den dreißiger Jahren Merkmal der (ultra)nationalistischen Bewegung in Japan war: Nicht die "faschistische" Massenbewegung dominierte in Japan, sondern eher ein aggressiv verdichteter "elitärer Patriotismus" - auf die Spitze getrieben - herrschte vor. Fast wie die Dekabristen im zaristischen Rußland wollten in den dreißiger Jahren dieses Jahrhunderts terroristische Ultranationalisten durch eine "Propaganda der Tat" die japanische Öffentlichkeit aufrütteln: Politischer Mord als legitimes Propagandainstrument. Nach dem Krieg zielte die politische Gewalt von Rechts dagegen direkter auf den politischen Gegner, wobei immer wieder auch Journa-listen zum Ziel rechtsradikaler Täter wurden.[16] Zählte man zu den Taten mit Todesfolge oder Verletzungen noch rechte "Gewalt gegen Sachen" hinzu, würde die Liste allzu lang.

Im Jahre 1976 konnte die Zeitschrift *Seiron* in einer Sondernummer noch 47 "aktive" Rechtsradikalen-Führer aufzählen, darunter Männer wie Akao Bin oder Yoshio Kodama, die unmittelbar mit verschiedenen blutigen Attentaten ihrer Anhänger in Verbindung gebracht wurden.[17] Sie repräsentierten 55 aktive rechtsradikale Organisationen mit zusammen 120.000 Mitgliedern. Noch 1988 zählte die Polizei rund 800 rechte Gruppierungen, von denen allerdings nur ein Dutzend Gewaltbereitschaft zeigten; die Mitgliederzahlen wurden wiederum mit 120.000 angegeben.[18] Nur fünf der genannten Rechtsradikalen sind nach 1926 geboren, so daß der Schluß naheliegt, daß sich das Phänomen Rechtsradikalis-mus zwangsläufig "physisch" löst, nachdem die radikalsten Führer weggestorben sind. Aber offenbar gelingt es den Gruppen, immer neuen Nachwuchs zu rekru-tieren, ebenso wie den Gruppen immer neue "Führer" nachwachsen.

---

15) Ein japanischer Historiker geht so weit, das Japan vor dem Krieg als "Land des (politischen) Mordes" zu bezeichnen. Masujima, Hiroshi, *Gendai Nihon no seito to seiji* (Parteien und Politik im modernen Japan), Tokyo 1968, S.77.
16) Noch 1993 wurde ein Schuß auf das Privathaus des Verlegers der Monats-zeitschrift *Bungei shunju* abgefeuert. *Asahi nenkan 1994*, S.200.
17) *Seiron*, 4/1976, S.88 ff.
18) *Asahi Nenkan 1989*, S.242.

Die rechtsradikalen Aktivitäten dieser Gruppen verbinden sich mit schlicht kriminellen Vergehen, die Abgrenzung zwischen Politik und Verbrechen verwischt sich. Nach dem äußeren Erscheinungsbild gleichen sich die nationalistischen Gruppierungen: Stets treten ihre Mitglieder in paramilitärischen Uniformen auf, sie fahren Jeeps oder LKW mit nationalen Symbolen (Sonnenbanner, Chrysantheme), und ihr Auftreten wird von brüllender Militärmusik, durchmischt von martialischen Parolen, begleitet. Ihre wichtigsten "politischen" Aktivitäten konzentrieren sich auf fünf Bereiche:

- Kampf gegen alle linken Gruppierungen, besonders aber gegen die Lehrergewerkschaft *Nikkyoso*, deren Kongresse regelmäßig durch massiven Einsatz von Lautsprecherwagen gestört werden.

- Angriffe gegen jeden, der nach Meinung der Rechtsradikalen Person oder Institution des Tenno "besudelt" hat.

- Attacken auf liberale Medien, besonders auf Zeitungen, die angeblich "antijapanische" Berichterstattung oder Kommentierung betreiben; es hat immer wieder Überfälle von Rechtsradikalen auf Redaktionsbüros gegeben, so 1988 besonders gegen die *Asahi, Mainichi* und die *Tokyo shimbun*.

- Außenpolitisch wenden sich die rechten, nationalistischen Gruppierungen gegen die kommunistischen Staaten, also die frühere Sowjetunion, die VR China und Nordkorea; umgekehrt propagieren diese Gruppen Unterstützung für Taiwan und in geringerem Maße Südkorea. Nach der Auflösung der Sowjetunion tritt China als Gegner wieder stärker hervor.

- Schließlich spielen sich die nationalistischen Gruppen als Hüter sauberer Politik auf und kritisieren - ganz mit Gefühl für die öffentliche Meinung - korrupte Politiker.

Immer wieder kam es in jüngster Zeit auch zu Übergriffen rechter, nationalistischer Gruppierungen aus dem kriminellen Umfeld auf große Unternehmen, aber die ursprüngliche antikapitalistische, ja fast revolutionäre Ideologie aus der Vorkriegszeit ist völlig geschwunden. Dennoch müssen japanische Unternehmen Drohungen rechter Gruppierungen ernstnehmen: Spitzenmanager der Firmen Sumitomo Heavy Industries und Fuji Film Corp. wurden 1994 von rechten Gangstern bedroht, "Schutzgelder" wurden verlangt; Sumitomo zahlte, Fuji nicht - wenig später wurde ein Fuji-Manager mit einem japanischen Schwert ermordet.[19] Dieser Fall wie auch zahlreiche andere Angriffe auf Unternehmensvertreter machen deutlich, daß sich die "rechte Szene" mit rein kriminellen Organisationen vermischt: Die berüchtigten *yakuza*, Japans Verbrechersyndikate, haben sich längst selbst zu "rechten" Organisationen ausgerufen, ursprünglich rein politische Gruppierungen sind zu kriminellen Organisationen verkommen, klare Trennungslinien gibt es nicht mehr. Die Gangs geben sich gern national gesonnen, und ihre politische Aktivität hat in der Tat immer auch den Kampf gegen alles "Linke" eingeschlossen. Gegen streikende Arbeiter, gegen sozialistische Politiker, aber auch gegen bestimmte konservative Politiker waren sie jederzeit zu mobilisieren. In den vergangenen drei Jahren (1991-94) wurden 39 terroristische Anschläge oder "Guerilla"-Aktivitäten rechter krimineller Gruppen registriert.[20]

Die kriminellen Aktivitäten vieler "nationalistischer" Gruppen umfaßten (und umfassen) Schutzgelderpressung, Glücksspiel und besonders die Aktivitäten als *sokaiya*, d.h. Störer auf Hauptversammlungen von Aktiengesellschaften, die entweder als Kleinaktionäre durch Fragen den Ablauf stören; dann werden sie vor der Versammlung durch Bargeld zum Stillschweigen gebracht; oder aber als "Ordnungskräfte", die gegen Honorar andere kritische Aktionäre "ruhigstellen".[21]

2.2   Ethnozentrischer Wirtschaftsnationalismus und Geschichtsfälschungen: Nationalismus und Vergangenheitsbewältigung

Als der ehemalige Ministerpräsident Morihiro Hosokawa 1993 den Pazifischen Krieg in seiner Regierungserklärung unumwunden als "Aggressionskrieg" bezeichnete und später bei seinen Auslandsreisen nach Korea, China und Südostasien diese Nationen um Vergebung für die erlittenen Drangsale durch Japans kaiserliche Armeen bat, flammten in Japan sofort rechtsradikale Anschläge auf:

---

19) "Politics and the yakuza", *South China Morning Post*, 14.6.94.
20) *Asahi nenkan 1994*, S.200; im Zuge der Verschärfung von Maßnahmen gegen die Bewaffnung rechter Gruppen beschlagnahmte die Polizei 22 Kurzschwerter, die bevorzugte Waffe von Rechtsradikalen.
21) *Sokaiya* werden von Aktiengesellschaften bezahlt, damit sie auf Aktionärsversammlungen keine Unruhe schaffen oder aber, um kritische Aktionäre "ruhigzuhalten". Jüngste Beispiele für die Verwicklung auch erstklassiger Unternehmen mit *sokaiya*-Aktivitäten sind die Kirin-Brauerei, deren Chef wegen Zahlungen an *sokaiya* zurücktreten mußte, *Asahi shimbun*, 17.7.93, *Nihon keizai shimbun*, 15.7.93, sowie die Kaufhauskette Itoyokado, deren Präsident ebenfalls wegen Zahlungen an *sokaiya* zurücktreten mußte. *Sankei shimbun*, 29.10.93.

Zwischen Januar und November 1993 zählte die Polizei 201 "rechte" Anschläge, allerdings rechnet die japanische Polizei dabei auch Verkehrsbehinderungen durch Lautsprecherwagen nationalistischer Gruppen mit.

Die radikale Rechte in Japan hat stets eine japanische Kriegsschuld geleugnet und arbeitet unermüdlich daran, den Pazifischen Krieg als einen Befreiungskrieg gegen die europäischen (und amerikanischen) Kolonialherren darzustellen. Dabei wird dann gern übersehen, daß in der japanischen Popaganda jener Zeit unter dem Schlagwort "ABCD-Krieg" auch China als Gegner einbezogen wurde (A = American, B = Britain, C = Chinese und D = Dutch). In diesen Bemühungen um Geschichtsfälschungen wird die politische Rechte immer wieder auch durch unbeholfene, arrogante oder auch einfach "national gesonnene" Politprofis der "etablierten Szene" unterstützt. Das Massaker von Nanjing (Nanking) 1937 ist dabei immer wieder jenes historische Ereignis, das zum Anlaß unbedachter Äußerungen oder gezielter Geschichtsklitterung wird. Immer wieder haben "bürgerliche" Politiker des Landes die Massaker an der chinesischen Zivilbevölkerung von Nanjing als "Fabrikation" hingestellt; das jüngste Beispiel war der Justizminister Shigeto Nagano, der ebenfalls bestritt, daß japanische Soldaten in Nanjing gewütet hätten - er mußte zurücktreten.[22] Auch die Darstellung der jüngsten japanischen Geschichte in den offiziell zugelassenen Schulbüchern wird immer wieder in drei Punkten zu einem Konfliktfeld zwischen Verharmlosern und kritischen Aufklärern: 1. Die Bezeichnung des Pazifischen Krieges durch die offiziellen Apologeten als "Vorstoßen, Vorstoß" (*shinshutsu*) oder im Gegenteil als "Invasion, Aggression" (*shinryaku*), 2. das systematische Massaker, das japanische Truppen 1937 in Nanjing anrichteten, und 3. die Frage zahlloser Vergewal-

---

22) *Mainichi shimbun*, 4.5.94; Interview mit Nagano. Der Exminister entschuldigte sich später förmlich bei dem offiziösen Vertreter Taiwans (!) in Tokyo und bedauerte, daß seine Äußerungen "die Beziehungen zwischen Japan und Taiwan (nicht zu China ...) belastet hätten". Central News Agency (Taipei), engl., 13.5.94, in: SWB, 16.5.94. Der zurückgetretene Justizminister Nagano war das, was im deutschen zeitgenössischen Sprachgebrauch ein "Kommißknochen" genannt wurde: Ein Berufssoldat auch nach 1945, der nichts dazugelernt hatte. *Japan*, 10/1994, S.496. Allerdings kann man ihm wohl nicht ein Gespür für PR-Arbeit absprechen: Nagano beschäftigte 1992 einen früheren Mitarbeiter des chinesischen (i.e. VR China!) Sicherheitsdienstes, um Gespräche mit chinesischen Militärführern vorzubereiten, als er noch den japanischen Selbstverteidigungsstreitkräften angehörte. Kyodo, engl. 6.5.94, in: SWB 9.5.94.

tigungen durch japanische Soldaten.[23] In jüngster Zeit ist noch eine weitere
Erblast aus der Zeit japanischer Aggressionskriege wieder in den Mittelpunkt
der Öffentlichkeit - besonders in Japans Nachbarstaaten - gerückt: die Zwangs-
prostitution durch die kaiserliche Armee; Koreanerinnen, Filipinas, aber auch
Chinesinnen und Holländerinnen wurden gewaltsam in Militärbordelle gezwungen. Die Forderung nach Entschädigung, die jetzt die Überlebenden erhoben,
die massiven Anklagen, die gegen Japan gerichtet wurden, konfrontierten das
Land wieder einmal mit seiner Vergangenheit, die nicht aufgearbeitet ist.[24]
Noch immer gibt es Kräfte, die gegen eine Aufarbeitung von Verbrechen wie
dem in Nanjing opponieren; gestützt auf die neue Notwendigkeit japanischer
Wirtschaftshilfe und Kooperation in Asien, versuchen solche "Historiker", Politiker und auch Militärs die Geschichte nachträglich umzuschreiben. Nur das
neue Selbstbewußtsein der früheren Opfer japanischer Aggression verhindert
das; allen anderen Nachbarstaaten voran ist es China, das die häufigen Geschichtsklitterungen sofort bekämpft, wenn sie ruchbar werden. Andererseits
arbeiten auch asiatische Politiker gezielt daran, die Aufarbeitung der Geschichte
im Interesse guter Beziehungen mit Japan als überflüssig darzustellen; das präg-
nanteste Beispiel ist Malaysias Ministerpräsident Mahathir.

Der zweifellos aufrichtige Widerstand gegen einen neuen Nationalismus (und
auch gegen die kriminelle Form des Rechtsradikalismus in Gestalt der *yakuza*)
mischt sich in Japan zwangsläufig stets mit dem Widerstand gegen eine größere

---

23) Bereits seit drei Jahrzehnten läuft ein Prozeß des Schulbuchautors Saburo
Ienaga (81), der gegen die verbale Verharmlosung durch Zensoren in seinen
Texten prozessiert. Renommierte Historiker sagten zu seinen Gunsten aus,
wobei auch die Bezeichnung der koreanischen Freiheitsbewegung als "Auf-
ruhr" (*bodo*) heftig kritisiert wurde. Vgl. Fujiwara, Akira, *Shinpan: Nankyo
dai-gyakusatsu* (Das große Massaker von Nanjing. Neuauflage), Tokyo 1989
(= Iwanami Booklet: Shirizu Showa-shi, no.5). Ienaga hat in mehreren
Instanzen recht bekommen, jedoch geht die Revision der Schulbuchtexte nur
langsam voran. Immerhin obsiegte Ienaga 1993 vor dem Oberlandesgericht
Tokyo: Die Richter befanden, daß staatliche Zensoren ihn gezwungen
hätten, die Texte zu verharmlosen. Die Regierung ging nicht in Revision.
"Tokyo Concedes '37 Atrocity. Nanking Author Finally Defeats Censor",
International Herald Tribune, 13.5.94.
24) Es begann mit Forderungen koreanischer sog. "Trösterinnen" nach Entschädigung, sie richteten sich an den damaligen Regierungschef Hosokawa;
im August 1994 wurde auch der Nachfolger Murayama auf den Philippinen
mit ähnlichen Forderungen konfrontiert, die er aber ablehnte und statt
dessen ein Berufsbildungsprogramm anbot. Die betroffenen Frauen lehnten
ab.

militärische Rolle Japans z.B. in Kooperation mit der UNO: Der Ultranationalismus der Vorkriegszeit und die militärischen Aggressionen im Pazifischen Krieg werden einseitig "den Militärs" jener Zeit angelastet; zugleich gibt es eine Tendenz, die zivilen Erfüllungsgehilfen der machtlüsternen Militärs von Mitschuld freizusprechen. Diese Tendenz wurde unterstützt durch die amerikanische Besatzungsmacht, die in den Tokyoter Kriegsverbrecherprozessen (anders als im Falle Deutschlands!) nur wenige "Hauptschuldige" aburteilte und später die "Säuberungen" ultranationalistischer ziviler Politiker höchstens halbherzig betrieb.[25] Mit Beginn des Koreakrieges wurden parallel zur Verfolgung von Kommunisten und allen, die man dafür hielt (sog. "Red Purge"), alle inhaftierten Kriegsverbrecher hastig amnestiert; sie kehrten schnell in die bürgerliche politische Elite zurück und machten teilweise steile Karrieren, so z.B. der frühere Rüstungsminister unter Regierungschef General Tojo (1944/45), Nobusuke Kishi, der es zum japanischen Regierungschef brachte.[26] Diese biographische Bruchlosigkeit zwischen belasteter Vergangenheit und "moderner" Politik macht es einerseits noch heute schwierig, das Jahr 1945 als einen historischen Einschnitt zu werten. Andererseits erleichtert diese Bruchlosigkeit es den "Revisionisten" japanischer Geschichtsschreibung, historische Tatsachen umzudeuten.

---

25) Vgl. Minear, Richard H., *Victor's Justice: The Tokyo War Crimes Trial*, Princeton 1971. Diese Untersuchung spricht den Prozessen juristische Sauberkeit ab; dabei muß man auch darauf hinweisen, daß der indische Richter Radhabinod Pal in dem Gerichtshof in einem Minderheitenvotum nach den Urteilssprüchen die gleiche Ansicht vertrat, vielleicht weil Indien den Tenno als Hauptschuldigen vor Gericht stellen wollte. Zwei Tatsachen sind jedoch festzuhalten: 1. Die meisten Straftatbestände des Tokyoter Kriegsverbrechertribunals standen schon *vor* den Verfahren international unter Strafe (z.B. die Tötung von Nichtkombattanten), 2. Japan gehörte zu den Staaten, die im Versailler Vertrag ausdrücklich die (alleinige) deutsche Kriegsschuld festschrieben und dabei bereits in den Vertrag die Straftat "Verbrechen gegen die Menschlichkeit" hineinschrieben. Arai, Shinichi, "Senso sekinin to wa nani ka" ("Was ist Kriegsverantwortung?"), in: *Sekai*, 2/1994, S.187-201, hier: S.189/90; auch Yui, Daizaburo, "Senso sekinin no Nichi-Bei gyappu wo do kangaeru ka" ("Wie denkt man über die Lücke zwischen Japan und den USA bei der [Interpretation der] Kriegsverantwortung?"), in: *Sekai*, 2/1994, S.179.

26) Hayao, Shimizu, "The War and Japan: Revisionist Views", in: *Japan Echo*, vol.XI, Special Issue, 1984, S.3-11. Die Zeitschrift wird vom japanischen Außenministerium gefördert und soll "offiziöse" Standpunkte verbreiten. Die zitierte Sonderausgabe ist ausschließlich dem revisionistischen Geschichtsbild zur Zeitgeschichte gewidmet.

3 "Internationalisierung" und die "Normalität Japans" - Amulettwörter eines neuen Nationalismus?

Kritische Intellektuelle nicht nur auf der Linken beargwöhnen in einer Diskussion, die spätestens seit dem Golfkrieg und der PKO-Gesetzgebung[27] heftig geführt wird, den gezielten Versuch, Japan auch international wieder zu "nationaler Größe" zu verhelfen. Es geht um die "vollgültige Mitgliedschaft Japans in der Weltgemeinschaft" oder, anders ausgedrückt, um die uneingeschränkte Teilnahme japanischer Soldaten auch an Kampfeinsätzen der UNO. Kritiker sehen in diesen Bemühungen Verletzungen der japanischen Verfassung, eine Ansicht, die durch prominente konservative Politiker wie Ichiro Ozawa, der frühere Generalsekretär der regierenden LDP, gestützt wird, die offen eine Revision der Verfassung fordern, d.h. die Abschaffung des sog. "Kriegsverzichts-Artikels" Neun. Den japanischen "Selbstverteidigungsstreitkräften" (jap. *Jieitai*) würde damit verdeckt wieder eine (politische) Rolle zugewiesen, die kritische Betrachter tendenziell an die Vorkriegszeit erinnert - man befürchtet einen "neuen Militarismus". Zwei Schlüsselbegriffe verdecken dabei den Kern der Debatte: "Internationalisierung" und "Normalität Japans". Es sind Amulettwörter, die stark an diejenigen der Vorkriegszeit erinnern, die der japanische Historiker Tsurumi Shunsuke beschrieb.[28] Die Begriffe werden verwendet, um einmal das Bekenntnis zu einer populären oder vom Staat verordneten "Lehre" zu dokumentieren oder um im anderen Fall hinter "modernen" Begriffen reaktionäre Zielsetzungen zu verbergen. In der Vorkriegszeit bezeichneten solche Begriffe das Bekenntnis zum "Tennoismus" (Tenno-System), zur nationalen Größe, zur japanischen Einzigartigkeit schlechthin - ohne dabei in detaillierten Programmen politische Zielsetzungen darstellen zu müssen. Die Vermeidung detaillierter Programmaussagen durch die plakative Verwendung solcher Amulettwörter umgeht natürlich auch die Notwendigkeit, tatsächliche politische Ziele wie stärkere Rüstung, regionalen Großmachtanspruch oder gar internationale Führungsansprüche ausdrücklich formulieren zu müssen. Der Erklärungszwang endet bei vordergründigen Zielsetzungen: Ein wahrhaft "internationalistisches Japan" müsse international, z.B. in der pazifischen Sicherheitspolitik und im

---

27) Das PKO-Gesetz (Peace-Keeping Operations der UN) erlaubt es der japanischen Regierung seit 1989, an friedenserhaltenden Maßnahmen der UNO teilzunehmen; so beteiligten sich japanische Blauhelme an den UN-Maßnahmen in Kambodscha. Pohl, Manfred, "Die japanischen Streitkräfte in die Golfregion? Diskussionen um den 'japanischen Ernstfall'", in: Maul, Heinz Eberhard (Hrsg.), *Militärmacht Japan? Sicherheitspolitik und Streitkräfte*, München 1991, S.338-362.

28) Morris, Ivan, *Nationalism and the Right Wing in Japan. A Study of Post-War Trends*, London/New York/Toronto 1960, S.427 f.

Rahmen der UNO (Anspruch auf einen ständigen Sitz im Weltsicherheitsrat) eine Rolle spielen, die seiner ökonomischen Leistungsfähigkeit entspricht; es sei nur "normal" für einen selbstbewußten Staat, selbst auferlegte Einschränkungen seiner außenpolitischen Handlungsfähigkeit abzustreifen und damit eben "staatliche Normalität" herzustellen.

Die Verfechter dieses Verfassungsverständnisses weisen die Warnungen vor einem neuen japanischen Militarismus brüsk zurück: Ichiro Ozawa, 1993 auch Stratege politischer Umstrukturierungen, betont stets, daß der japanische Militarismus in der Vergangenheit nur möglich war, weil "die zivilen Politiker zu schwach waren, ihn einzudämmen".[29] Aber gerade diese Politiker stellten sich jahrelang bereitwillig in den Dienst expansionistischer Großmachtträume. Die Tatsache, daß 1944/45 ein General Regierungschef wurde (eben Tojo) und damit das Militär direkte politische Verantwortung übernahm, darf nicht verdecken, daß bürgerliche Politiker die ultranationalistische Expansionspolitik unterstützten, die von den Militärs betrieben wurde.

Die ebenso heftige wie unberechtigte Kritik an der japanischen "Scheckbuch-Diplomatie" während des Golfkrieges - schließlich war Japan der Hauptfinanzier der militärischen Aktionen - hatte in der LDP erneut die Forderung nach Revision der Verfassung lauter werden lassen. Aber die ausländische Kritik war nur ein Vorwand für weitere Vorstöße einer "revisionistischen" Gruppe in der LDP, die schon jahrelang (seit 1952) auf eine Verfassungsänderung hinarbeitet. Einer der prominentesten Verfechter eines "neuen Japan" ist Shintaro Ishihara, dessen bizarrer Politikstil ihn fast zu einer politischen Kultfigur werden ließ - das um so mehr, als er zusammen mit dem Gründer des Sony-Konzerns, Akio Morita, in seinem Buch *No to ieru Nihon* 1989 die Summe japanischen Zorns über ungerechtfertigte ausländische Kritik vor allem aus den USA niederschrieb.[30] Aber auch weit prominentere Politiker bekennen sich offen zu einem neuen Nationalismus (der in vielen Aspekten der alte ist): War es 1960-70 die Generation der rehabilitierten Altpolitiker vom Typ eines Kishi, die für einen japanischen Neonationalismus standen, so übernahmen in den siebziger Jahren weltgewandte Politiker wie Yasuhiro Nakasone, der in den achtziger Jahren Regierungschef

---

29) Ozawa war 1992 Generalsekretär der Regierungspartei LDP; 1993 verließ er die Partei, gründete zusammen mit dem späteren Regierungschef Tsutomu Hata (1994) eine eigene Partei und löste damit indirekt den Sturz der jahrzehntelangen LDP-Herrschaft aus. *Japan*, 8/1993, S.154/55. Ozawa, Ichiro, *Nihon kaizo keikaku* (Ein Plan zur Umgestaltung Japans), Tokyo 1993; s.a. "Unburied Ghosts Haunt Japan", *Asian Wall Street Journal*, 2.5.94.

30) Morita, Akio; Ishihara, Shintaro, *'No' to ieru Nihon*, 14. Aufl., Tokyo 1990.

wurde, das Erbe des Nationalismus. In Ermangelung eines treffenden Begriffes
für diesen Politikertypus wird gern von "japanischen Gaullisten" gesprochen.[31]
Nakasone ist zwar heute als Spitzenpolitiker der LDP nur noch "Berater" seiner
Partei, aber er übt noch immer einen enormen Einfluß in der LDP aus.

Diese Politiker arbeiten seit vielen Jahren beharrlich auf eine Verfassungsänderung hin; am liebsten wäre vielen von ihnen eine vollständige Abschaffung der
Verfassung, die dann durch ein "japanisches Dokument" ersetzt werden sollte.
Die jetzige Verfassung ist für sie nur ein amerikanisches Machwerk, das den
besetzten Japanern aufgezwungen worden ist. Kritiker einer schleichenden
Aushöhlung der Verfassung fordern aber im Gegenteil die vollständige Erfüllung
der Verfassungsnormen ohne außenpolitische Abenteuer:

> We are doing our share, if not fully then certainly significantly, in the inter-
> national community ... Cool, objective soul-searching is mandatory before
> we toy with the idea of enhancing our peacekeeping capability or seek
> 'contributions' of an even stronger military nature.[32]

4   Japans Nachbarstaaten und das neue japanische Selbstbewußtsein: Die Last unbewältigter Vergangenheit

Aber nicht erst seit dem Buch Ishiharas und Moritas (s.o.) ist die japanische
Öffentlichkeit zu einem neuen Selbstbewußtsein erwacht; prominente Politiker
und Wirtschaftsführer, aber auch die Mehrzahl "namenloser" japanischer Bürger,
sagten schon vorher immer lauter "Nein!", vor allem zu dem unkritischen "Japan
bashing" aus den USA. Die teilweise plumpe, klischeehafte amerikanische Kritik
an Japan provozierte vielfach eine vergleichbar simplifizierte Gegenkritik, in der
unverkennbar rassistische Töne mitschwangen. Dabei ist es unwesentlich, ob
man in der amerikanischen Kritik ebenfalls Rassismus heraushörte: Das latente
japanische "Einzigartigkeitssyndrom" oszillierte immer wieder in den Bereich des
blanken Rassismus hinein. Die überaus populäre Literatur zur sog. *Nihonjin-ron*
(etwa: Theorie über die Wesenheit der Japaner), in der die Einzigartigkeit der
Japaner immer aufs neue "herausgearbeitet" wird, spielt durchaus auch mit
ethnozentrierten Argumenten, die nahe am Rassismus angesiedelt sind. So
operieren Vertreter der *Nihonjin-ron* zwar nicht mehr mit dem eigentlichen
Begriff "Rasse", besonders "rassische Reinheit" als Kennzeichen japanischer
Zivilisation, wie es vor dem Krieg üblich war, aber Begriffe wie *chi no junsui na*

---

31) Vgl. das Bild, das von Nakasone schon bei Axelbank, Albert, *Black Star over Japan*, London 1972, S.211 ff. gezeichnet wurde.
32) "Fleshing out the Constitution", *Mainichi Daily News*, 4.5.94.

minzoku (Volk von reinem Blut) oder *tan'itsu minzoku kokka* (Staat mit einheit-lichem Volk) und *doshitsuteki sonzai* (Existenz in Homogenität) signalisieren die gleichen Aussagewerte.[33] Der japanische Kulturnationalismus, der die ethnozen-trische Argumentationsgrundlage für den Wirtschaftsnationalismus liefert, fand seine ideologische Grundlage in dem *kokutai* (etwa: Japans einzigartiger Staats-organismus) oder *kokusui* (essentielle Wesenheit der Nation) der Vorkriegszeit; wesentliche Elemente der *kokutai*-Lehre haben bis heute überlebt und werden weiter verwendet.

Lesen wir diesen Satz:

> When some crime is committed against a Japanese in the United States or the Philippines, the Japanese newspapers do not simply report the story as a crime involving an individual who happens to be Japanese but write about it in a way that suggests that the victim was singled out *because* he or she was Japanese.[34]

Diese Feststellung drückt tendenziell aus, daß "die" Japaner sich weder dem wirtschaftlichen Erfolg nach wirklich der Ländergruppe hochentwickelter Indu-strienationen wie den USA zugehörig fühlen noch der umworbenen Gruppe westpazifischer Staaten, z.B. der ASEAN. Wieder war es Nakasone, der mit unbedachten Äußerungen die Sorge in den USA vor einem neuen, "umgekehrten Rassismus" in Japan schürte; zwar reagierte er "nur" auf amerikanische Veröf-fentlichungen, die im Zuge einer weiteren Phase des "Japan bashing" Sorge vor der wirtschaftlichen Überlegenheit Japans zum Ausdruck brachten. Aber seine vielbeachteten Bemerkungen hatten wegen ihrer großen Popularität tiefe Betrof-fenheit ausgelöst. Vor einer LDP-Versammlung hatte Nakasone folgendes gesagt (in der englischen Originalversion, wie sie in den USA berichtet worden war): "Japan has become a highly educated society; it has become quite an intelligent society - on an average much more so than America. In America there are many blacks, Puerto Ricans, Mexicans and others, and the average level is still very low."[35] Kein Geringerer als der japanische Ministerpräsident hatte mit loser Zunge gleich eine ganze Reihe anderer Nationen beleidigt, auch wenn er davon ausgehen mußte, daß seine rassistischen Bemerkungen "im Westen" nicht be-

---

33) Vgl. Dale, Peter N., *The Myth of Japanese Uniqueness*, London, Sydney, Oxford 1986, bes. S.91/92; Dale gibt S. 42 und 92 eine eindrucksvolle Ge-genüberstellung der kennzeichnenden Schlüsselbegriffe für "den Westen" und Japan, basierend auf rassischen Kennzeichen.
34) "Nationalism and Racism", in: *Japan Echo*, vol.XIV, no.1, Spring 1987, S.45.
35) Ishikawa, Yoshimi, "Japan's Racial Myopia", in: *Japan Echo*, vol.XIV, no.1, Spring 1987, S.47-50.

kannt würden - schließlich hatten japanische Medien jahrelang solche Meldungen freiwillig unterdrückt.

Von eher symbolischer Bedeutung, aber dennoch mit weitreichenden Konsequenzen ist aus der Sicht vieler intellektueller Kritiker die Bemühung aller japanischen Regierungen bis 1994, nationale Embleme und Feiertage einzuführen sowie schließlich auch die *kimigayo*-Hymne als offizielle Nationalhymne zuzulassen. Die Bemühungen sind weitgehend erfolgreich: Das Sonnenbanner wird bei Schulfeiern gehißt (früher verboten), japanische Marine-Einheiten führen die ehemalige "Reichskriegsflagge", und der Staatsgründungstag (*kenkoku kinenbi*) ist wieder Nationalfeiertag, die *kimigayo*-Hymne wird wieder bei festlichen Anlässen gesungen (z.b. Schulentlassungsfeiern).

5   "Tennoismus" und japanischer Neonationalismus: Die Reaktionen der Nachbarstaaten

Stets sind es die Auslandsreisen des jeweiligen Tenno, die in den besuchten Ländern widersprüchliche Reaktionen auslösen: Die Europareise des Showa-Tenno (Hirohito) Anfang der siebziger Jahre löste in Großbritannien und den Niederlanden Proteste von Veteranen aus, unterstrich aber auch das inzwischen wieder hohe Ansehen Japans. Besonders sensibel sind Reisen des Tenno in Nachbarländer, die unmittelbar unter japanischer Aggression gelitten haben, allen voran China und Japans ehemalige Kolonie Korea (Süd- und Nordkorea!); sie sind stets Maßstab, an dem die Popularität Japans abzulesen ist. Es treten aber auch das Maß des bequemen japanischen Vergessens und die Einschätzung des japanischen Umgangs mit der eigenen Vergangenheit in den Nachbarländern zu Tage. Der Staatsbesuch des Tenno Akihito in China sowie seine Reise in die USA ließen in der Vorbereitung erkennen, daß auf nationalistische Gefühle in Japan Rücksicht genommen wird: Die Formulierung einer Wendung, die man in China als Entschuldigung für die Kriegsgreuel verstehen konnte, die aber aus Sicht japanischer Nationalisten nicht als demütigend (!) verstanden werden konnte, war ein schönes Beispiel. Der Tenno sprach von *hansei* (chines. *fanxing*), was in den offiziellen englischen Pressemitteilungen als "reproach" übersetzt wurde, sowie von *kanashimi* (chines. *tongxin*), was mit "to deplore" wiedergegeben wurde. Chinesische Kritiker verwiesen darauf, daß Konfuzius in den *Gesprächen* fordere, ein Mensch solle dreimal am Tag *fanxing*, also "Innenschau" machen.[36] Auch bei den Reiserouten in China und den USA wurde Rücksicht auf japanische Sensibilitäten genommen: Der Tenno besuchte nicht Nanjing und machte auch in Pearl Harbor keinen Stop.

---

36) Vgl. "Saving Faces. Both sides gain from emperor's visit", in: *Far Eastern Economic Review*, 5.11.92, S.13.

Die achtziger Jahre sind die Epoche neonationalistischer Umdeutung japanischer Zeitgeschichte; nicht nur einzelne Ereignisse des Pazifischen Krieges,
sondern die Ursachen des Krieges insgesamt wurden in zahllosen Veröffentli-
chungen interpretatorisch "nachgebessert", neue Verantwortliche wurden gefunden. Ein gängiges Konzept war dabei die zeitliche Vermischung und Gleichset-
zung des Zweiten Weltkriegs mit dem Pazifischen Krieg sowie die Überbetonung
des "Befreiungskrieges" gegen westliche Kolonialherrschaft - Kriegsverantwortung hatten nicht nur Japan, sondern vor allem auch die Westmächte. Der Krieg
in Asien war nicht nur ein Krieg im Pazifik, sondern reichte von indischem Territorium bis in die Mandschurei, er begann für Japan nicht 1941 (Angriff auf Pearl
Harbor), sondern schon 1931 mit dem "mandschurischen Zwischenfall", die
Phase 1941-45 war in der japanischen Zeitgeschichte nur der letzte Kriegsab-
schnitt, in dem das europäische Kriegsgeschehen historisch mit den Kämpfen im
asiatisch-pazifischen Raum verknüpft wurde.[37] "Meine Grundüberzeugung (!)
hinsichtlich des Zweiten Weltkriegs (!), eine globale Katastrophe für alle Zivili-
sationen, ist es, daß Großbritannien, die USA und andere westliche Alliierte
gemeinsam mit Japan die Schuld an dem Krieg tragen."[38] Der Autor sah Japan
als Opfer westlicher Vormachtansprüche in Asien, als Vorkämpfer gegen den
Kolonialismus. Überzeugung statt historischer Forschung - das ist die Voraussetzung, unter der die oben erwähnten Geschichtsklitterungen möglich werden. Die
Täter, die sich vor den Kriegsverbrechertribunalen in Asien zu verantworten
hatten, waren *Opfer*, ihre Schuld "ist nicht erwiesen", und schließlich wird das
Minderheitsvotum des indischen Richters Radhabinod Pal im Internationalen
Tribunal von Tokyo zum Zeugnis für die "asiatische" Kritik an dem "westlichen"
Verfahren gegen Japan, an den "Racheprozessen". Die japanische Rolle in der
Unabhängigkeitsbewegung Indiens wird ebenso überbetont wie der "Kampf
gegen die Sowjetunion auf chinesischem Territorium"; Japan müsse sich für seine
Taten in China nicht entschuldigen, wird in dem Aufsatz der frühere Minister-
präsident Zhou Enlai zitiert - eine mindestens fragwürdige Interpretation der
Äußerungen Zhous.[39] Aufsätze dieser Art ließen sich in extenso zitieren, die
Grundaussagen sind fast immer gleich:

- "Der Westen" hat Japan seinen historischen Platz in der Welt, besonders aber
  in Asien streitig gemacht. Der Krieg gegen Japan war ein Unterdrückungs-

---

37) Tanaka, Hiroshi, "Nihon wa senso sekinin ni do taishite kita ka" ("Wie steht
     Japan zu seiner Kriegsverantwortung?"), in: *Sekai*, 2/1994, S.122-32.
38) Ebd.
39) Zit. bei Yui, Daizaburo, "Senso sekinin no Nichi-Bei gyappu wo do kan-
     gaeru ka" ("Wie denkt man über die Lücke zwischen Japan und den USA bei
     der [Interpretation der] Kriegsverantwortung?"), in: *Sekai*, 2/1994, S.176-81,
     hier: S.176.

krieg gegen die asiatischen Emanzipationsbewegungen, ein Stellvertreterkrieg gegen Asien insgesamt; Japan dagegen führte einen Befreiungskrieg.

- Denn Japan war berufen, die asiatischen Kolonien der westlichen Staaten zu befreien und als Vorbild "nicht-westlicher" Modernisierung ein Großasien zu führen; dieses sei ein legitimes Anliegen gewesen.

- Die juristische Aufarbeitung japanischer Untaten durch einen internationalen Gerichtshof war an sich Unrecht, da das Gericht auf der Basis neu geschaffenen Völkerrechts urteilte: Es hat keine japanischen Kriegsverbrechen gegeben, denn die Straftatbestände wurden nachträglich erst geschaffen. Vergleiche mit deutscher Schuld sind unzulässig, weil die Maßstäbe deutscher Verbrechen andere Größenordnungen erreichten als die japanischen, überdies habe es in Japan keine rassischen Überlegenheitslehren gegeben.

Die offenen Worte des früheren Ministerpräsidenten Hosokawa zur japanischen Kriegsverantwortung und die eindeutige Bezeichnung des Pazifischen Krieges als eines Aggressionskrieges fanden sogleich Widerspruch - nicht auf der nationalistischen Rechten, sondern durch den LDP-Abgeordneten und ehemaligen (und im Juni 94 auch neuen) Minister Ryutaro Hashimoto vor der *Nihon kizoku-kai* (Japanische Adelsgesellschaft): Hashimoto erklärte ausdrücklich seine Ablehnung des Begriffes "Aggressionskrieg", den Hosokawa gewählt hatte.[40] Die gleiche Haltung nahm Shintaro Ishihara im Unterhaus ein, als er Hosokawa vehement widersprach, wieder die "Siegerjustiz" vorbrachte und die japanische Kriegsschuld gegen die Atombombenabwürfe durch die USA aufrechnete.[41]

Das Mißtrauen gegenüber Japan in den Nachbarnationen, das sich aus den Erfahrungen der Kriegszeit herleiten könnte, darf nicht überschätzt werden: Die Führungen vieler heutiger Partnerländer, die unter japanischer Aggression gelitten haben, bewerten das gegenwärtige japanische Wirtschaftsengagement weit höher als die Aufrechnung der Vergangenheit. Die ältere Generation in Malaysia, auf den Philippinen oder in Indonesien erinnert sich an japanische Brutalität, aber die junge Generation sieht in japanischen Direktinvestitionen und auch in neuer japanischer Stärke gegenüber den USA eine Chance. Der japanische Neonationalismus in Form eines schärferen Anti-Amerikanismus wird von den Schwellenländern in Asien gern gegen die USA instrumentalisiert, wenn es z.B. um Fragen der Menschenrechte geht: Zwar hat auch die japanische Regierung die Wirtschaftshilfe mit der Forderung nach Wahrung der Menschen-

---

40) Hosokawa gab seine Einschätzung des Krieges auch schriftlich zu Protokoll durch eine Meinungsanzeige in der *Sankei shimbun*, 9.9.93.
41) *Asahi shimbun*, 13.11.93.

rechte verknüpft, aber Tokyo ist sehr vorsichtig bei der Durchsetzung dieser Klausel, wie das Beispiel China zeigt: Die Ereignisse vom "Platz des himmlischen Friedens" im Juni 1989 hatten keine bleibenden Auswirkungen auf die üppige japanische Wirtschaftshilfe.

Die Nachbarstaaten Japans beobachten dennoch sehr aufmerksam, wie das Land mit seiner Vergangenheit umgeht, und es wird sorgfältig registriert, daß führende Politiker wie der damalige Regierungschef Kaifu 1991 in Singapur von der politischen Verantwortung für die Geschichte und von "tiefem Insichgehen/Innenschau" (*fukai hansei*, dasselbe Wort, das später auch der Tenno in China benutzte, s.o.) spricht. Auch sein Nachfolger Miyazawa fand 1992 vor der südkoreanischen Nationalversammlung Worte aufrichtigen Bedauerns - zumindest wurden die Äußerungen beider Politiker damals als Ausdruck echter Reue aufgefaßt. Japanische Beobachter dagegen meinen, Unterschiede in der Bewertung der Vergangenheit zu sehen, je nachdem, ob dieselben Politiker im Ausland auftreten oder sich an ein japanisches Publikum wenden. Die öffentliche Meinung insgesamt stand zu einem überraschend hohen Prozentsatz hinter den Äußerungen des ehemaligen Ministerpräsidenten Hosokawa (76% zustimmend, 15% ablehnend). Politiker müssen aber als Wähler auch die Vorkriegs- und Kriegsgeneration einkalkulieren, und diese Generationen lehnten zum überwiegenden Teil die Bezeichnung "ihres" Krieges als Aggressionskrieg ab. Diese "Kriegsnostalgie" in Japan tritt aus Sicht der Nachbarländer besonders dann kraß hervor, wenn sie mit der Verfassungsdiskussion in Verbindung gebracht wird, d.h. mit den Plänen konservativer Politiker, den Artikel 9 (Kriegsverzicht) aus der Verfassung zu streichen. In dieser Frage - und damit in der Frage einer größeren regionalen Rolle Japans - gibt es unter den Nachbarstaaten Japans jedoch ganz widersprüchliche Ansichten; sie lassen folgende Grundpositionen erkennen:

1. Die Haltung vieler koreanischer Beobachter: Japan hat seine Vergangenheit noch nicht bewältigt, die Geschichte ist noch nicht zu Ende; jede Manipulation an der Verfassung, besonders aber am Artikel 9 muß mit großem Mißtrauen betrachtet werden. Auch in China gibt es Vertreter dieser Haltung; man ist sich einig: Ein neuer japanischer Militarismus ist nicht zu erkennen, aber Wachsamkeit ist geboten, Japan darf nicht von der Wirtschaftsgroßmacht zur militärischen Großmacht werden. Deshalb muß Japans Sicherheits- und Rüstungspolitik sorgfältig beobachtet werden; die Verfechter einer Verfassungsrevision bestimmen zwar noch nicht die japanische Politik, aber sie dürfen auch nicht in Führungspositionen gelangen, damit sich die Geschichte nicht wiederholt. Die japanische Regierung, so eine verbreitete Sorge, bereitet die Öffentlichkeit durch kleine Schritte wie das PKO-Gesetz (Teilnahme an Peace-keeping Operations der UNO) und mit dem Hinweis, die Staatengemeinschaft würde nur bei Zustimmung zu solchen Aktionen einen ständigen Sitz im Weltsicherheitsrat für Japan akzeptieren, allmählich auf eine Verfassungsänderung vor.

2. Verfassungsdiskussionen über den Artikel 9 sagen nichts über einen neuen
    Nationalismus oder gar aufkommenden Militarismus aus, es ist vielmehr ein
    "natürlicher Vorgang", Japan wird zu einem Staat wie jeder andere in der
    Region. Diese Haltung wird häufig ebenfalls in China eingenommen.

3. Der Kriegsverzicht-Artikel ist nicht auf Druck der USA, sondern durch freie
    Entscheidung der Japaner selbst in die Verfassung aufgenommen worden; er
    sollte ein Modell für alle asiatischen Staaten sein. Japan muß zu einem echten
    Mitglied der asiatischen Völkergemeinschaft werden; dazu ist eine Lösung
    von den USA und die Entwicklung eigener Konfliktlösungspotentiale nötig,
    kurz: die Definition einer eigenen Rolle als "peacemaker" (philippinische
    Ansicht). Der Artikel macht Japan zu einer Großmacht, die von den Nach-
    barn nicht gefürchtet wird (Malaysia), ein wichtiger psychologischer Vorteil.
    Schließlich tritt die große Mehrheit der Japaner selbst für die Beibehaltung
    des Artikels ein; ein Regierungschef, der den Artikel abschaffen wollte,
    beginge politischen Selbstmord.[42]

Der Zusammenbruch des "real existierenden Sozialismus" mit dem Ende des
Kalten Krieges hat für Japan vor dem Hintergrund eines erwachenden Neonationalismus ein neues Problem im Verhältnis zu seinen Nachbarstaaten gebracht:
Während des Kalten Krieges, konfrontiert mit wirtschaftlichen Problemen,
hatten viele dieser Nachbarstaaten mit Japan Reparationsabkommen abgeschlossen, die nicht immer zum Vorteil der japanischen Partner waren.[43] Es galt für
Japan und für die nichtkommunistischen Staaten der Region, im Kalten Krieg
Partei zu nehmen; ein Friedensschluß mit Japan und die folgenden Reparationen
konnten dabei zur Staatsgrundlage werden. Die Reparationsverträge waren
weniger Wiedergutmachung für Kriegsschäden als vielmehr im Gegenteil Abkommen, die den wirtschaftlichen Wiederaufstieg Japans, besonders seine Exporte, förderten.[44]

Selbstverständlich werten die asiatischen Nachbarstaaten die Rolle Japans im
Pazifischen Krieg anders als die Revisionisten in Japan, aber mangelndes "westliches" Engagement in Asien, vor allem die noch unzureichenden europäischen
und amerikanischen Investitionen sowie reichliche japanische Wirtschaftshilfe

---

42) Verschiedene Kommentare zur Verfassungsdiskussion in: *Sekai*, 6/1993,
    S.39-60.

43) Jain, Rajendra K., *Japan's Postwar Peace Settlements*, Atlantic Highlands
    N.J. 1978.

44) Suzuki, Yuji, "Naze ima Ajia de hosho yokyu ga funshutsu no ka" ("Warum
    brechen jetzt in Asien die Forderungen nach Reparationen hervor?"), in:
    Sekai, 2/1994, S.182-86, hier: S.183.

und ein Strom von Direktinvestitionen aus Japan haben das Bild verändert. Unter solchen Vorzeichen hat es zwangsläufig Jahrzehnte gebraucht, um Politiker Japans dazu zu bewegen, Überlegenheitslehren abzuschütteln und sich zu den historischen Verbrechen aus der eigenen Vergangenheit zu bekennen. Der neue Nationalismus Japans, vielleicht eher als ein moderner "Patriotismus" zu bezeichnen, könnte auf der Verarbeitung ("Bewältigung") historischer Schuld aufbauen. Verfechter einer größeren internationalen Rolle Japans in der Region verweisen gern darauf,[45] daß die Erinnerung an den Aggressionskrieg und die japanischen Verbrechen kein Hindernis z.b. für die ASEAN-Staaten sei, Japan mehr internationale Verantwortung zuzuweisen - die alten Ängste mögen mit der Generation der Alten und ihren Erinnerungen geschwunden sein; aber wie geht Japan mit neuen Unsicherheiten und Ängsten um?

---

45) Vgl. dazu Furukawa, Eiichi, "Changes in Southeast Asian Views of Japan", in: *Japan Echo*, vol.XX, no.3, Autumn 1993, S.45-52.

Die Autoren dieses Bandes:

Ingeborg Baldauf
Professorin für Islamwissenschaft/Turkologie am Orientalischen Seminar der Albert-Ludwigs-Universität Freiburg

Susanne Feske
Wissenschaftliche Mitarbeiterin an der Arbeitsstelle Transatlantische Außen- und Sicherheitspolitik der Freien Universität Berlin

Hermann Halbeisen
lehrt Politik Ostasiens an der Fakultät für Ostasienwissenschaften der Ruhr-Universität Bochum

Kay Möller
Wissenschaftlicher Mitarbeiter bei der Stiftung Wissenschaft und Politik in Ebenhausen mit dem Forschungsschwerpunkt internationale Beziehungen und Sicherheitspolitik in Ostasien und im Pazifik

Christoph Müller-Hofstede
Wissenschaftlicher Referent am Ost-West-Kolleg der Bundeszentrale für politische Bildung in Köln

Manfred Pohl
Professor für Staat, Gesellschaft, Politik Japans am Seminar für Sprache und Kultur Japans der Universität Hamburg; Institut für Asienkunde Hamburg

Dietmar Rothermund
Professor für Geschichte Südasiens und Leiter des Südasien-Instituts der Universität Heidelberg

Jürgen Rüland
Professor für Internationale Politik und Entwicklungszusammenarbeit am Institut für Politik- und Verwaltungswissenschaften der Universität Rostock

Werner Sasse
Professor für Koreanistik an der Abteilung für Koreanistik der Universität Hamburg

Brunhild Staiger
Wissenschaftliche Mitarbeiterin und stellvertretende Direktorin am Institut für Asienkunde Hamburg

Christian Wagner
Wissenschaftlicher Mitarbeiter am Forschungsschwerpunkt Moderner Orient in Berlin

Werner Draguhn (Hrsg.)

Neue Industriekulturen im pazifischen Asien

Eigenständigkeiten und Vergleichbarkeit mit dem Westen

Mitteilungen des Instituts für Asienkunde Hamburg, Nr. 217
Hamburg 1993, 259 S., DM 28,-

Die Entstehung neuer Industriekulturen in Asien und deren Erfolge haben das westliche Weltbild erschüttert: Industrialisierung muß nicht westliche Wertvorstellungen und Verhaltensweisen zur Grundlage haben. Diese Erkenntnis bildet den Ausgangspunkt für die in diesem Band enthaltenen Aufsätze.

Im ersten Teil setzen sich die Autoren mit den kulturellen Grundlagen der modernen Wirtschaftsentwicklung in Asien auseinander. Nach einem einführenden Artikel über die kulturspezifische Basis der Wirtschaftspraxis in ostasiatischen Gesellschaften (R. Machetzki) wird in den folgenden Beiträgen der mehr oder weniger stark ausgeprägte kulturelle Einfluß auf die Wirtschaftsaktivitäten in einzelnen Ländern und Regionen behandelt: in der VR China (C. Herrmann-Pillath), unter den Chinesen Südostasiens (S. Böttcher), in Japan und Korea (M. Pohl) sowie in den buddhistisch und islamisch geprägten Gesellschaften Südostasiens (B. Dahm).

Im zweiten Teil wird die Rolle des Staates in der wirtschaftlichen Praxis untersucht. In dem Beitrag über marktkonforme und marktfördernde Funktionen des Staates in Asien wird unter Rückgriff auf Parsons' Konzept der vier Funktionen sozialer Systeme oder sozialen Handelns der strategische Pragmatismus als Spezifikum Ostasiens, insbesondere Japans, herausgestellt (H. Schmiegelow). Es folgen wiederum Länderanalysen, und zwar über Taiwan und die VR China (M. Schüller), Japan und Südkorea (M. Eli) sowie Indonesien, Malaysia und Thailand (H.-Chr. Rieger). In einem Ausblick werden die Perspektiven für die zukünftige Stellung pazifisch-asiatischer Industriekulturen in der Weltwirtschaft dargelegt (O. Weggel).

Zu beziehen durch:

Institut für Asienkunde
Rothenbaumchaussee 32
D-20148 Hamburg
Tel.: (040) 44 30 01-03
Fax: (040) 410 79 45